方志学名著丛刊
上海通志馆 主编

方志學概論

来新夏 主编

上海书店出版社

"方志学名著丛刊"出版说明

地方志是我国十分重要的一种文献门类,有着悠久的历史,其编修工作可以上溯至秦汉时期。然而总结其理论,使方志学从传统历史学范畴中脱离出来,形成一门单独的学问,却是近代的事情。其中,做了奠基工作的,公推清代中期的著名史学家章学诚。章学诚站在学术史的角度来论史,提出了"六经皆史"的观念,扩充了史学的研究范围。而在方志研究上,他基于丰富的修志实践,结合自己的史学理论创见,形成了一套完整的方志学理论。他强调"志属信史""方志乃一方全史",明确方志在史学上的地位和作用,提出立"三书"、定"四体"等一整套修志的体例和法度,又倡导在州县专立志科以推进修志事业。总之,章学诚是方志学研究上绕不过的一个重要人物。梁启超称道他:"能认识方志之真价值,说明其真意义者,莫如章实斋。"

章学诚之后,方志学在民国时期草创并蓬勃发展。自梁启超于1924年提出"方志学"这一概念后,不断有学者深入开展方志理论研究,如黎锦熙、吴宗慈、傅振伦、王葆心、李泰棻、瞿宣颖、甘鹏云、寿鹏飞等,他们或考证旧志,或从方志性质、源流、体例、编纂方法等角度研究方志理论,并对方志学的学科体系进行了初步探索。在当时的史地杂志和各省图书馆馆刊上,如《禹贡》、《学风》、《地学杂志》、《浙江图书馆馆刊》等,多可看到这一时期丰富的方志学研究成果。另外,各省纷纷组建通志馆,编纂各地新志,20世纪30年代成为民国纂修新志最盛的时期,而当时学者们对方志学的研究成果也多有反映在这些新修的方志中。

从中华人民共和国成立一直到改革开放前,方志学的理论研究与方志修纂处于艰难探索时期,进展缓慢。1980年2月,国务院指示各地:"编史修志,为历史研究服务",随后各省及省会城市竞相成立史志编委会或修志机构。中国地方志协会、中国地方志指导小组也很快成立,在其指导下,"首轮修志"在全国范围内系统展开。为了配合修志工作实践,方志学的理论研究势必要深入进行。在1996年第二次全国地方志工作会议上,大力加强方志基本理论研究和方志编纂学研究被重点提了出来。因此有不少方志学专家学者如刘光禄、来新夏、黄苇、仓修良、林衍经、洪焕椿、邸富生、林正秋、陆振岳、巴兆祥等,投入到方志学的研究中。他们从对方志源流、性质、作用等基础理论的探讨，发展到对体例、结构、篇目、文体、文风、志种、资料工作等方志编纂理论的总结，以及对志书质量标准、方志学学科体系等问题的讨论，并延伸到志书的资料性、学术性、文献性、著述性、整体性研究等多方面。由此这一时期出现了不少优秀的方志学理论著作。这些理论著作不仅对当时的普编修志工作提供了极好的学术指导，也间接地培养、造就了一批方志学者和修志人才，使得这一时期方志学呈现一派繁荣发展之势。

今年是"方志学"这一学科名称提出100周年，全国第三轮修志也已陆续启动，我们策划了这套"方志学名著丛刊"，通过遴选上述方志学重要发展期出现优秀的、影响广泛的方志学著作，为中国特色社会主义新时代的修志事业提供一些基本参考书，助力新时代的方志工作者和研究者不断推陈出新，推动方志学科不断向前发展。

上海通志馆　上海书店出版社
二〇二四年五月

前　言

我国的地方志编写工作起源甚早，而且自秦汉以来一直没有间断，到了清代便发展成为方志编写工作的鼎盛时期，并形成了一门专门学科——方志学。清代编写的地方志不仅数量占我国地方志总量的百分之八十强，而且质量也多超越前代，许多著名学者亲身参与其事。在方志的研究工作方面，自顾炎武到章学诚经历了大量研究工作和理论建设的过程。顾炎武不仅运用丰富的地方志资料撰著《肇域志》和《天下郡国利病书》等名著，而且还在《营平二州史事序》及其他论著中提出修志要旨和若干有关论点，初步奠定了方志学理论的基础。经过更多学者的努力，而由章学诚在前人成果的基础上，总结了封建社会编纂方志的经验与教训，提出了比较全面的方志编纂理论。这套理论反映了他所处时代的应有水平，其中某些方面至今尚有可资借鉴之处。至于对方志学进行比较系统的研究与论述，则是近代以来的事情，如王葆心的《方志学发微》和傅振伦的《中国方志学通论》等，这些著述在当时成为编写地方志与研究方志学的重要读物。建国以来，在方志学研究方面也取得了一些成绩，有进行综合研究的，有讨论志书体裁的，也有进行地区志书研究的，但始终没有一本通论性的方志学著述问世。从事地方志编写工作和有志于方志学研究的同志希望有一本提供比较系统的方志学知识的入门读物。这就使《方志学概论》的编写成为客观的需要。

一九八〇年秋，在天津召开地方史志协会筹备会时，就有人提出过编写一部《方志学概论》的建议。次年八月在山西太原召开的中国地方史志协会成立大会上，与会的高校同志经过酝酿，向大会建议编写一部《方志学概论》，供高等学校历史系开设方志学课程和培训全国各地史志编写人员使用。这一建议得到与会同志们的赞同，即由协会委托南开大学、安徽大学、宁夏大学、福建师范大学、苏州大学（原江苏师范学院）、辽宁师范学院、贵阳师范学院和杭州师范学院等八院校参加编写，并推定由我担任主编。接着，一九八一年十月三十一日至十一月四日在南开大学召开了编写工作会议。在这次会议上，与会的八院校同志总结了历代修志的传统经验，回顾了建国以来的研究成果，展望了发展远景，深感编写《方志学概论》的重要，决心编写一部适合方志学专业学习和全国地方史志编写人员需要的教材。会议围绕由各校提交的编写大纲展开了热烈的讨论，对某些学术上有争论的问题，如方志的起源与性质问题、史志关系问题等等都各抒己见，深入讨论。会议确定了《方志学概论》的编写方针是：以马列主义毛泽东思想为指导，坚持四项基本原则，批判地继承我国方志学的传统，总结近年来编写方志的经验，系统地阐述方志学的基本理论，为建设社会主义的物质文明和精神文明服务。大家认为：编写这本教材目前虽然缺乏较完备的依据，但也要力求做到能系统而通俗地讲清有关概念，详细地叙述方志的起源与发展、商讨性地提出编纂新方志的要求与具体方法，使此教材能体现出应有的知识性、学术性和实用性。经过反复讨论研究，最后在各校提交的大纲的基础上，拟定出统一的编写大纲，又进行了充分协商，分配了编写任务，并对写作体例和初稿试讲等问题作了具体的安排。

分担编写任务的同志们，在本职工作繁忙的情况下，经过近半年的努力，于一九八二年四月中旬完成了草稿的油印稿，并于五月间在苏州举办的第一期地方志研究班上进行了试讲，得到参加研究班的全体同志的热情帮助。承担本书出版任务的福建人民出版社的编辑也参加了试讲活动，并提出了修改意见。全体编写人员据此分别对自己所写的草稿进行一次修改，完成了初稿。这份初稿经过我和吴奈夫同志修订后，印成了第二次油印稿，先后于七月间在太原、十月间在天津蓟县的第三、四期研究班上试用，第四期研究班的学员还深入细致地阅读和讨论过，提供了若干有益的意见，使我们的修改工作具备了更广泛的群众基础。与此同时，我还将第二次油印稿寄送给梁寒冰、傅振伦、左开一、刘光禄等专家和地方史志工作者审订，承他们在百忙中给予不同形式的指导和支持，推动了修订工作。

参加《方志学概论》草稿创编和修订工作的有周春元、傅贵九、陆振岳、林衍经、邸富生、吴奈夫、陈树田、陈明猷、林正秋等同志，他们在教学与科研工作繁忙情况下，承担了任务，付出了辛勤的劳动。第二次油印稿印出后，他们又委托我全权处理定稿工作。我对方志虽略有涉及，但学殖浅薄，钻研不深，见闻不广，膺此重托，只得勉力从事。然而整理编订工作量较大，非短时所能完成，而旷日持久，又不足应社会急需。于是复邀吴格和赵永东两位青年同志相助，进行了极其有效的合作。在我们共同商订宗旨、综理众说、斟酌去取的基础上，吴格和赵永东两位同志完成了调整篇章、编次文字的工作，为我提供了通读与定稿的便利条件。最后由我删定。

《方志学概论》的问世，主要是创稿人、有关专家学者和各期研究班学员共同努力的结果。但是，由于书成众手，时间匆促，一些内容重复、论点歧异、文风不一等缺点还未能完全消除。这些缺点和错误应该由承担通读和总修任务的主编来负责。我虽然主观上作了一些努力，但终因水平所限，没有很好地完成任务。我真诚地期待着同志们的批评与指正。

《方志学概论》在编写和修订过程中，得到了有关专家学者的指导、广大地方史志工作者的关心、福建人民出版社的支持、吴格和赵永东二同志的助理，上海图书馆顾廷龙馆长以高年为本书题签。我都在此表示最诚挚的谢意。

来新夏
一九八三年二月于南开大学

目 录

前言 ········· 001

第一章 方志与方志学 ········· 001
第一节 方志概说 ········· 003
一、方志及其起源 ········· 003
二、方志的名目 ········· 010
三、方志的种类 ········· 017
四、方志的性质 ········· 025
五、方志的特征和作用 ········· 030
六、历代方志的现存状况 ········· 043

第二节 方志学概说 ········· 049
一、方志学研究对象、内容及其意义 ········· 049
二、方志学与其他学科的关系 ········· 052

第二章 历代的方志编纂与研究 ········· 057
第一节 历代的方志编纂 ········· 059

一、汉魏隋唐时期的方志 …………………………… 060

　　二、两宋时期的方志 ………………………………… 078

　　三、元明时期的方志 ………………………………… 089

　　四、清代的方志 ……………………………………… 102

　　五、民国时期的方志 ………………………………… 114

　　六、旧方志的局限性 ………………………………… 122

　第二节　历代的方志学研究 …………………………… 126

　　一、清代以前对方志理论的研究 …………………… 127

　　二、清代方志学的建立 ……………………………… 140

　　三、民国时期的方志学研究 ………………………… 162

第三章　建国以来的方志整理、研究与编纂 …………… 179

　第一节　对于旧志的整理与利用 ……………………… 181

　第二节　方志学研究 …………………………………… 188

　第三节　新方志的编纂 ………………………………… 201

第四章　方志编纂的原则与体例 ………………………… 211

　第一节　方志编纂的指导思想 ………………………… 213

　第二节　方志编纂的原则 ……………………………… 219

　第三节　方志编纂的体例 ……………………………… 228

　第四节　方志编纂中的人物立传问题 ………………… 241

第五章　方志编纂的方法与步骤 ………………………… 249

　第一节　编志机构的建立 ……………………………… 251

　第二节　专业人员的培训 ……………………………… 258

　第三节　资料的搜集、鉴别与整理 …………………… 260

目 录

第四节　分撰志稿与总纂定稿 …………………… 271
　一、拟定志稿编写提纲 …………………………… 272
　二、分工撰写、反复审核、修改定稿 …………… 274
第五节　方志编纂中的几个关系问题 ……………… 279

附录 ………………………………………………… 287
　一、关于新编地方志工作条例的建议（征求
　　　意见稿）…………………………………… 287
　二、 …………………………………………… 300
　　　中国地方志的史料价值及其利用 ………… 300
　　　论新编方志的人文价值 …………………… 309
　　　新世纪的修志思考——写在第二届修志之前 … 319
　三、方志学重要书目论文索引 …………………… 328

第一章 方志与方志学

第一节　方志概说

一、方志及其起源

方志，或称地方志，是记载一定地区（或行政区划）自然和社会各个方面的历史与现状的综合性著述。方志的内容极其广泛，举凡一地的建置、沿革、疆域、山川、津梁、关隘、名胜、资源、物产、气候、天文、灾异、人物、艺文、文化、教育、民族、风俗等情况，都为其所包容。它反映我国各族人民在不同历史时期的社会生活状况，记载各时期思想文化、开发自然、科学技术等方面的成就，为后世提供取之不竭的研究资料。中国地方志历史之悠久，范围之广阔，内容之丰富，数量之浩瀚，举世无与伦比，是我国优秀文化遗产中的重要组成部分。

我国方志的起源，可上溯到春秋战国时期。

我国自古即有重视历史记载的优良传统。周王朝建立后，为了加强王室的统治，中央及各诸侯国都设立史官，负责记事记言，保存各自辖区内社会变化、历史沿革的线索。史官随时记录下来的事件与言论，一旦编纂成书，就成了一国的史书。传说中的晋《乘》、楚《梼杌》、郑《志》等，就是各国的史书。

在周王朝设立的诸多职官中，有些职官的职掌与后世方志的出现有着一定的渊源关系。《周礼·春官》载外史"掌四方之志"。所谓"四方之志"，汉代学者郑玄认为是有关各地情况的记载，有如鲁国的《春秋》、楚国的《梼杌》、晋国的《乘》那样的典籍。《周礼·地官》载："诵训，掌道方志，以诏观事。"郑玄注："说四方所识久远之事，以告王观博古所识。"清孙诒让疏："方志，即外史所掌四方之志，所以识记久远掌故，外史掌其书。此官则为王说之，告王使博观古事。二官为联事也。"外史是周朝五史（大史、小史、内史、外史、御史）之一，掌管王畿以外各诸侯国的典籍，并负责整理以提供给诵训官。诵训官则负责把外史提供的"四方之志"，为周天子作讲说，使其了解天下情况，更好地治理国家。这时所谓的方志（即"四方之志"的简称），是记载各诸侯国历史与现状的典籍。

这种最早的"国别史"，是方域之史，并不同于以后历代封建王朝的"国史"，不具有代表奴隶主中央政权或封建王朝统治的那种权威性。它的最大特征，是具有明确的地域性，撰述者也多是本"国"本地的人士。这种以地记事的特征，也是后代方志的基本特征。因此，这种"国别史"具有今天意义上的方志的萌芽性质。随着社会历史的进步，大一统国家的建立，这种"国别史"也就成了记述某一地区社会面貌和地理沿革的历史典籍。后人沿用了"方志"这一名称，但对它的内容和形式都进行了改造，在不断丰富其内容的同时，使它的形式也逐渐走向定型，最后形成为综合性的地方百科全书。

过去的学者曾指出过这种"国别史"与后世方志的渊源关系。清代方志学家章学诚就说："方志之由来久矣。……余考之于《周官》，而知古人之于史事，未尝不至纤析也。外史掌四方之志，若晋《乘》、鲁《春秋》、楚《梼杌》之类，是一国之全史也。"① "郡县志乘，即封建时列国史官之遗。"② 梁启超更明确地认为"最古之史，实为方志"③。指出这种渊源关系，无疑是正确的；当然，不能偏执一方，而忽视其他因素的影响。

方志又导源于古代的地理书。"地理"一词，《周易·系辞》中曾说："仰以观于天文，俯以察于地理。"东汉王充解释说："天有日月星辰，谓之文；地有山川陵谷，谓之理。"地理知识的萌芽，是随着生产斗争的发展而来的。由于生产和生活的需要，我国人民很早就开始了从不同方面观察和描

---

① 章学诚《章氏遗书·方志略例一·方志立三书议》。
② 同上书《为张吉甫司马书〈大名县志〉序》。
③ 梁启超：《清代学者整理旧学之总成绩·方志学》。

述各地的自然与经济情况，积累了丰富的地理知识。远在公元前七——前三世纪（春秋战国时代），随着生产的发展，人们活动地区的扩大和学术思想的活跃，出现了一些总结前人积累起来的地理知识的专门著述，《山海经》和《禹贡》就是其中最重要的两部著作。

《山海经》是我国现存最古老的一部地理书，内容包括《山经》、《海经》、《大荒经》三部分。其中《山经》成书最早，记载也最丰富。全书以山为纲，以方向与道里为经纬，附载动物、植物、矿物、民族、祭祀、巫医等，保存了不少远古神话传说，对研究古代历史、地理、民俗、文化、神话等均有参考价值。

不少古方志叙述纂修缘起时，往往联系到《山海经》，如宋欧阳忞在所撰《舆地广记》序文中提到："凡自昔史官之作，与夫山经、地志，旁见杂出，莫不入于其中。"《隋书·经籍志》也说：南齐陆澄所撰之《地理书》，"合《山海经》已来一百六十来家以为此书"。凡此都可以说明，后世纂修方志者，每多取法《山海经》。从记载内容来看，《山海经》的记风土、人物、世系，与后世方志的设风俗、人物门类，是一脉相通的。

《禹贡》为《尚书》的一篇，较《山经》晚出，作为一种地理著作来看，它的价值在《山经》之上。此书用自然分区方法，记述了我国古代的地理情况，把全国分为九州，对黄河流域的山岭、河流、薮泽、土壤、物产、贡赋、交通等，都有描述。长江、淮河等流域也略有涉及。《禹贡》是我国现存最早的一部全国性区域志,历来言地理者,大抵溯源于《禹贡》。《隋书·经籍志》说:"晋世虞挚依《禹贡》、《周官》,作《畿辅经》。"元代张铉《至正金陵新志》修志本末说:"古者九州有志尚矣,《书》存《禹贡》,周纪职方,春秋诸侯国有史,汉以来郡国有图志。"都把《禹贡》列在首位。后世方志,特别是全国性的区域志,在体例和内容方面同《禹贡》都存在着源流关系。如唐李吉甫的《元和郡县图志》,宋王存的《元丰九域志》等。元朱思本撰《九域志》,条分缕析,也"一以《禹贡》九州为准的"①。民国纂修的《佛山忠义乡志·赋税志》明言:"志例有赋税名目,《禹贡》一书为赋税之祖,《周官》则兼详力役。"上述这些例子,足以说明《禹贡》一书在方志史上的地位和影响。

方志的起源,还可追溯到古地图的形式。

我国舆图出现甚早,原始的地图可能远在文字发明以前就有了。至春秋战国时期,地图的使用已极为广泛。周王朝为此在中央设立了专门的官职,负责掌管各种舆图。据《周礼》所载,就有"听闾里以版图"的小宰,"掌建邦之土地之图,与其人民之数"的大司徒,掌天下之地图、主四方之职贡的职方等。还有专门"说地图九州形势,山川所宜,告王

---

① 朱思本:《九域志·自序》。

以施其事"①的土训官。这说明地图在当时已经受到人们普遍地重视，已经具有象征国家主权和土地、人口的意义了。

一九七八年，我国考古工作者在河北平山县发现了距今两千二百多年前战国时代中山国的"兆域图"。它是在一块长九十五厘米、宽四十八厘米、厚一厘米的铜版上，用金丝镂嵌的线划、符号和数字，来表示地形和建筑工程的设计图版，上面还有四百五十字的铭文作说明。这是我国目前现存最早的地图。它反映了当时我国地图的测绘技术，已经达到了很高的水平；同时也证实了《周礼》所说当时专门设置官吏分管各类地图，是符合历史事实的。

"土地之图"的广泛运用，导致了"图经"的兴盛。图经，就是地图的说明文字。"中国古来地志，多由地图演变而来，其先以图为主，说明为附；其后说明日增而图不加多，或图亡而仅存说明，遂多变为有说无图与以图为附庸之地志。"② 章学诚也曾指出："按天官司会所掌书契、版图。注版谓户籍，图谓土地形象，田地广狭，即后世图经所由昉也。"③ 前面说到《山海经》一书，原来是有图的，"经"不过是"图"的说明或注脚。清人毕沅甚至说《山海经》中的《山经》是古代的"土地之图"④。因为原始图像只画实际山水事

---

① 《周礼·地官·土训》郑注。
② 王明中：《山海经图与职贡图》。
③ 《章氏遗书·方志略例一·为张吉甫司马撰〈大名县志〉序》。
④ 毕沅：《山海经新校正序》。

物,至于各处的方位和距离不能在图上表示出来;到了有文字以后,便在图上用文字说明它们,如现在《山海经》中所述:西若干里曰某某之山,又东南若干里曰某某之山。这些记载很像是地图上的说明或注脚,后来图散失了,只剩下这些说明,便成了有文无图的《山海经》;但它的原始形态却是以图为主体的《山海图经》,或是有图无文的《山海图》。① 图与经的主属关系,在后代方志中虽然不复存在,但从后代方志附有地图的体例,仍可见方志与古地图的渊属关系。宋朝的司马光就曾指出过周代职方等官的职掌、作用与后世方志的系属关系,他在《河南志序》中说:"周官有职方、土训、诵训之职,掌道四方九州之事物,以诏王知其利害。后世学者,为书以述地里,亦其遗法也。"宋《景定建康志序》即步其说,谓:"郡有志,即成周职方氏之所掌。"

《四库全书总目》关于方志源流做了这样的叙述:"古之地志,载方域、山川、风俗、物产而已,其书今不可见。然《禹贡》、《周礼·职方氏》,其大较矣。《元和郡县志》颇涉古迹,盖用《山海经》例。《太平寰宇记》增以人物,又偶及艺文,于是为州县志书之滥觞。元明以后,体例相沿,列传侔乎家牒,艺文溢于总集,末大于本,而舆图反若附录。"这段话大体上概括了方志起源和发展的基本线索。

综上所述,我国传统的方志形式,是在兼收了春秋战国

---

① 参阅王庸《中国的原始地图及其蜕变》。

时期国别史、地理书和地图特点的基础上，随着历代政治、经济、文化的发展，而逐渐完备起来的。起源的多源性和源远性，是我国方志起源的两个显著的和基本的特征。方志融合的源头既多，因而成型的过程也就极其缓慢。从春秋战国时期发端，中间经汉魏迄于隋唐，方志的内容与形式逐渐得到丰富并日臻完善，至宋时才最后确立了方志的体制。

二、方志的名目

我国方志有着众多的名目，即使是在同样的名目下，也有着朝代、年号、名称上的种种差异。这些不同的名目，既表明了方志在长期的发展过程中，伴随着体例的不断完善，曾采取了不同的形式；又反映了方志在其成型过程中的各个阶段的不同特点。这些名目有：

（一）**图经** 又称图志、图记。"图则作绘之名，经则载言之别"[①]，所以图经是地图与说明文字的合称。

图经这种形式起源很早，可以追溯到春秋战国时期的"版图"、"土地之图"等形式，因为从前面所说的"兆域图"看来，这个时期的"版图"、"土地之图"很有可能是带有文字说明的。周以后，秦有《秦地图》，汉有"郡国舆地图"，都带有说明文字。到了东汉，便正式出现了"图经"的名称——在《华阳国志·巴志》篇中引有东汉《巴郡图经》的

---

① 李宗谔：《祥符州县图经序》。

文字。这是现在所知最早以"图经"为名的著述。两晋南北朝时期,图经是方志通行的名目;唐宋则是图经发展的特盛时期,现存最早的两种图经——《沙州图经》和《西州图经》残卷,便是唐代的作品,并且这一时期的图经,基本都改由官修;南宋以后,图经逐渐走向下坡,到了明清,已寥寥无几,它的地位,已被"志"所取代了。

从地图到图经,这是方志形式有所发展的结果。图是通过具体的形象来表述一定内容的,但许多内容,单靠图像往往很难表示,必须附加文字说明,尤其是涉及图像以外的事物,更非文字表达不可。随着社会生活内容的日趋多样与复杂,图像愈益不能满足记叙的要求。这样,原先的"载言",即所附加的文字说明的分量,势必愈益增加,图的作用势必愈来愈小,越往后,便成了《四库全书总目》所说的"末大于本,而舆图反若附录"的现象。

至于图志、图记,如唐李吉甫的《元和郡县图志》、宋吕大防的《长安图记》等,考其内容、体例,与图经并无二致。"经"即"载言"之谓,"志"、"记"也是文字记载的意思。因此,图志、图记,只是图经的变称而已。

(二)传 主要记述地方的人物与风俗。此类书以东汉的《南阳风俗传》为滥觞,相继而作的很多,在汉时就有《海内先贤传》、《沛国耆旧传》、《陈留风俗传》等等。魏晋南北朝时期,以耆旧、先贤等作一地传名的,为数甚多。隋唐以后,这类书就不常见了。这种单记人物、风俗的传,可能是从

"正史"纪传的"传"脱胎而来。伴随着方志体例的发展,它被新兴的体例所概括而逐渐地湮没。清以前的这类传书,罕见流传至今,现在所能看到的,只是一些散见于类书、政书、注文中的片段条文。但是到了清末民初,又有人撰著这种传,如顾沅的《吴郡名贤图传赞》、马通伯的《桐城耆旧传》、徐世昌的《大清畿辅先哲传》等。

(三)记 记的名称似起于东汉应劭的《十三州记》,而流行于魏晋隋唐,如魏张晏的《地理记》,晋王隐的《晋地道记》,梁吴均的《十二州记》,后魏徐之才的《宋国都城记》*,隋的《诸郡物产土俗记》,唐陆广微的《吴地记》,等等,数量是不少的。这一阶段的州郡地记,只有陆广微的《吴地记》,还大致保存着原来的面貌。其余全部失传。① 自宋以后,"记"的名称便逐渐为"志"所代替。值得一提的是,北宋出现的内容丰富、体例空前完备的《太平寰宇记》,给以后修志以极大的影响;后世志书基本沿用了它的体例,然而却并未因袭"记"的名称。

"记"和"志",意义其实是一样的。郑玄就曾经说过:"志,谓记也。"② 清孙诒让跋《永嘉郡记》辑本也说:"或称《永嘉地记》,或称《永嘉记》。记亦作志。斯并文偶省易,谊

---

* 编按,"徐之才的《宋国都城记》"当为"徐才宗的《国都城记》"。

① 清人关于这类书的辑佚本,数量较多,见于《汉唐地理书钞》、《麓山精舍丛书》、《二酉堂丛书》的就有六十二种。

② 《周礼·春官·小史》郑注。

互通假。"可见记与志的名称虽异,却并不寓有特别的意思,它只表明了一定历史阶段对于某一方志名目的时尚不同而已。

(四)录 "录"和"记"、"志",也只是名称不同,而并无体例上的明显差异。在方志的总量中,录所占的比重比较小。以录为名目的方志,大约始于魏晋,如吴韦昭的《吴兴录》。此后历代时有所见。如晋虞豫的《会稽典录》,后魏刘芳的《徐地录》,隋无名氏的《京师录》,唐韦述与贾耽的两种《十道录》,宋杨均的《海昌先贤录》,程大昌的《雍录》,高似孙的《剡录》,清还有陈廷桂的《历阳典录》等。其中《雍录》和《剡录》,流传迄今,被看作是方志中的重要著作。

(五)乘 方志取"乘"为名的,始于元于钦的《齐乘》。明有王齐、唐功的两种《雄乘》,耿定向的《黄安初乘》。清有陈弘绪的《南昌郡乘》等。它们的体例,和当时通名的志,是并无二致的。方志的名为乘,是因袭先秦的《晋乘》而来的,所以,与把史籍泛称为史乘一样,地方志也有概称作地方志乘的。然而,这种取法古雅的"乘",在方志载籍中却寥寥可数。

(六)志 又作誌。这是宋元以来最为通行的名目,也是方志载籍中数量最为庞大的一种。

"志"这种名称,可以追溯到《周礼》所谓的"四方之志"一语。汉魏以后,以志为名的方志屡有所见。如汉陈述的《益州志》,吴韦昭的《三吴郡国志》等,是专记州郡的;现存最早的以志为名的方志——晋常璩的《华阳国志》,是记巴蜀地区的;而陈顾野王的《舆地志》、北魏阚骃的《十三州志》、唐李泰的《括地志》等，则是全国性的总志。自宋以后，方志不仅在内容上，由过去的基本只是记地理、山川、风土、人物、物产等方面，扩展到天、地、人、社会的各个方面；在体例上，也由过去的驳杂不清，变成较为齐备和明朗的形式；而且在名称上，各类方志几乎都以志为名。

以上所述，都是历代方志的常见名目。此外，还有经、书、通典、史、簿、论、志科、谱、考、志余、补、补乘、略等等的名目。或沿用旧史的名称，或因袭古籍的篇目，或因增补旧志而得名，但都不通行，数量也很少，有的甚至是仅见的。但其中却有较高价值的撰著，如晋挚虞的《畿服经》、唐樊绰的《蛮书》等。

名目繁多的主要原因是：

首先是时代的因素。历史上修纂方志的情况，和修国史的情况不一样。修出一部完整的国史，要经过较长的时间。而它的修定，通常是在旧王朝复亡，新王朝建立之后。修纂地方志则不同，间隔的时间比较短。如北宋以皇帝名义下诏修纂图经的就有多次——太祖开宝四年（971年）正月和六年（973年）四月，真宗景德四年（1007年），徽宗大观元年（1107年）；还有神宗元丰八年（1085年）诏删《九域图》等。元、明两代的《一统志》，都以府、州、县志作基础。清康熙十一年（1672年）七月，诏各省纂辑通志，二十二年旨催限三月完成。巡抚还饬令属府、州、县纂辑志书。到雍正七年（1729年）又有各省、府、州、县志六十年一修的说法。

这些诏令，各地虽未必严格地贯彻执行，但宋以后修志之风日盛却是事实。如明代江苏常熟的县志，在二百七十多年中，竟修了七次。清代更为频繁，有的府、州、县志，相间只有二三十年，或只有数年即重修的。

重修的志书多了，为着区别一个地方重见叠出的志书，除了修纂者姓名而外，还标明撰著的年代。这种习惯由来已久。最早是以朝代标名，如《秦地图》、《汉郡国舆地图》、《晋地记》、《后魏州地图记》*、《隋区宇图志》、《唐汉阳图经》、《元遂安县志》等。可能原来并未冠有朝代名称，是后人为了识别方便而加上去的。继而又因同属一个朝代，产生几种志书，所以又有在前面加年号的，如《泰始郡国图》、《太康地道记》、《贞元十道录》、《祥符州县图经》、《宝庆四明志》、《至正金陵志》等。明清的例子更不胜枚举。这种以一个帝王的年号来标志该志书的著作年代，大都也是后人加的，因为它便于区别同一个地区的同名志书的产生年代。如《苏州府志》，就有洪武志、正德志、崇祯志、康熙志、乾隆志、道光志、同治志等称谓。

其次是地名。方志，由于它记述的是一个特定的地域，所以必须标以地名，而地名所包含的地域概念，又应与它所记述的范围相一致。明清以后，一统志之外，省、府、州、县

---

* 编按，实无此书，原书殆袭张国淦《中国古方志考》而讹，应为《周地图记》。

各有志书，都以特定的称谓冠于志书之上。由于地方建置历代多所变迁——或分合，或升降，或废置等等，因此，一个地方在历史上的称谓也就极为纷歧。以苏州为例，自春秋时吴始建的阖闾城算起，曾有吴、吴地、吴州、吴郡、苏州、平江等不同的名称，还有姑苏、吴门、吴中等别名。因此，同是苏州志，就有《吴地记》、《苏州图经》、《吴郡志》、《苏州府志》、《姑苏志》等不同的题名。一般地说，地称的改变，应是该地区建置更迭的反映。如苏州在明、清两代为府的建置，所以无论是洪武志、崇祯志、还是康熙志、同治志等等，都题称《苏州府志》；民国初，府的建置被废，其后所修的苏州志，即称《吴县志》。这都反映了时代的真实。但是，也有地方建置已改变，而方志仍以旧称为名的现象。尤其是旧时代的文人，喜爱沿用旧称。如范成大的《吴郡志》就是如此，而事实上从徽宗政和三年（1113年）升苏州为平江府，终两宋之世，从未有吴郡的设置。也有的出于崇尚典雅的心情而采用别名，如明代从没有以姑苏名府，但王鏊撰志，却题名《姑苏志》。范、王二志的题名，就不符合历史的实际。这种以旧名、别称或山名、水名等来代替实际省、府、州、县名的情况，在方志中并不少见，这是应当加以辨别清楚的。

第三，方志名目的繁多，最重要的原因是方志起源的多源性和源远性。我们可以清楚地发现，在这个过程中，不同的名目，和它们各自所记述的内容与所运用的体例，有着密切的关系。如北宋王存等人纂修的《元丰九域志》，本来是奉诏删定《九域图》的，只是由于"旧名图而无绘事，乃请改曰志"①。没有图，就不符合图经的条件，所以只能改名为志。随着时代的发展，不仅方志的体例和内容不断得到改进和完善，而且方志的名称也日趋统一。如北宋时修的《严州图经》，至南宋绍兴年间重刻时，便改称《新定志》，然而在体例和内容方面，并未有丝毫的改异。正因为如此，所以我们说，不同的方志名目，是方志发展历史的阶段性特点的一个反映。

三、方志的种类

方志的数量如此众多，名目又如此烦杂，对方志进行科学的分类不仅对于整理旧方志十分必要，而且也是方志学研究的一个重要课题。

方志的分类，通常有以地区区分和以内容区分两种方法。

依照方志记载的地域范围不同，方志可分为以下的种类：

（一）**总志** 是记述两省以上地区自然与社会各方面情况的志书。如晋挚虞的《畿服经》、隋虞茂的《隋区域图志》、唐李泰的《括地志》、宋乐史的《太平寰宇记》、元、明、清三代的《一统志》等。但是明代以总志题名的多是省志，如《河南总志》、《四川总志》等等；徐学谟的《湖广总志》虽包括现今的湖南、湖北二省，但在明代，湖广只是一省之名，

---

① 王存：《元丰九域志序》。

清代才将湖广省分为湖南、湖北两省。这是应当加以注意的。清代省志统称"通志",不再沿用总志之名,因而反有州志借用其名的,如《郴州总志》等。现在一般把全国性志书称为总志。

(二)省志 除常称的通志外,还有总志、大志、全志、省图经等名称。是记述一省范围的方志。省是元以来设置的地方最高一级行政区划。在明清时代,省志大都由布政使、总督、巡抚主修,督学使编纂。私人修纂的省志数量极少。

(三)府志 记述一府范围的方志。府是省以下、县以上的行政区划,管辖范围与今地区近似。府的行政长官为知府,府志多由府一级官吏主持修纂。

(四)州志 记述一州范围的方志。明清时州是低于府、高于县的地方行政区划,直隶州则与府平级。州的行政长官为知州,州志多由州一级官吏主持修纂。

(五)厅志 记述一厅范围的方志。清代在新开发的地区设厅,管辖范围相当于府和县,如陕西省在清道光、光绪年间曾先后设置佛坪厅、定远厅、宁陵厅、留坝厅和孝义厅等。厅的长官为同知或通判,厅志多由厅的长官主修。

(六)县志 记一县范围的方志。县志占方志总数的大部分,也是省、府、州志编纂时必须采摭的资料。明清时,县是中央集权制下最基层的行政区划,长官为知县。县志多由知县主修,也有由当地出身的中央官吏或知名人士、学者撰修的。清代有"分县"的建置,如甘肃一省就曾有几个分县。

分县多附治于大县，由大县县丞兼管。分县志一般由县丞主修，所以又称县丞志。县志、分县志以外又有合志。相邻的两县，风土民情相近，许多事件又互有联系，故合写县志，如清代陕西的《咸宁长安二县合志》、江苏的《常昭合志》等。

（七）乡镇志 包括镇志、场志、里志等等。是记述县以下一乡一镇范围的方志。乡镇志始于宋代，如宋常棠的《澉水志》就是浙江海盐县的一镇之志。明清时期，乡镇志的数量大增，比较著名的有清董士宁的《乌青镇志》、徐达源的《黎里志》、叶先登、冯文显的《颜神镇志》等。有的乡镇志称为"小志"，如清焦循的《北湖小志》、董恂的《甘棠小志》等等。

（八）乡土志 侧重记述当地经济情况的方志。内容为采访实录，体例简明概括。乡土志因清光绪时下令编修而兴起，各地共修成千余种，但多数未及刊印。民国初期各县也曾编修过乡土志。

（九）边关志 记述边疆要塞情况的方志，包括关志、镇志等。边关志因明代重视北边防务而产生，多由镇守武臣及兵部职方官修纂。边关志主要记载武备、兵力及地理沿革，也有兼记风俗、物产、人物、古迹的。著名的边关志，有《四镇三关志》、《山海关志》等。与边关志近似的又有卫志和道志。明代在军事要害地区设卫，防地可包括几个府。卫所的指挥官为指挥使。卫志记述一卫的情况，多由卫指挥使主修。道是明清时在省下、府上设置的监察区，专管刑名、钱谷的称分巡道或分守道；着重整饬兵备的称兵备道。卫志和兵备道的道志，除了有关军事的内容，也有与一般州县志相同的内容；而由分巡道主修的道志，其体例与省府志基本相同。

（十）土司司所志　明清时期，在边远少数民族地区，任命当地头人（土司）为招讨使、千户、百户等，负责管辖本族地区，这就是土司司所。土司司所志，多由土司主修，如清《白山司志》（白山司为今广西壮族自治区马山县境地），即由白山司土司王言纪主修，其体例与州县志相似，只是在书首有世系一篇，专记土司家世。

（十一）盐井志　仅见于云南一省，有《黑盐井志》、《琅盐井志》等。盐井设官始于元代，称提举，专理盐务，明清时又兼理刑民政务，提举为同知衔。清康熙时修《一统志》，征集各省、府、厅、州、县志书，黑盐井提举沈懋价认为盐井之制同于州县，不可以无志，于是修纂《黑盐井志》以呈，盐井有志始于此。盐井志除记盐务外，也有一般州县志的内容。

依照方志记载的内容范围不同，方志可分为以下三类：

（一）通志　这是相对于"专志"而言的，与《畿辅通志》、《湖北通志》等作为一种方志的名目不同。这类志书所记述的，大体上包括一地（或一国）的疆域、沿革、山川、厄塞、田亩、物产、矿藏、民族、人口、灾异、风俗、丁役、赋税、胜迹、人物、文献等多种内容。一般的省、府、州、县等志和全国性总志，都属通志类。如唐李吉甫的《元和郡县图志》、宋高似孙的《剡录》、元于钦的《齐乘》、明何乔远的《闽书》、清张澍的《蜀典》、阮元的《广东通志》等。

（二）**专志** 是专记某一项或主要是某一项内容的志书。事物的发展，总是由简单到复杂，由分到合，再由合到分的，方志发展的历史也不例外。汉魏隋唐时期，专志是为数不少的，只是这时期的志书大多亡佚，现在已很少能看到了。宋以后，随着通志的日益发达，专志的撰著也不断增多。如清龚柴的《满洲考略》，金鳌的《金陵志地录》，王謇的《宋平江城坊考》，洪亮吉的《分江水考》，王宾的《虎阜志》*，孙治的《灵隐寺志》，高崶的《东林书院志》，吴汝纶的《深州风土记》，范致明的《岳阳风土记》，毕秋帆的《关中胜迹图志》，徐崧的《百城烟水》，赵之璧的《平山堂图志》，吴庆坻的《杭州艺文志》，孙诒让的《温州经籍志》，等等。这些专志，还可以分为胜迹、宫殿、园亭、佛寺、道观、祠庙、陵墓、书院、山水、物产、风土、人物、艺文等子目。

（三）**杂志** 这一类著作，多是私人的撰述，不以官府修志的通用名目命名。但它们所记述的，都是有关一地的舆地、政治、经济、文化等种种现象，而又没有通志那样完备、系

---

* 编按，"王宾的《虎阜志》"应作"明王宾的《虎丘山志》"，《虎阜志》作者为清陆肇域、任兆麟。

统，所以名为杂志。如明谢肇淛的《长溪琐语》，凌登名的《榕城随笔》，清张焘的《津门杂记》，宋龚明之的《中吴纪闻》，元高德基的《平江纪事》，佚名的《苏州杂志》，等等。

除上述的两种分法外，方志还可以作以下的区分：

从方志纪事内容的时代方面，可分为通纪（或称通代）和断代两种。所谓通纪，是指志书的纪事年代贯通古今（一般也是略古详今），如宋乐史的《太平寰宇记》、清佚名的《三藩志略》等。所谓断代，即只记述某一历史时期的史事，此种类型的方志较多，如宋王存的《元丰九域志》、清郝玉麟、谢道承的《福建通志》、民国毛承霖、赵文运的《续修历城县志》等。明清时期，修志频繁，间隔时间很短，这类志书具有"续"志的性质，因而在体例和篇目上，大多因袭前志。

从方志的纪事内容和篇目广略方面，可分为繁体和简体两类。繁体志书，篇目广泛，内容详尽，史料价值较大，一般的志书，都可归为繁体类。简体志书主要是为了"资治"，因此篇目比较简略，内容也较概括，如明康海的《武功县志》、韩邦靖的《朝邑县志》等。

从方志的撰写形式方面，可分为著述体和编纂体两类。著述体基本上是由作者撰写不旁征博引史料，多为叙述性文字。编纂体则是按照一定的体例和要求，将材料分门别类地编纂起来，并且大都注明出处。也有的是编、述相结合，如清代的方志学家章学诚，主张方志立"三书"，即志，掌故和文徵,其中"志"是著述体,"掌故"和"文徵"就是编纂体。

从方志的编纂体例方面,又可分为纪传体、门目体、"三宝体"、编年体、纪事本末体、类书体等类型。①

纪传体是模仿正史而来的。它把许多门目,归属于图、表、纪、志、传、录等类,每类下又分许多细目。如南宋周应合的《景定建康志》、明雷礼的《真定志》、清洪亮吉的《登封县志》等,就属此种体例。这种体例的特点是目以类归,层次明晰,因此后来的方志多采用此体。

只有目(或称门)而无纲领的叫门目体,如宋范成大的《吴郡志》、清贾汉复的《河南通志》等。这种体例的缺陷是平列门目,无所统摄,所以清中叶以后,这种体例便逐渐地被淘汰了。

"三宝体"是根据《孟子》所谓"诸侯之宝三:土地、人民、政事"之语而来的,一般只分土地、人民、政事三类或加文献而成四类,如明唐枢的《湖州府志》、王一龙的《广平县志》、清赵弘化的《密云县志》、杜延甲的《河间府志》*等。这种体例,简明是简明了,但以此来统摄复杂多样的内容是困难的,所以在清嘉庆以后,这种体例就不多见了。

所谓编年体,就是在体例上没有篇目组织,各种记事和资料都按年代顺序编入书中,非常类似于(有的甚至就是)

---

① 关于这些体例的具体内容,请参阅本书的第二章第一节。

* 编按,"杜延甲"应为"杜甲"。本书页一百同。

地方史。如明黄光升的《长兴县志》、颜木的《随（州）志》、清佚名的《临朐编年录》、汪中的《广陵通典》、陈士元的《滦州志》等等。这种体例似始于明代，至清乾隆以后就极少见了，但方志中的大事记、沿革志，方法用的仍是编年的形式。①

纪事本末体就是以"每事为篇，各排比其次第，而详叙其始终"。② 属于这种体例的志书数量更少，明康海的《武功县志》和韩邦靖的《朝邑县志》，以及清冯甦的《滇考》等，就属这种体例。

类书体就是按照编纂类书的方法，将从（或主要是从）许多书中采摭来的有关地区情况的资料，按类加以编排，并往往注明资料出处或附载引用书目，如宋祝穆的《方舆胜览》、明陈循、高谷的《寰宇通志》等。这类志书的特点是采摭宏富，在保存地方文献方面，能起很好的作用。

可以从如此多的方面或途径划分方志的类型，说明了我国方志的发达和丰富多彩。

应当指出的是，目前方志学界对于方志类型划分的问题，看法尚不统一，对于某些概念（如"通志"、"总志"、"专志"、"杂志"等）的解释也不尽相同。这是需要今后加以研究解决的。

---

① 参阅陈光贻《地方志与历史书体例的同异》。(《方志学报告文集》，中国地方史志协会、中南西南九省地方志研究班编印，一九八二年六月。)

② 《四库全书总目·史部·纪事本末类序》。

四、方志的性质

这个问题实质上包含着两层含义：其一，方志的学科属性是什么？其二，作为一种图书表达体裁，方志与该学科内的其他表达体裁的关系怎样？

关于方志的学科属性问题，历史上曾长期存在着不同的看法，至清代更形成了所谓地理学派、史志学派等专门的学术派别。① 他们的主张对后世影响极大，使得至今对这一问题的看法，仍未能取得最终一致的意见。

按照封建社会中的传统观点，方志属于地理学的范畴。历史上的许多公私目录，从《隋书·经籍志》、《崇文总目》到《四库全书总目》，从梁阮孝绪的《七录》、宋陈振孙的《直斋书录解题》、明焦竑的《国史经籍志》到清周中孚的《郑堂读书记》、孙星衍的《孙氏祠堂书目》、张之洞的《书目答问》等，都把方志归入地理书类。唐朝以后许多方志的纂修者及研究者，在他们所写的有关著述中，也把方志认作地理书。特别是到了清代，这一主张经过戴震等著名学者的进一步发挥，影响更为巨大。近代一些地理学者，也把方志视为地理学科的一个部分。

与上一观点相对立的意见，就是认为方志属于历史学的范畴。这一主张甚至可以溯源到东汉郑玄发表的方志若"国

---

① 关于他们的学术主张的详细内容，请参阅本书的第二章第二节。

史"的看法。宋人郑兴裔也说："郡之有志，犹国之有史。"①这一观点到了明代获得了新的发展，最明显的例证就是朱睦㮮在其所编的《万卷堂书目》中，第一次在目录分类上，将"方州之志"列为史部的一个独立门类。其后，陈第的《世善堂书目》、祁承㸁的《澹生堂藏书目》、清徐乾学的《传是楼书目》等，均先后效法朱目，在史部为方志设立了专类。特别是清人汪宪的《振绮堂书目》，所收方志既多，列类也最为详确：在史部地志类下，分为通志、郡志、州郡志、名山、水利、舆图、杂记、游记、外域等九类；杂志下又分都邑、陵墓、祠庙、书院、寺观、方物等六目。这一现象既反映了当时方志发展的极盛形势，同时也说明了当时人们已经清楚地意识到了方志属于"史之流"的性质，它的广泛内容已远远超出了"地理"的概念所能包容的范围。这一观点经过后来的著名史学家和方志学家章学诚的全面阐发，已为越来越多的学者所接受。

对于方志学科属性的不同认识，与方志产生的多源性和方志发展过程中曾出现过多种形态的事实，有着直接的关系。早期的方志，多采用图经、地记等形式，内容和体例都与地理书相近，这是导致方志长期被认为属于地理学范畴的一个重要因素。但是方志并没有固守这种形式，随着社会的进步，科学分工的日趋细密，学科之间相互交叉、相互渗透的日益

---

① 《郑忠肃奏议遗集》下。

广泛,到了宋代,方志体例已发展成为综合反映某一地区政治、军事、经济、文化、教育、社会、民族、宗教、人物、事件、典章制度以及天文、地理、风俗、人情等各方面状况的一种内容广泛的著述体裁,而不再是单纯的"国别史"或单纯的图经了,山川地理仅仅是地方志中的一个往往不占主要地位的组成部分。这是方志发展演变的主要趋势。这一趋势导致了宋元以后的方志,在编纂宗旨、编纂原则、编纂方法、内容体例、记事行文直至它的特征、作用等方面,都无不体现着明显的"历史著述"——即区别于地理书——的特点。[①]正是在这个意义上,我们说,方志属于历史学的范畴,地方志书是一种史书体裁。

但是这种特殊的史书体裁——即所谓的"志体",不同于一般的史书体裁——即所谓的"史体"。这种"志体"与"史体"的区别——在一般性特点上的区别,可以从以下几个方面进行比较:

(一)编写的方法形式不同。它包含着两个方面:一方面,史体主要是记述过去,往往以时间、事件为中心线索,侧重事物的纵向发展;而志体虽有时也要追溯过去,但主要是记述现状,将事物做横向的分门别类的综述,它虽也往往首列大事记,但这部分不是方志的主体。另一方面,史体是论述

---

① 关于这一方面——即所谓"志体"与"史体"特点相同的方面,请参阅本书第二章。

性的，在占有大量资料的基础上，通过对历史现象的分析研究，探索历史发展的客观规律，可以将自己的研究所得做详尽、深入的阐发，因此论述部分是史书的主体，资料在其中所占的比重一般不大，某种史书若为同时代的它书所征引，那么征引的部分往往只是该史书作者的观点或主张而已；而志体则是资料性的，它将广泛搜集、调查来的资料，经过整理、鉴别，分门别类地进行综述，以反映本地区自然与社会生活状况。许多方志都专门设有"文献"或"掌故"一类的门目，来储存史料，以备历史研究征考。因此方志中所记载的内容，往往可以成为同时代的人直接征引的资料依据。

（二）门类广泛程度不同。由于史体往往以历史事件或历史人物为中心线索，因此往往记事比较集中，非常注重阐述的深入性与系统性。虽然史体也涉及政治、经济、军事、文化等许多门类，但对这些门类的记叙，都是紧紧围绕着某一明显的"轴心内容"的，因此各部分内容记叙的详略、材料的取舍等等，随时都有可能发生变化。而志体内容则以广泛而丰富见长，举凡一地的疆域、沿革、山川、水利、土地、赋役、军事、职官、选举、人物、艺文、金石、碑刻、建筑、名胜、古迹、风俗、方言、灾异、轶闻等等，事无巨细，只要有意义，都在记述范围之内。志体不存在某一特定的轴心内容，因而除了个别最能体现地方特点的门类显得较为突出——但并不是作为中心——外，其余各门类之间，在记叙的详略、材料的取舍等方面，一般并无明确的轻重之分。

（三）内容详约程度不同。历代方志不间断地纂修，其中一个很重要的目的，就是备修史时采摭。清人洪肇楙在乾隆《宝坻县志序》中就说："迨圣祖仁皇帝开设明史馆，诏天下郡县备以志上，于是邑之续志出焉。"正因为如此，所以志贵详细，而史存大体。史体可以在志体的基础上写就，如清顾炎武的《天下郡国利病书》、钱大昕的《辽史拾遗》、陆心源的《宋史翼》等名著，所依据的材料，主要就是从大量的方志中来的；但志体却决不能在史体的基础上编成。清人很早就指出了它们的这种关系。章学诚在《永清县志·士族表序例》中说："正史既存大体，而部府州县之志，以渐加详焉。所谓行远自迩，登高自卑。州县博收，乃所以备正史之约取也。"《乾隆诸城志·列传序》也说："志与史同也，亦异也。扬往迹以励将来，相同也；而史编天下之大，志则录一邑之小。"

（四）由上述不同决定了史体和志体的成书方法不同。既然史体主要以记载过去为主，"详古略今"，所以写史主要是依靠文献史料。虽然远古没有文献可征，需依赖考古发掘；近现代的历史，也要搞调查采访，但这两项活动，在整个修史过程中，并不占很大的比重。同时，又由于史体记事较为集中和大体，不像志体那样内容广泛和细密，因此，史书往往可由少数人完成。而志体要求以记载现状为主，要"详今略古"，每隔一定年限就要重修一次，所以就不能仅仅依赖文献，大量的资料必须从当时当地搜集、调查得来。一部分虽有现成的资料，也必须经过调查，予以核实补充。调查、采访、搜集资料的过程，是整个修志过程的主要部分，这一工作的质量如何，直接影响着修志工作的成败。同时，又由于志体记载的内容极为广泛和详细，涉及各行各业，因而要求必须要有各个部门的通力合作，必须要有各方面专家的参加，方可完成。

总之，方志属于历史学的范畴，它在许多方面都具有历史著述的特点，这些特点是明显的，容易理解的。但是，史体和志体的关系虽极为密切，毕竟有所不同，必须予以区别开来，尤其要注意的是与纯粹的地方史书的区别。辨明这种差异，对于我们新编方志具有十分重要的现实意义。

五、方志的特征和作用

方志具有地方性、连续性、广泛性、资料性、可靠性等特征。

（一）地方性 地方性是方志的首要特征。无论是省志、府志、州志、县志，还是乡镇志、边关志、乡土志、或是专门记载山水、古迹、园亭、寺观、祠墓等等专志，都有一定的明确的地域范围。而由于各地在地理位置、地形气候、建置沿革、物产资源、风土人情、工农业生产、历史和社会环境的递嬗等方面，本身具有许多不同的特点，因此在这个基础上编成的各类志书，一般地说，很自然地就带有显著的地方色彩。而且，志书的编者，一般都是熟知当地情况的人士，他们为了"光耀乡里"，在篇目安排、内容裁取等方面，总是千方百计地突出那些能够反映本地区特点的内容，正如章学诚在《永清县志·六书例议》中所说的："就一县两志其事，即以一县之制定其书。且举其凡目，而愈可以见一县之事势矣。"因此，地方官每到一地，首先要做的事，往往就是借助地方志来了解该地的境域、沿革、土地、气候、山水、园林、人物、氏族、方言、物产、地方工艺、风俗等等，因为这些情况在方志中记载得最为详细。

（二）**连续性** 方志的编纂是连续的，一部方志修成，若干年后又行续修。首次编纂的方志，往往探本溯源、贯通古今，记述历代的沿革变化；续修的方志，则重点反映两次修志期间本地区发生的变化。历代统治阶级，在政局稳定时期，都十分重视各地的连续修志。如唐代曾规定，各府州每三五年为尚书省兵部职方编送图经；明代永乐以后，屡次发布修志命令，间附修志条例，要求地方官遵行；清代历朝皆敕令各省、府、州、县勤修志书，并上诸史馆。我国绝大部分方志都曾续修，续修两三次以上的方志，约有七千种，有的县续修更多，如有清一代，江苏常熟县志曾十三次续修，平均每隔二十年续修一次。历史上任何一种图书体裁的纂修，在连绵的长久性和间隔的短暂性方面，都不能与地方志相比拟。连续不断地修志，不仅使地方志的形式愈演愈精，更使我们得以连续考察某一地区在不同历史时期的各方面情况。

（三）**广泛性** 方志是对一地区自然、社会、人文诸事物的历史与现状的全面、系统的综合性记录，因此它所记载的内容，极为广泛。从纵的角度看，方志不仅记述现状，也追叙历史；从横的角度看，方志门类庞杂，内容详备，"纪地理则有沿革、疆域、面积、分野，纪政治则有建置、职官、兵备、大事记，纪经济则有户口、田赋、物产、关税，纪社会则有风俗、方言、寺观、祥异，纪文献则有人物、艺文、金石、古迹"[①]，真是无所不包，不仅是有关自然科学的"博物之书"，而且是有关社会科学的"一方之全史"，因而被誉为"地方百科全书"。另外，方志的编纂，参加人物之灾，波及范围之广，也是任何一种其他的图书体裁所望尘莫及的。

（四）**资料性** 方志编纂的目的，不是直接探索自然和历史发展的规律，而是全面反映一地区的自然与社会状况，为各门学科的研究、发展积累资料。因此，在编写形式上，方志采用的是记述性的体裁，"述而不作"，是非褒贬寓于事实的记述之中；而且，对于采集来的资料，大多如实记录，较少经过笔削润色，所以方志有着十分强烈的资料性特征。正是因为具有这样的特征，才使得方志成为史家取材的基础。方志提供的大量资料，不仅在成书的当时有用于世，流传至后代，也仍具有种种参考、查证、借鉴的作用。

（五）**可靠性** 地方志是资料书，其资料来源主要有二：一是地方档案文献。地方官吏对于方志的编纂一般都非常重视，因为他们把方志中的资料看作是统治的依据，并且他们

---

① 顾颉刚：《中国地方志综录序》。

大多都担任当地志书的主修，所以他们往往给予修志工作以种种便利，使修志者能够获得一般难以获得的资料——主要是地方档案文献，它包括公文档册、金石碑刻、谱牒家传，诗文集、信札、笔记等等。由于方志的"述而不作"的特点，使得方志对这些资料的记录仍具有原始性，因此一般说来，方志的可靠程度较它书要高。方志资料的另一重要来源，就是实地调查、采访、测绘所得（所以每部志书的卷首，往往列有采访人员若干名）。由于是本地人记本地事，时间相距不远，范围限于本地，"地近则易核，时近则迹真"[1]，调查得来的材料，多属耳闻目睹，特别是其中更有许多材料是劳动人民直接提供的，因此具有较高的参考价值。当然，并不是所有的方志资料都是可以征信的，旧方志中也存有不少浮夸失实、荒诞迷信、歪曲事实、污蔑人民的现象，所以我们在利用旧志资料时，决不能过于轻信，而必须谨慎从事，认真分析，仔细鉴别，在弃其糟粕的同时，注意利用其有价值的部分。如《光绪善化县志》"忠义"门中，充满了对统治阶级的颂扬与对太平军的污蔑，理应给予批判。但是，其中对于太平军进军的路线、方向，运用地道战术攻占城镇，利用"火箭"杀伤官兵等等的记载，却为我们提供了研究太平天国运动的史料。又如旧志的"祥异"门大多记述自然灾害与变异，其中夹杂的迷信邪说，对于我们今天已毫无意义，但其中所

---

[1] 《章氏遗书·方志略例二·修志十议》。

记叙的地震、陨石、水旱、星变等自然现象，经过考核，却可成为科学上的宝贵资料。方志中对于这类现象的记载，往往要比在封建王朝严密监督下所编的正史要丰富真实得多，因为官修而加"钦定"的正史要摆"史架子"，里面不敢说什么，而"野史和杂说自然也免不了有讹传，挟恩怨，但看往事却可以较分明，因为它究竟不像正史那样地装腔作势"①。

从方志的诸特征决定方志至少具备两方面的作用：

一是"资治"的作用。在封建社会，统治阶级重视方志就是因为看到方志这方面的作用。最高统治者往往把方志作为了解各地情况，决定政策措施的依据；地方官把方志作为"辅治之书"②，用来为皇帝歌功颂德，为自己树碑立传，以粉饰太平，欺骗人民。唐朝纂修《元和郡县图志》，就曾公然宣称编志就是为了"佐明王扼天下之吭，制群生之命，收地保势胜之利，示形束壤制之端"。今天新方志的编纂也同样地要有"资治"的作用，但这种"资治"是为人民服务的。要把新方志作为向经济建设提供依据和保存资料的来源和总汇。同时，也应把新方志作为对人民进行爱国爱乡教育的重要乡土教材。只有这样，新方志的编纂才能在物质文明和精神文明两个建设中起到应有的作用。

二是"资料"的作用。旧方志涉及范围之广，数量之多，

---

① 鲁迅:《华盖集·这个与那个》。
② 李奉翰:《乾隆永平府志·序》。

第一章 方志与方志学

已成为我国文化遗产中的一个重要资料宝库。旧方志保存的珍贵资料在社会主义建设时代，仍能发挥提供资料、以备参考的重要作用，当然在使用这些资料时还必须加以筛选、验证和分析。旧方志可以为我们提供的资料，主要有以下各类：

矿藏资料 旧方志比较详细地记载了各地的矿藏。如《玉门县志》记载当地农民称石油为"石脂水"，用来点灯。四川《荣县志》、辽宁《抚顺县志》也都有关于石油的记载。陕西《华县县志》记载"秦岭南有地名金堆城，产金沙。"《续修博山县志》记载当地盛产煤、铁、硫黄等。已故地质学家章鸿钊先生曾根据方志资料编成《古矿录》。地质部在北京图书馆协助下，查阅大量方志，编成《祖国两千年铁矿开采和锻冶》、《中国古今铜矿录》等书。建国以来，根据方志提供的线索进行勘探，查明了一批矿藏。

物产资料 旧方志比较详细地记载了各地的物产。如康熙《灵寿县志》有物产图。乾隆《博野县志·物产志》注明"某物相适、某物为宜、某物为下、某物易生、某物最多"。乾隆《长洲县志》把物产分为粳、糯、麦、粟、菽、蓏、蔬、溪毛、水实、花果、笋、木、花草、药、麟、介、羽、毛、帛、布、杂造、酝酿、品馔、诸用、工作等二十七属。湖北《江陵县志》、《武昌县志》记载了当地鱼类的名称、品种、繁殖、活动等情况，又记述了渔民的捕捞工具和方法。上海文物保管委员会曾从方志中辑录了《上海地方志物产资料汇辑》。中国农业遗产研究室又从八千多种地方志中摘录出数千

万字的资料，辑成《方志物产》四百多册、《方志综合资料》一百二十册。这些资料，至今对利用各地资源，发展农业与多种经营有参考作用，如四川省什邡县近年即通过查阅方志中有关记载，提高了本地烤烟产量，并利用当地特产山茶花，发展对外贸易。

农业生产技术资料　我国是有着古老农业耕作历史的国家，历代人民从事农业生产的技术与经验，在方志中有丰富记载。如乾隆《罗江县志》中有关于如何耕地、锄地、施肥等的详细记载，并强调要不违农时，谓："凡事皆当因时，而农尤甚。凡浸种清明节，播种宜趁谷雨节，插秧宜趁芒种前后五日或十日。"乾隆《震泽县志》记载了当地农蚕渔业的情况。江浙一带的不少县志都描绘了水田耕作的工具和技术、发展蚕桑业的技术与方法。光绪《于潜县志》载有耕作图四十六幅。民国《灵石县志》把当地一百四十条农谚归纳为"耕地及施肥法"、"中耕及间苗法"、"灌溉及除苗法"、"察禾及收藏法"等十类，这些资料，至今仍有参考作用。

自然灾害资料　旧方志的"祥异"或"灾异"等门目中，载有大量历代自然灾害的情况，如水旱、地震、虫灾等发生的时间、持续的状况、造成的损失，这些资料至今仍有助于我们总结自然规律，增强抗灾能力。中央气象局曾辑录《五百年来我国旱、水涝史料》。中国科学院地震工作委员会历史组曾编辑了《中国地震资料年表》，一九八〇年重新校补为《中国地震资料汇编》。安徽省文史研究馆自然灾害资料搜集组，曾根据安徽历代地方志，将安徽省历史上近千年的自然灾害资料作系统整理，辑成《安徽地区地震历史记载初步整理》、《安徽地区历代旱灾情况》、《安徽地区蝗灾历史记载初步整理》和《安徽地区风雹雪霜灾害记载初步整理》等四种材料。山东省农业科学院情报资料室一九七九年编成了《山东历代自然灾害志》。这些资料汇编的完成，方志资料在其中起了很大作用。

天文资料 我国的天文学历史悠久，成就辉煌，旧方志中关于天文的记载也很丰富。天文记载包括流星、陨石、日食、月食、雨雪冰雹等情况，甚至还有关于极光的记载。如乾隆《武乡县志》记载："乾隆三十五年七月二十二日红光见，自戌至子照耀经天，观者无不惊怖。"对于一八六二年的极光，湖北《竹溪县志》描述道："同治元年八月十九日夜，东北有星火如月，色似炉铁，人不能仰视。初出声则凄凄然，光芒闪烁。顷之，向北一泻数丈，欲坠复止，止辄动摇，直至半空。忽然银瓶乍破，倾出万斛明珠，缤纷满天，五色俱备，离地丈余没，没后犹觉余霞散彩，屋瓦皆明。"对一八七二年的极光，陕西《大荔县志》、河北《东光县志》和湖北《光化县志》等也都有记载。我国天文学家徐振韬、蒋窈窕夫妇，利用方志中二十三条关于十七世纪的太阳黑子记录，澄清了国际天文学界由于资料不足而造成的错误论断，提出了新见解，引起国际天文学界的重视。中国科学院北京天文台从数千种方志中摘录了几百万字的天文资料，汇辑成《中国天文资料汇编》。

地理学资料 历史地理与自然地理资料，是方志内容中的重要部分。几乎所有的方志，都要对本地区的地理沿革、山川河流、疆域城池、湖泊海道、交通驿站、关隘厄塞等详加考核并予记载。方志对地理现象与气候也十分重视，如乾隆《黔滇识略》* 对于分布在贵州、云南的四十二岩洞，从所在位置、名称由来，到洞内顶部倒悬的石钟乳、底部耸立的石笋、石柱等，都有生动的描述。山西万历《潞安县志》、广东《新安县志》，都记述了当地气候变化与地形的关系。方志中的地理资料，对于研究地理沿革、地质地貌等问题，至今仍有重要意义。

少数民族资料 我国自古以来即是一个多民族的国家，旧方志对于各少数民族的文化、经济、风俗和历史都有所记载。如乾隆《永清县志》记载了北街贾姓女真部族汉化事。光绪潮州、潮阳、景宁、贵溪等志，记载了畲民的情况。嘉庆《高要县志》、《兴宁县志》和《增城县志》等记载了疍户的生活、风俗和生产。除了对各少数民族生活的反映，方志中还反映了古代中外文化经济交流的情况。如熙宁《长安志》，记载了当时中外文化交流中心长安的情况。各地尤其是沿海边疆地区的方志中，大量记载了我国的古籍、佛经、文物、生产工具、地方戏等流行海外，而海外的蔬菜、瓜果、

---

* 编按，"《黔滇识略》"当为"《滇黔志略》"。

烟草、棉花等流入我国、先后在南北生长繁殖的情况。

宗教资料 不少旧方志列有"宗教"等类目，记载了历代的宗教情况。如元代的《至顺镇江志》，记载了元代基督教（也里可温教）的传播情形。嘉庆《禹城县志》，记载了溧川韩氏村人世奉西洋教的情形。光绪《宁河县志》，记载了回民建造礼拜寺的情形。同治《宁海县志》，记载了道教情形。民国《醴陵县志》，记载了佛教、道教、耶稣教的情形。在所有记载中，以对于佛教庙宇寺院的记载最多，如《长安县志》记载了唐代著名佛寺香积寺及其长老善导法师、来长安学习佛经的日本和尚法然（后创立日本净土宗）等的情形。

赋役及其他经济资料 旧方志的食货志等篇章中，有对当地田赋、徭役、土地、贡赋、税收、手工业、商业、户口等情况的详细记载，这些记载对于我们研究封建经济、研究封建社会的土地制度、贡赋制度等，是必不可少的资料。如万历《广平县志·人民志》，记述了劳动人民负担沉重的赋役的情形。康熙《新城县志》，记载了明代中叶的物价；《吴川县志》，记载了明末物价。《歙县志》记载了徽州商业、金融情况。乾隆《丰润县志》，记载了当地绠酒、燕酒、奇石、黄白草、煤、麦笠、高粱粥、桃花城、丰胰等工业特产。嘉庆《长山县志》，记载了周村手工业与商业兴盛的情况。同治《苏州府志》，记载了自明万历以来当地孙春阳南货铺的情形。

农民斗争资料 旧方志中保存了大量历代农民斗争资料。统治阶级记载农民斗争情况，是将其作为反面资料，或为宣扬本阶级的功绩，因而充斥了对人民的污蔑谩骂之词。今天，我们却可在这些记载中了解到农民斗争的领袖、活动、过程、影响等情况。如从明万历《新昌县志》、嘉靖《温州县志》及浙江、江西省的许多方志中，我们可找到有关宋代方腊起义的资料。从明代《栾城县志》中，可找到白莲教首领韩林儿起兵抗元及称帝的事迹。从乾隆《成县志》、《宝鸡县志》和陕西、河南省的大量方志中，我们可以找到明末李自成起义的资料。在《漳州县志》*、《乐清县志》及两广江南的许多方志中，记载了大量太平天国运动的资料，民国《桂平县志》，记载了洪秀全称王的情况。罗尔纲主持汇辑太平天国史资料，曾利用了方志七百三十多种。

反对外来侵略的资料 我国人民具有反抗外来侵略的光荣传统，历代人民反对外来侵略的斗争情形，在各地方志中都有所记载。从上海、浙江、福建、江苏、台湾等省市的方志中，我们可以找到大量记载汉、僮、苗、瑶、畲、高山等族人民抗击倭寇斗争的资料。从广东省的《南海县志》、《番禺县志》、《香山县志》和《广州府志》中，我们可以找到反映鸦片战争的资料。从黑龙江的《瑷珲县志》中，我们可以找到沙俄入侵我国边疆的记载。从《茌平县志》、《固安县志》中，我们还可以找到有关义和团运动的资料。

---

* 编按，无"《漳州县志》"，疑为《漳州府志》或《漳浦县志》。前"嘉靖《温州县志》"当为"嘉靖《温州府志》"。

文化艺术资料 旧方志的艺文、金石、古迹等类目中，著录了大量当地人撰写或与当地有关的诗文、书目、题名、碑刻、民歌、谣谚等。这部分的内容往往种类繁多，数量惊人，其中不少具有珍贵价值，可以补正史和流行诗文集的不足，可以作为研究古代文化艺术的资料。如从方志中可以找到《全唐诗》未曾收入的唐人作品，可以找到许多历史人物在本地留下的零星题咏、散失诗文、书画刻石等，为各类研究提供佐证。

人物传记资料 人物传在旧方志中占有很大比重，为研究文史和各类科学的后人所重视。方志人物传记的主角，大多为官僚地主阶级的头面人物或所谓义男、烈女。但由于是为本地人物列传，大量正史不载或记载不详的历代人物，在方志中往往可找到较详细的记载。如著名明代科学家、《天工开物》的作者宋应星，《明史》无传，在江西《分宜县志》、《奉新县志》，安徽《亳州志》和福建《汀州府志》等方志中却都载有事迹。又如清初小说《樵史通俗演义》的作者，史学家孟森、谢国桢都未能考出，在光绪《青浦县志》中却有明白的记载："《樵史》四卷，陆应旸著。"并附有陆氏的传记。

风俗方言资料 我国人口众多，幅员辽阔，由于历史与地理的原因，各地的风俗、习惯、语言等，有着很大的差异，即以一地而论，古今的风俗、语言变化也很大。旧方志中列有风俗、方言等类目，专门记述本地区的风俗、方言，为今天的民俗学、语言学研究积累了大量资料。

文物古迹资料　我国历史悠久，文化发达，各地都有古代遗留的文物古迹，如古代建筑、石刻、陵墓、遗址、园林、城邑等。各地方志，对于本地的文物古迹，都有详细记载。如明代《赵州志》，记载了隋朝建筑师李春及其所建的赵州桥。同治《嘉定府志》，记载了明代古建筑的营造。《苏州府志》，有关于园林池馆的记载。利用方志中的文物古迹资料，可以更好地保存文物遗产、名胜古迹，以利于发展旅游事业。

上述各类资料以外，方志中还有关于交通、水利、军事、货币等方面的大量资料存在，有待我们发掘利用。

方志包含的各种资料，在封建时代就引起学者的重视，被利用来著书立论。如清初顾炎武，曾参考一千多种方志，写成著名的《天下郡国利病书》和《肇域志》。前者类似经济资料汇编，后者为历史地理著作。清代长达万卷的类书《古今图书集成》，也利用了大量方志资料。

国外也早已有人利用我国的方志进行科学研究。日本学者曾根据我国的《八闽通志》、《霞浦县志》和福建其他方志中有关渔业的资料撰写论文，以供本国渔业生产参考。日本学者的《蒲寿庚考》、《南北朝时期地志的中国方言汇录》等专著*，也都参考我国方志写成。美国农林科学家施永格，从

---

*　编按，"《南北朝时期地志的中国方言汇录》"疑为《南北朝时期地志》、《中国方言汇录》，分别为论文和专著。《中国方言汇录》指波多野太郎编《中国方志所录方言汇编》一书。

二十年代起参考闽、粤方志研究福桔、广柑的生长规律，取得显著成绩。四十年代，美国陆军部在美国国会图书馆设地图组编绘《中国地图》，中国地方志是其重要参考资料之一。英国英中了解协会会长李约瑟主编的多卷本《中国科技史》巨著，内容浩繁，引证广博，其中就参考了大量地方志资料。

至于新编地方志，则将起到保存历史资料，为后世提供重要历史依据的作用。

六、历代方志的现存状况

（一）国内现存状况

我国的方志源远流长，数量极多。据《中国地方志联合目录》统计，仅保存至今的宋至民国时期的方志就有八千五百多种，共十一万多卷，约占我国现存古籍的十分之一左右。

这八千多种方志中，清代方志有六千多种，约占总数的百分之八十；明代方志一千多种；宋元方志仅数十种，民国时期的方志，数量又少于明代，仅数百种。

这八千多种方志，只是我国自古至今所编方志的一部分，未能流传的方志的数量是无法估量的。仅对有目可考的佚志作统计，数量已十分可观。如据张国淦《中国古方志考》所录，光是元代以前，方志已佚而留下书名的就有二千多种。又据《明史·艺文志》等书所著录，明代方志当不少于三千种，而现存的明志，仅一千余种。根据文献记载，明代方志的编修十分频繁。如河南辉县，先后有嘉靖、万历、天启三志，而现存多为残卷。又河北《蓟州志》，明代共修四次，除一次未完成外，成书的成化、嘉靖、崇祯三志都失传了。又如天一阁所藏明代方志，原有四百三十五种，比《明史·艺文志》著录的还多，其中不少是孤本，然而历经盗散，至解放时仅存二百六十六种。明代方志的亡佚，除了通常的原因①，又由于清初统治阶级实行文化专制主义，对包括方志在内的明代书籍实行严格检查，凡涉及"违碍字句"的，大都遭明令禁毁。民国时期，由于统治阶级的腐败，帝国主义的侵略掠夺，私家收藏的保管不善，使清代方志损失严重，如民国时期以收藏清代方志著称的东方图书馆，馆藏的二千六百四十余种方志，因遭日本侵略军炮火，全部化为灰烬。清代方志现存的数量虽多，实际已经亡佚的也不少。如山西《长子县志》清嘉庆以前曾五次修纂，现仅存二种。据估计，清代方志已知的有八千多种，而失传的方志，数目也当与现存的差不多。

这八千多种方志，以行政区划分，县志最多，约占百分之七十；以所属地域分，河北、江苏、浙江、山东、四川等省最多，其次是河南、江西、山西、陕西、广东、湖北等省，边疆地区的则很少②。

---

① 参阅本书第二章第二节民国部分中的介绍。
② 关于各省、市、自治区历史上所编方志及其存佚情况的介绍，请参阅一九八一年中国地方史志协会和吉林省图书馆学会编辑、出版的《中国地方志分论》一书。

第一章 方志与方志学

国内现有的方志，分别收藏于南北各大图书馆。

北京图书馆：是我国的国家图书馆，藏有方志六千多种，在国内首屈一指。其中既有前清内阁大库和学部图书馆留存下来的，也有四方学者、藏书家捐赠的，还有从国内外各图书馆传抄和复制来的。内中有不少宋元明清精刻本和稿本、批校本等善本，极为国内外学者所注重。

中国科学院图书馆：收藏方志四千多种，并编有馆藏方志目录。其中一千五百多种是从原东方文化委员会图书馆接管过来的。

故宫博物院图书馆：曾编有《故宫方志目》及《续编》，著录方志二千多种，其中雍正、乾隆、嘉庆时期编修的方志最多，也最完整，有些是国内孤本。

其他如第一历史档案馆、中国科学院考古研究所、国家文物局、北京民族文化宫、水利部水利水电科学研究所等，也分别藏有方志一千五百种左右。

天津市图书馆：据一九八〇年所编馆藏方志目录著录，共三千六百八十六种。其中一半以上是三十年代"私家藏志巨擘"任振采（凤苞）捐献的。

大连图书馆：藏有方志约三千种，其中一部分是在一九四五年日本侵略军退出东三省时，从日本满铁株式会社接管过来的。

上海图书馆：收藏历代方志共计五千四百余种，仅次于北京图书馆，并编有《上海图书馆地方志目录》。其中宋绍定二年所刻《吴郡志》，不仅是馆藏最早的版本，也是全国的稀见之本。

上海辞书出版社：所藏方志二千多种，原由上海中华书局保管。一九四九年以前，中华书局总局设在上海，分局几乎遍布各省，他们当时都负有就地采购方志的任务。

南京图书馆：藏有方志约四千余种，居全国第三位。其中一部分是原清代著名藏书家丁丙的八千卷楼的藏品。

宁波天一阁：是我国现存历史最久的藏书楼，有四百多年历史，也是著名的明代历史文献宝库。而其中现存的四百多种明代方志，又是这个宝库中最为光彩夺目而驰名中外的明珠。六十年代，上海古籍书店曾据天一阁所藏，影印了明代方志一百零七种。骆兆平编有《天一阁藏明代地方志考一略》一书，可供参考。

各省、市、县图书馆以及许多档案馆、博物馆、文化馆等，也都藏有一定数量的方志，它们既有接受捐赠来的（如已故方志学家张国淦就曾把一千多种方志捐献给湖北省图书馆），也有相互传抄、复制来的，其中也不乏一些稀世珍本。

大专院校收藏方志较著名的有北京大学、南京大学、北京师范大学、南开大学、复旦大学、中国人民大学、中共中央党校、中央民族学院、福建师范大学、武汉大学、四川大学、吉林大学、中山大学、陕西师范大学等。它们大多都是由于原校方重视方志的搜集，而具备了一定收藏基础的。

此外，香港大学、香港中文大学也收藏了部分中国地方志，台湾省藏书机构也收藏有为数不少的地方志，并编有《台湾公藏方志联合目录》。

(二) 国外现存状况

我国历代的地方志，又有大量流布海外——主要是日本和美国。

1. 日本　日本现存我国方志四千余种，分别入藏于日本国会图书馆、东洋文库、静嘉堂文库、内阁大库、宫内厅图书寮、尊经阁文库、京都大学人文科学研究所（前东方文化研究所）、东京大学附属图书馆、东京大学东洋文化研究所、天理图书馆等著名藏书单位，并编有多种目录。

日本人采购我国方志，大约已有一百五十年的历史。他们中间很多人懂得中国版本，亲自来华采购。其中最著名的就是在一九〇七年，将浙江陆心源皕宋楼所藏的方志珍本收入日本。抗日战争时期，被日本侵略军掠夺的我国方志更不在少数。因此日本所藏我国方志，不仅数量多，而且质量高。如静嘉堂文库就藏有宋刻本《咸淳临安志》和《咸淳毗陵志》，内阁文库、东洋文库及其他各馆藏有明、清孤刻本五十多种，明、清稀见本八十多种。有些方志我国图书馆所藏残缺不全，而日本则有足本。如我国天一阁所藏《嘉靖和州志》仅存卷八至卷十五，而日本内阁文库却有十七卷的足本。一九五六年，中国科学院开始向日本摄制胶卷。北京图书馆近年来也已从日本复制了稀见中国方志胶卷五十余种。

2. 美国　在鸦片战争以后，美国通过公使、领事、传教士、商人等，从中国各地弄走了大量地方志。如成立于一八九四年的美国犹他家谱学会，不仅非常注重收集中国家谱，也非常注意收集中国的地方志，到一九七九年止，他们已拍摄微型胶卷一百三十万卷，收藏的中国方志已超过五千种，其中包括部分在我国国内已失传了的珍本①。中国地方志也是美国国会图书馆东方部的特藏之一，据朱士嘉于一九四二年所编的《美国国会图书馆藏中国地方志目录》著录，共二千九百三十九种，计宋志二十三种，元志九种，明志六十八种，清志二千三百七十六种，民国的四百六十三种；其中稀见本十几种。在以后美国国会图书馆所编的《续编》中，又著录了三百多种。美国哈佛大学、哥伦比亚大学、芝加哥大学，分别藏有中国方志一千多种。斯坦福大学、华盛顿大学也各有几百种，并包括一些珍贵版本。

3. 其他 一九五七年，法国巴黎大学教授吴德明编有《欧洲各国图书馆藏中国地方志目录》反映了欧洲七个国家（法国、英国、意大利、德国、比利时、荷兰、瑞典）二十五个单位所藏中国地方志二千五百九十种，除去重复，共有一千四百三十四种，其中有二百零七种不见于上述的《美国国会图书馆藏中国地方志目录》著录，这些方志除绝大多数藏于法国巴黎外，主要庋藏于大英博物馆和剑桥、牛津、伦敦各大学图书馆等著名藏书单位。

---

① 参见《中国史研究动态》一九八〇年第五期。

此外，加拿大温哥华的哥伦比亚大学、澳洲各大学、朝鲜汉城大学、新加坡大学、新加坡南洋大学等也各自收购了不少的中国地方志。①

第二节 方志学概说

一、方志学研究对象、内容及其意义

方志学是一种专门研究方志领域中所特有的运动形态的学科。它有独立的研究对象和内容，因而构成了一门独立的科学。

恩格斯在《自然辩证法》一书中曾说："每一种科学都是分析单个的运动形态或一系列互相关联和互相转变的运动形态的。"科学研究的区分，就是根据科学对象所具有的特殊的矛盾性。因此，对某一现象领域所特有的某一种矛盾的研究，就构成某一科学的对象。各门科学的区分，既然是按照事物运动规律的本质属性来区分的，那么，方志作为一种事物，有它自己的属性，有它自己产生和发展的规律。也就是说，方志有它自己的"运动形态"。这正是方志学这一学科所要研究的。

---

① 以上参阅朱士嘉《现存方志的收藏分布和管理利用》一文（载《山东图书馆季刊》一九八二年第三期）和冯蒸《近三十年国外"中国学"工具书简介》一书（中华书局一九八一年版）。

世界上的任何现象领域，都有某一门专门科学在对它进行研究。方志学作为一门专门的学科，是人们长期对方志这个事物的认识与研究总结的结果。方志在其长期的历史发展过程中，逐渐产生了它的一般概念和范畴（如体例等），形成了独立的体系，其内容亦愈加丰富和完备。人们在编纂方志的实践中，积累了不少经验，有关方志的性质，作用和编纂工作等等，也在不断地进行探讨，需要予以总结，提高认识。因而，逐步形成了一项专门的学问。

方志学的研究对象是方志领域中所具有的特殊矛盾运动，换句话说，它是研究方志产生和发展规律的。

方志学的研究对象决定了方志学的研究内容。它包括以下几个方面：

（一）方志的产生和发展的历史 就是要研究方志是从何时产生的？它导源于什么？它是如何发展的？在它的各个发展时期又有什么特点？等等。研究方志产生和发展的历史，是我们研究方志这一事物的起点。没有这一起点，一切问题都将无从谈起。

（二）方志的分类 就是要研究方志都有哪些种类？划分这些种类的依据是什么？这些不同的类型之间关系如何？都有何利弊？等等。研究方志的类型划分，有助于我们正确地认识这一事物，从而便于我们利用方志资料来为科学研究和社会主义建设事业服务。对于方志类分历史和类分方法的研究，又构成了方志分类学的特殊研究内容。

（三）方志的性质　　就是要研究方志的学科属性是什么？这种学科属性是由什么因素决定的？在这同一学科领域里，方志和其他图书体裁的关系怎样？——即它们的相同点和不同点是什么？等等。研究方志的性质，能使我们更清楚地认识方志的职能和作用。

（四）方志的特征和作用　　就是要研究方志与其他图书体裁比较，都有哪些特征？由这些特征所决定，在历史上，在今天，方志起了并且还将起着什么作用？如何看待这些作用？等等。研究方志的特征与作用，能使我们提高重视和利用方志资料的自觉性。对于方志的性质和方志特征与作用的研究，又构成了方志比较学的特殊研究内容。

（五）方志的整理和利用　　就是要研究用什么方法和手段来整理和利用方志资料宝库，包括整理和利用的原则和标准，各种方志目录的编制，方志内容的评价和提要，各种方志专题史料的汇辑，旧志的重印和校辑，国内和国际间方志资料的交流，等等。研究方志的整理和利用问题，实际上也就是研究如何做到古为今用，最充分地发挥方志作用的问题。对于方志整理和利用的历史和方法的研究，又构成了方志目录学和方志史料学的特殊研究内容。

（六）方志编纂理论　　这是方志学研究的中心内容和最重要的任务之一。它主要包括以下五个方面：

（1）编纂宗旨；

（2）编纂原则；

（3）编纂方法；

（4）编纂体例；

（5）编纂方志需具备的条件。

研究历史都是为了今天，研究方志发生和发展的历史，也是为了更好地批判继承这一历史文化遗产。通过总结历代方志编纂的理论和实践，为我们今天编纂新方志服务，从而更好地推动我国的方志事业不断向前发展。对于方志编纂历史和方法、理论的研究，又构成了方志编纂学的特殊研究内容。

（七）方志学史 就是要研究方志学自身形成和发展的历史。研究方志学史的意义在于：能使我们更深刻地认识旧方志学的缺陷，批判地汲取旧方志学中的合理成分，并赋予其新的内容，为新方志学即马克思主义方志学的创立和发展做出努力。

二、方志学与其他学科的关系

方志学的研究对象和研究内容，决定了它与许多学科具有密切的关系。这里举例说明：

方志学与考古学 考古学主要是研究人类以往的实物史料，特别是埋藏在地下的遗迹和遗物，通过考古发掘出来，进行研究，可以阐明古代人类社会的经济状况和物质文化面貌，进而探讨社会发展规律，对于研究没有文字记载的原始

社会和少数民族的历史，有其特殊作用。旧方志中，一般列有古迹志、金石志，但缺少发掘资料。解放后，党和人民政府重视考古发掘工作，发现的历史遗址和遗迹，遍及全国，取得显著成绩。各地方志可以将本地区考古发掘的成果，详载于古迹或文物志内，这既可以补文献之不足，又可以纠正以往某些文字记载的错误。因之，考古学与方志学的关系是十分密切的。

方志学与政治学的关系　历代所编方志，都是为了适应政治的需要而产生的。如隋代编出的《诸郡物产土俗记》、《区宇图志》、《诸州图经集》等方志，和元、明、清的《一统志》等，都没有脱离当时的政治需要。官府设馆修志，就更清楚地体现了这一点。从方志内容看，一般综合性方志，都涉及当地的政治制度、政权机构、职官、官吏、军警、宦绩以及世家大族、社会集团等等，与当时的政治是分不开的，即或叙述贡赋与户口之类，也和当时的政治密切相关。因而在研究方志的内容与历史背景时，都需要考虑各时代的政治状况。

方志学与经济学　旧方志虽然一般不重视经济资料的记载，但仍然多少保留了一些。如宋范成大《吴郡志》五十卷，三十九门。其中记有户口、税租、土贡、仓库（场务附）、坊市、土物等门类。又如明康海撰《武功县志》，全书三卷，共分七篇，建置篇中的津梁、市集，田赋篇中的户口、物产，都是经济资料。经济学研究各种经济关系和经济活动规律，旧方志虽然不能达到这样要求，但所提供的一定数量的经济资料，仍然是宝贵的。新方志学就应将工业经济和农业经济等方面的资料搜集起来，以经济学的理论和研究方法加以研究探讨，写入志书，以反映当地人民的经济活动和关系。

方志学与教育学　旧志大都记有封建科举考试及书院等情况，戊戌变法废科举后，则记录大学、中学、小学堂以及职业学校、民众教育等史料，还有些塾师、教谕、训导等人物传记，这些都属于教育学的基本内容。方志中虽然不可能详述教育学的内涵和外延，但提供了各地新旧教育的记录，反映了各个时期人民学习文化和接受教育的程度等情况，这些都是很可贵的。新修的方志，必须反映教育学发展的新情况、新问题。教育学在新形势下，发展迅速，逐渐形成了若干分支的专门学科。这就为新编方志提出了新的要求，需要扩大搜集已经形成的新兴学科资料，真实地反映新情况。

方志学与社会学　旧方志中，记载户口、民族、宗教等资料，既是当时社会的内容，又是社会学的研究对象。人们在对社会生活进行科学研究的过程中，在社会学领域里产生了许多专门的学科，如人口、劳动、民族、宗教等。对于这些专门学科所涉及的资料，都要根据辩证唯物主义和历史唯物主义的世界观和方法论进行研究、分析和论述，纳入新编方志中，为扩大社会学的研究领域提供资料依据。

方志学与文艺学　方志中一般记载地方音乐、绘画、舞蹈、摄影、雕刻等艺术与美术工艺之类，记载在这些方面有成就的人物和事迹。保存这些资料，有利于音乐、绘画、戏曲的研究以及文学创作的发展。

方志学与自然科学 旧方志中，蕴藏着丰富的自然科学史料。现代自然科学已不能满足于简单的记录，而是要研究自然界的物质形态、结构、性质和运动规律。而要搜集、整理、鉴别这方面的资料，又非具备自然科学各专门领域的知识不可，这就促使方志学不能不把它的研究视野扩大到自然科学领域里去。

从上述方志学与各种学科的关系中可以看出：(1)方志学与各种学科的关系是密切的，它们彼此之间互相促进，相辅相成。(2)方志学为了指导新编方志，必须了解各种学科发展的新情况，搜集新资料，运用新观点，处理新问题。

第二章 历代的方志编纂与研究

第一节 历代的方志编纂

任何事物都是逐步发展完善的。方志的发展，也经历了一个从简单到复杂、从不成熟到成熟的过程。方志起源于古代的国别史、地理书和地图，在方志发展成形的过程中，这三个方面既有各自的发展，又有相互的融合。由于各自的发展，方志在不同阶段具有不同的特点；而史、图、经的相互融合，终于形成了内容丰富、体例完备的方志。纵观方志的发展过程，可以看出，前期的方志，内容与体例皆接近地理书；后来，由于融合了史书的特点，逐渐增加了社会、政治、经济及艺文、人物等内容，体例也随之日趋完善。方志发展的各个阶段，其表现形式是不同的。宋代以前，方志尚处于发展成形的阶段——秦汉魏晋南北朝时期，方志的主要形式是地记；与此同时，图经与全国性总志已经出现；到了隋唐时期，地记日衰，图经盛行，以"志"、"记"为名的方志开始发展。宋代是方志发展趋于完备的时期,"志"的内容与形式已经成熟,图经因而被"志"取代。元代在方志发展的基础上出现了一统志。明代的方志发展十分繁荣,数量与种类都有增加。清代,方志发展达到极盛,种类与数量超越历代,方志学也同时形成。民国时期,方志编纂逐渐衰弱,方志学研究却有所发展。

一、汉魏隋唐时期的方志

(一)汉魏南北朝时期

秦汉以前,方志的雏形已经出现,但在确切意义上说,方志的出现应该是在秦汉统一的封建国家建立之后,在这以前,不存在今天所说的方志。因为先秦时代还不具备编修方志的客观条件,由于生产水平还比较低,社会生活内容也比较简单。当时一个诸侯国的疆域与人口,不过相当于后来的一个郡或一个县,封疆之内地区的差别不大,有了国史就无须另修方志。秦汉大一统政权建立之后,才为方志的产生提供了必要的社会条件,生产有了进一步发展,社会生活日趋复杂,国家版图扩大了。由于政治经济发展不平衡,各地之间的差别日益明显,反映在语言、文化、习俗乃至思想感情上,地方色彩、地方观念日益加深。在这种形势下,就产生了用文字来反映一方风土人情的社会需要,这种文字后来汇编成书,就是方志。所以我们说,方志是封建政治、经济、文化发展到一定阶段的产物,方志的产生适应了封建统治阶级的政治需要。

由秦汉到魏晋南北朝，各种形式的地方志都已露出端倪。秦汉时代的大量图籍与郡国地志为全国性总志的编纂准备了资料，《汉书·地理志》和《畿服经》的出现，为后世全国性总志的编纂开了先例，创造了经验。这一时期方志的主要形式是"地记"，繁盛于隋唐的图经形式也已出现。更重要的是，内容比较全面，尤其是以"志"为名的志书，也在这一时期问世，虽然数量不多，却代表着方志发展的方向。

1. 全国性地理总志

自秦统一全国后，封建统治者为了对国家进行有效的管理，需要了解本国的版图疆域，掌握全国的土地、户口、赋役、物产、民情乃至山川形胜、道里交通等各方面的情况，即所谓"宰郡国需胸中全具一郡国，宰天下须胸中全具一天下"，因而十分重视绘制地图，编写有关资料。据史书记载，秦代已有图籍，汉代有舆地图、计书、郡国地志等。《隋书·经籍志》谓："武帝时，计书既上太史，郡国地志，固亦在焉。"所谓"计书"，是指记载贡赋之类的文书，"地志"则记载各地山川、风俗等，属于地方志性质。汉武帝命令各地将"计书"、"地志"按时上报，由太史掌管。东汉时，在国家档案馆兰台，也保存着不少郡国计书和地志。焦竑《国史经籍志》写道："古郡国计书，上于兰台，盖地志之属，往往在焉。"各地计书与地志的上达中央，是为编制全国性的区域志作准备。司马迁的《史记》中，列有"河渠书"，但因只记河道，尚不能编成系统的地理志。汉成帝时，刘向将全国行政区划和分野进行了整理。丞相张禹掌管天下财赋，搜集了许多资料，命令属官朱赣按地区进行整理。到了东汉，作为兰台令史的班固，就利用了兰台收藏的全国各地"地志"材料，吸收刘向、朱赣的成果，写成了第一部系统的全国地理总志——《汉书·地理志》。成书于战国时期的《禹贡》，开创了从区域的角度来研究各地区地理情况的方法，可以说是一部最早的全国性区域志，但内容简略（全篇只有一千一百九十三个字），只具有一个雏形。班固撰《汉书·地理志》（以下简称《汉志》），把《禹贡》以来的旧文传说以及近百年的资料加以总结，记载了全国行政区域的划分及其贡赋、物产，才把全国性的系统的区域志建立起来。

《汉志》叙述全国地理情况，和过去的《山经》、《禹贡》有所不同。由于封建国家的建立，全国有了统一的行政区划，《汉志》以西汉的一百零三个郡国及其所属的一千五百八十七个县、邑、道、侯国为纲，叙述了这一时期国家的地理情况。这种写法使全国政区纲举目张，令人一目了然。在郡（国）、县（道、邑、侯国）条下，分别记录了户口数字、山川水泽、水利设施，古今重要的聚落、关塞、名胜古迹，以及地方特产与工矿及其管理机构等等，内容丰富，便于检索。《汉志》这种以行政区划为纲领，然后分条附系其他山川、物产等项内容的著述体例，为以后正史地理志的写作树立了规范，对两千年来方志的编纂也有很大的影响。《汉志》的编纂形式和内容适应了中央集权的封建统治的需要，正因为如此，以《汉志》为模式的地理总志，在以后的两千多年的封建社会里得到了很大发展。在二十四史当中，除《汉志》以外，还有十五种地理志，就其内容来说，除了地名、数字有增换变动外，在体例上都没有突破《汉志》的格局。

《汉志》以后，属于全国总志性质的，还有东汉应劭的《十三州记》、晋挚虞的《畿服经》、陈顾野王的《舆地志》、北魏阚骃的《十三州志》等。其中，在方志发展史上地位重要的是《畿服经》。《隋书·经籍志》谓："晋世，挚虞依《禹贡》、《周官》作《畿服经》，其州郡及县分野、封略、事业、国邑、山陵、水泉、乡亭、城廓、道里、土田、民物、风俗、先贤、旧好，靡不俱悉，凡一百七十卷。"由此看来，《畿服经》的内容和体例与《汉志》相比，已向前发展一步，具备了后世地方志的性质。

由各地的郡国地志到全国性总志，是随着秦汉统一的封建政权之巩固而发展起来的。由《汉志》到《畿服经》，则是在地理志的基础上又增加了社会与人文的内容，使地理书变成了方志。焦竑《国史经籍志》对此描述说："汉承百王之末，壤地变改。刘向始略言其分域，丞相张禹使属颍川朱赣条其风俗而宣究之，后世地志之滥觞也。挚虞《畿辅经》至百七十卷，可谓备矣，而世罕传，后人因其所经，自为纂述，即未必成一家之体，而夷险之迹，区域之界，土风之宜，星经之分，考览者率有资焉。"

2. 地记的繁盛

作为全国性的总志，无论是地理书或地方志，都必须以各地记载地理与人文的文献为基础。后汉至南北朝时代，这种地方文献的通行的名称是"记"或"地记"，唐代史学家刘知几在《史通》一书中把这类著作别为十类，其中同后世方志关系最密切的有郡书、地理书和都邑簿三种。

郡书即郡国之书，多记郡国乡邦先贤、耆旧节行，用以叙功劝善，传之久远。著名的有《三辅耆旧传》、《鲁国先贤传》、《会稽贡举簿》、《陈留耆旧传》、《陈留风俗传》、《南阳风俗传》、《雍州文学官志》、《汉中耆旧传》、《兖州山阳先贤传》等。郡书专记郡国之人物，实为一方之人物志。

地理书即舆图地志之书。郡书主人物，地理书则主风土，多记一方疆界、区域、山川、道里、户口、民情、风俗。如东方朔《十洲记》、杨孚《异物志》、《交州异物志》、辛氏《三秦记》、《秦地图》、《汉山川图》、《汉郡国地志》、《十三州志》、《交阯异物志》、应劭《地理风俗记》、朱赣《地理书》等都属于这一类。

都邑簿多载城池、郭邑、宫阙、花囿、观阁、仓廪、陵庙、街廛等，辨其规模，明其制度。如《三辅黄图》、《长安图》、《关辅古语》、《三辅宫殿名》等。

地方修志的最早记载是在东汉，光武帝刘秀为彰乡里之盛，修《南阳风俗传》，开各地修志之先。《隋志·杂传》记："后汉光武始诏南阳撰作风俗，故沛、三辅有耆旧节士之序，鲁、庐江有名德先贤之赞，郡国之书，由是而作。"随着封建社会中地方经济的发展和地方势力的成长，郡书、地理书、都邑簿等地记著作也获得了发展。

魏晋南北朝时期，私修地方史志蔚然成风，反映一方风土人物的各种形式的地记接踵而出，单是《隋书》著录的就有一百多部，一千四百多卷。就其记载的内容来看，大体可以归纳为两大类：一为述地（专讲地理），一为记人（人物传记）。"述地"一类，范围很广，有专记一方山水的山水记，如《庐山记》、《罗浮山记》、《湘中山水记》、《汉水记》等。有记地理风俗的风土记，如《阳羡风土》、《临海水土记》、《诸蕃风俗记》等。有记物产的异物志，如《南方草木状》、《扶南异物志》、《南州异物志》等。其他还有记道路交通、都邑、宫殿、寺庙、冢墓、园林等等，这类著作最初主要为东晋以后南迁士族了解江南情况而作，因为，北方士族初到江南，人地生疏，亟需了解当地的自然和社会情况，于是各种地理之书应运而生。这类书主要是反映南方的风土资源和经济开发情况。

"记人"一类，为数更多，魏晋以降，因门阀关系，谱牒与各类人物传记大量涌现，其中有历代人物的合传，如《海内先贤传》；有一个特定时期的人物合传，如《正始名士传》；有某一地区人物的合传，如《会稽先贤传》、《襄阳耆旧传》；有专记忠臣、孝子、隐逸人物的传记，如《忠臣传》、《孝子传》、《高士传》等。其他还有僧道和某些个别人物的传记，如《高僧传》、《神仙传》等等。这些传记不仅反映了人物的面貌，还通过人物反映了一定的历史内容。借人物以明史，这正是中国史学的传统。

总的来看，汉、隋间涌现的各种地记，它的特点是内容单一，文字简略（有的仅是一篇文章），体例也因人而异。南齐人陆澄，搜集了一百六十家地记，编成《地理书》一百四十九卷、录一卷。梁人任昉又在《地理书》的基础上增收八十四家著作，编为《地记》二百五十二卷。

汉隋之间"地记"的大量涌现，为后世方志的编纂开创了风气、准备了材料、积累了经验。可以说，没有这一时期地记的蓬勃发展，也就不可能有隋唐时期修志的巨大成就。

3. 图经的兴起

史载秦代有《秦地图》，曾为《汉书·地理志》所征引，可见《秦地图》中已有文字说明。汉代地图得到发展，郡国舆地图盛行，且文字说明不断增加。清姚振宗《后汉书·艺文志》《巴郡图经》条案："图经之名，起于汉代，诸郡要皆有图经，特无由考耳。"

现在所知汉代最早的图经是《巴郡图经》。此书早佚，但《华阳国志》中保存了它的一段文字：汉桓帝永兴二年（公元154年）三月，巴郡太守但望上疏曰："谨按《巴郡图经》，境界南北四千，东西五千，周万余里。属县十四，盐铁五，官各有丞史。户四十六万四千七百八十，口百八十七万五千五百三十五。远县去郡千二百至千五百里，乡亭去城或三四百，或及千里。"这段文字记述了巴郡的建置、疆域、户口等，从中可窥见《巴郡图经》的一斑。

图经在晋、宋、齐、梁间，已是方志的通行名目。不但南朝有，北朝也有。唐人的《文选·芜城赋》注，引有王逸①的《广陵郡图经》。《广陵郡图经》的成书是在南齐。《隋书·经籍志》有《幽州图经》、《冀州图经》、《齐州图经》，而幽州、冀州、齐州，南北朝时隶于北朝，所以它们应是北朝的产物。

4. 综合性志书的出现

郡书记人，地理书记地理，都邑簿记载地方情况，各自构成后世方志的一个方面。各类地记的进一步发展，记述的内容由单一趋向综合，述地和记人两类著作汇合起来，出现了述地兼记人的综合性著作，与记述单一的地记相比，这种著作更具备方志的性质。汉晋之间，内容兼记人物、地理与都邑的方志性质著作，有《越绝书》、《吴越春秋》、《襄阳耆旧传》、《华阳国志》等。

浙江经济文化在秦汉时期发展较高，地方志乘出现也比较早。东汉袁康的《越绝书》，不但是浙江最早的地方志，也是国内现存最古的方志，通常被看作是地方志的鼻祖。明万历《绍兴府志》称"其文奥古多奇，《地传》序形势、营构始

---

① 据马国翰对《丧服纪要行》作者王逸的考证，"逸"为"逡"的误写，"逡"下又脱一"之"字。王逸应为南齐的王逡之。《广陵郡图经》作者王逸，也当是王逡之之误。

末,道里远近,是地志祖"。清代洪亮吉也说:"一方之志,始于《越绝》。"① 这种看法也为近世和当代学者所公认。傅振伦谓:"《越绝书》先记山川、城郭、冢墓,次及纪传,独传于今,后世方志,实昉于此。"② 范文澜则谓:"东汉会稽郡人赵晔著《吴越春秋》,又有无名氏著《越绝志》,两书专记本地典故,开方志的先例。"③

《越绝书》,十五卷,述吴、越二国史地。上自吴太伯,下迄汉代,内容兼及人物、地理、都邑,接近后世方志的体例。本书记吴王夫差、越王勾践以及伍子胥、伯嚭、范蠡、文种、计倪等人事迹甚详。《隋书·经籍志》把这本书列入"杂史"一类,《四库总目》则纳入史部"载记"类。

《吴越春秋》:东汉赵晔撰,记吴、越二国兴亡始末,大抵本《国语》、《史记》而附以所传闻者为之。由于去古未远,作者又为山阴人,熟知越地掌故,所以内容比他书所记二国事为详。全书原为十二卷,今存十卷。前五卷叙吴,起自太伯,迄于夫差;后五卷记越,始于无余,终至勾践。此书只记人物,不载地理及都邑。就方志而论,不论在记述内容或体例门类方面都还不够充实周备,不能与《越绝书》相提并论。

《越绝书》与《吴越春秋》,明显是从春秋战国时期的国

---

① 洪亮吉:《澄城县志序》。
② 傅振伦:《中国方志学通论》。
③ 范文澜:《中国通史简编》。

别史发展而来的，它比地记、图经都更接近于史，而距地理书较远，因而也有人将它们称作地方史。随着时代的进步，以地域为中心，兼记地理与人事的著作不断出现。如习凿齿的《襄阳耆旧传》，马端临在《文献通考》里说它"前载襄阳人物，中载其山川、城邑，后载其牧守"。可惜这本书已经失传，具体内容已不可考。保存下来、并且反映了志书的发展趋势的代表性著作是《华阳国志》。

《华阳国志》，晋常璩撰，其书称"华阳"者，因所记地区相当《禹贡》梁州之域，"华阳黑水惟梁州"，故取"华阳"以为名。全书计十二卷，附录一卷。所述始于远古，终于永和三年（347年）。首为《巴志》、次《汉中志》、《蜀志》、《南中志》、《公孙述刘二牧志》、《刘先主志》、《刘后主志》、《大同志》、《李特雄期寿势志》、《先贤士女总赞论》、《后续志》*、《序志》、《三州士女目录》。

《华阳国志》取材广泛，内容繁富，记述以巴蜀为中心的西南地区的地理沿革和历史变迁，可补史书记载之不足。特别是本书记载人物不厌求详，"于一方人物，丁宁反复，如恐有遗，蛮髦之民，井臼之妇，苟有可纪，皆著于书"[①]。《华阳国志》以前，各种地志见于记载的已有一百多种，内容或记述方国的历史，或记载州郡的地理，或叙述乡党的耆宿，但

---

* 按，"《后续志》"应为"《后贤志》"。
① 吕大防：《华阳国志序》。

都只写了一个侧面,而没有反映地方的面貌。《华阳国志》把历史、地理和人物三者结合起来,汇于一编,这在方志编纂上是一个很大的进步。《华阳国志》因为具有这些特色,历来受到学者的称道。刘知几在《史通·杂述》中说:"郡书者,矜其乡贤,美其邦族,施于本国,颇得流行,置于他方,罕闻爱异。其有如常璩之详审,刘昞之该博,而能传诸不朽,见美来裔者,盖无几焉。"吕大防也称赞这本书说:"蜀记之可观,未有过于此者。"《华阳国志》的作者常璩,是蜀地江源人,对蜀事见闻亲切,因而记述巴蜀地理、风俗、人物和少数民族情形甚详,后世编修四川、云南方志,都据以为典则。就方志而论,《华阳国志》的内容和体例都较完备,反映了当时方志发展的水平,它是最早的四川省通志,也是我国现存最早的以"志"为名的方志。

综上所述,秦汉至魏晋南北朝时期出现了郡国地志、地记、全国性总志、图经、内容较全面的方志等一系列方志性质的著作,这些著作都由古代国别史、地理书及地图的发展而来,但是并不是各自独立的发展,而是包含了相互的渗透与融合。正是这种渗透与融合,最后导致了集众长为一体的完备方志的出现。

(二)隋唐时期

隋唐时期,国家的统一,经济文化的繁荣,促进了方志的发展。汉代形成的图经,成为这一时期方志的主要形式,内容与体例都趋于完善。同时,以"志"、"记"等为名的方志也继续发展。这一时期的方志，体例又有所创新，政治、经济、艺文等内容的增加，是很大的进步。这一时期的方志，无论内容与体例，仍明显反映出地理书的影响，详于地理而略于人文。所以说，方志发展在这一时期，仍然未臻完备与成熟。

1. 官修志书的出现

隋唐时期，地方志的社会作用日益受到官方重视，封建王朝逐步加强了对修志的控制，出现了官修志书。我国大规模有组织的纂修方志是从隋朝开始的，隋朝统治不到四十年，但是，在修志方面做了很多事情，影响很大，《隋书·经籍志》说："隋大业中，普诏天下诸郡，条其风俗物产地图，上于尚书。故隋代有《诸郡物产土俗记》一百五十一卷，《区宇图记》一百二十九卷，《诸州图经集》一百卷。其余记注甚众。"这些地理总志卷帙之众多和内容之繁富，为前代志书所莫及，也为以后历代封建王朝纂修这一类志书创立了格局，奠定了基础。

唐朝建立了我国历史上空前强盛的封建大帝国，经济繁荣，文化昌盛，图经的纂修也超越了前代。

唐代纂修图经制度比隋朝更加严密，全国各州府每三年（一度改为五年）一造图经，送尚书省兵部职方。如有山河改移，则要随时报送[①]。《十道图》、《十道录》等就是各地图经

[①] 《唐会要》卷五十九，职方员外郎条。

的综合。这样，各地定期造送图经，中央政府就能比较及时地掌握全国的新情况，这有助于加强中央集权巩固统一。见于著录的《十道图》、《十道录》有多种，可见是每隔一定时期就综合制作一次。

官修制度的作用要一分为二，官修固然有它的局限性，必须以官方的标准来评论历史，臧否人物，志书变成了官样文章。但是，在另一方面，官修也有它的积极作用，可以在一定时间内，集中足够的人力和资料，分工合作，较快成书。所以，总的来看，官修对方志普及起了推动作用。这一点在以后有清一代表现更为突出。

2. 图经的发展

这一时期，方志在编纂形式上也有发展变化，过去地志和地图平行发展，方志附图者极少。另一方面，地图虽然有说明文字，在名目上亦仍然以图称，不与地志相混。换句话说，当时图是图，志是志，图和志是两张皮。到了周隋之际，图和志两者开始合为一体，地志与地图合编一书，做到图说结合，有图有说，图说并重。隋唐的方志继续了这一传统。在形式上还是一图一说，图说相间。与后来的方志把各图汇编于全书之首还不一样。如隋大业年间纂修的《区域图志》，就是在每卷卷首附有地图的。

《区域图志》的编纂情况，据章宗源《隋书经籍志考证》卷六载：隋炀帝大业五年，敕内史舍人豆卢威、起居舍人崔祖濬等，撰《区域图志》五百余卷。属辞比事，全失修撰之意，帝不悦。又敕秘书学士十八人修十郡志，由内史侍郎虞世基总裁，编成图志八百卷。帝因部帙太少，更遣重修，成一千二百卷。该志"卷头有图，别造新样，纸卷二尺，叙山川则卷首有山川图，叙郡国则卷首有郭邑图，其图上有山川城邑"。《区域图志》在唐代即已大部散失，《隋书·经籍志》著录为一百二十九卷，是指当时的残本。《区域图志》是我国第一部官修总志。

唐代各地普遍编修图经，边远州县也不例外，敦煌发现的唐人图经有《沙州图经》、《沙州都督府图经》、《沙州地志》、《西州图经》等多种。其中《沙州图经》是我国现存最早的图经，修于开元年间，距今已有一千二百多年，可惜首尾残缺，图也不见了，从今天残存的部分看，文字简洁，叙事明爽，除记载当地行政机构和区划外，对那里的天象、池水、渠、泽、堰、堤、驿、县学、社稷坛、杂神、寺庙、冢、古城、祥瑞、歌谣、古迹等都有不同程度的描述。《西州图经》修于乾元年间，残缺更甚，仅存几十行。证以新、旧唐书《地理志》多合，惟两志均言西州领县五，今此卷所载凡六县，疑唐志及诸地志有误，卷中所载十一道，唐志及诸地志均不载，可补正史等记载之不足。

这些唐代图经残卷的史料价值早为学者所称道。罗振玉跋《沙州志》残卷略谓："《沙州志》残卷，首尾缺佚，其存者长不逾三丈，始于水渠，竟于歌谣，叙述详赡，文字尔雅。其所记水渠、泊泽、地堰，如苦水、独利河、兴胡泊，及三泽二堰，均不见于他志书。七渠之名，仅都乡渠一见于《使于阗记》。盐池三所，《元和图志》则举其一而遗其二，所记城塞驿路，如汉武之长城旧塞，十九驿之名称建置，均为古今地志之所不及。……《匈奴传》'起亭燧'之'燧'不作'隧'，足证师古隧道之曲解。如是之类，指不胜屈，此戋戋残卷，虽把不盈握，而有裨史地之学，如此之宏。"唐代图经记载之繁富，于此可见一斑。这些图经残卷，虽然已非完书，但仍可以看出其分门别类，有图有说，综合记录，已形成了一个比较完善的方志体例，相当接近于宋以后的地方志。

3. 几部重要的唐代志书介绍

唐代比较著名的志书有：地区性的志书《蛮书》、《太原事迹记》等；全国性总志《括地志》、《古今郡国县道四夷述》、《元和郡县图志》等。

《蛮书》十卷（《宋史·艺文志》称《云南志》，《永乐大典》题作《云南史记》），唐懿宗咸通三年（862年）安南经略使蔡袭的幕属樊绰撰。此书"以南蛮程途、山川、城镇名号、诸蛮族类、风俗、物产纂为十门"①，全面记载了云南的山川、交通、六诏历史、各族概况、城镇、物产、风俗及政治经济制度等，内容丰富，史料价值很高。司马光作《资治通鉴》，宋祁作《新唐书·南蛮传》，程大昌作《禹贡图》，蔡沈作《书集传》等，均有所取材。它是现存云南的最古方志，

---

① 《万历云南通志》卷十四。

是研究云南地方史事和少数民族的历史所不可缺少的资料。

《太原事迹记》十四卷，唐河东节度使李璋撰。据宋陈振孙《直斋书录解题》卷八载，此书宋时被并为十卷，改名《晋阳事迹杂记》，治平中太原府刻印。这是我国雕版印刷的最早一部志书，可惜宋室南渡后散失了。

唐代纂修的第一部地理总志是《括地志》。《括地志》五百五十卷，又序略五卷，唐太宗时魏王李泰主编。本书吸收了《汉书·地理志》和顾野王《舆地记》两书的编纂特点，创立了一种新的志书体裁，为后来的《元和郡县图志》及《太平寰宇记》开了先河。

《括地志》的主编李泰是唐太宗的第四子，以"好士爱文学"知名，受到太宗的宠爱，特许他在府中设置文学馆，并可自行引召学士讲习学问。贞观十二年（638年），他根据苏勖的建议，奏准编撰《括地志》，引著作郎肖德言、秘书郎顾胤、记室参军蒋亚卿、功曹参军谢偃等人担任编撰，分道计州编辑疏录，历时五年成书，于贞观十六年（642年）表上，诏藏秘阁。太宗诏曰："博采方志，得于旧闻，旁求故老，考于传信，内殚九服，外极八荒，简而能周，博而尤要，度越前载，垂之不朽。"[①] 评价很高。

《括地志》根据的蓝本是《贞观十三年大簿》，当时全国分成十道、三百五十八州，诸州之中包括了四十个都督府，

---

① 《玉海》卷十五。

共一千五百五十一县。次年，平高昌，又增两州六县，这是唐朝全盛时代的行政区划。《括地志》以此为纲，全面记录了各地的建置沿革、山川形胜、河流沟渠、风俗物产、往古遗迹以及人物故实等等。

唐张守节撰《史记》正义，主要依靠本书以解释古代地名，其他唐宋人的著作也多征引本书作地理方面的疏证诠释。《括地志》在未散佚前得到广泛的应用，散佚以后又被各家转相钞引，这反映了它的内容价值。

李泰的《括地志》有志无图，内容不能算完备，德宗贞元年间，贾耽撰《海内华夷图》和《古今郡国县道四夷述》，则图说并行。贾耽享有地理家的称号，正是因为他的图，而不是因为他的书。

贾耽好治地理学，尤注意有关边疆乃至域外地理知识，这同他所处时代不无关系，当他任鸿胪卿时，又因职务关系，"凡四夷之使及使四夷还者，必与之从容，讯其山川土地之终始，是以九州之夷险，百蛮之土俗，区分指画，备究源流"①。贾耽是一个爱国者，自吐蕃占据陇右，唐朝退守内地，旧时镇戍，不可复知。为此，他绘制了《陇右山南图》并撰写有关资料以为说明，上奏朝廷，希望作为恢复失地用兵经略的参考。贞元十七年（801年）完成《海内华夷图》一幅和《古今郡国县道四夷述》四十卷。《华夷图》广三丈，纵三丈

---

① 《旧唐书·贾耽传》。

三尺，率以一寸折成百里。图中一些地理名称古今并注，"古郡国题以墨，今州县题以朱"①，这种方法是贾耽的一个创造。《古今述》一书，于古今地理的考订甚详。会昌三年，黠戛斯遣使来朝，"莫详更改之名，中旨访求，唯贾耽所撰《四夷述》具载其号"②。《古今述》卷帙较多，观览费时，贾耽"又提其要会，切于今日，为《贞元十道录》四卷"。③

唐代全国性总志的代表作是《元和郡县图志》。全书四十卷，以太宗时十道所属四十七节镇为纲，分镇记载府州县户口、沿革、山川、道里、贡赋等项，卷首并附有图，南宋时图已亡佚，书名也从此略称《元和郡县志》。作者李吉甫，精地理学，又两任宰相，当国日久，熟习各方面情况，故所著详略得中，记叙有法。本书在魏晋以来的总志中，不但是保留下来最古的一部，同时也被看作是最好的一部。《四库总目提要》谓："舆记图经，隋唐志所著录者，率散佚无存，其传于今者，惟此书为最古，其体例亦为最善，后来虽递相损益，无能出其范围。"

李吉甫批评"古今言地理者凡数十家，尚古远者或搜古而略今，采谣俗者多传疑而失实，饰州邦而叙人物，因丘墓而征鬼神，流于异端，莫切根要。至于兵饷山川，攻守利害，本于地理者，皆略而不书。将何以佐明王扼天下之吭，制群

---

① 《旧唐书·贾耽传》。
② 《玉海》卷十五。
③ 权德舆：《魏国公〈贞元十道录〉序》。

生之命，收地保势胜之利，示形束壤制之端"①。本书着眼现实和实用，于户口疆境、形势险要，必实稽当时图籍为之，最为可据。

二、两宋时期的方志

宋代是我国方志发展史上承前启后的重要时期。在这一时期中，修志的组织形式及规模超越了前代；各种方志的数量大增，并出现很有影响的名志；内容与体例的进步，使志体趋于完备；在形式上，图经逐渐被"志"代替。自宋以后，方志发展进入了成熟阶段。

（一）全国性总志的编纂

在五代十国的长期动乱之后统一了全国的北宋政权，把编纂方志看作巩固和加强统治的重要手段，曾多次下诏征集图经，在全国普遍修志的基础上，组织编纂了多部全国性总志。

宋朝沿袭了唐代三年一造图经的制度，规定："凡土地所产，风俗所尚，具古今兴废之因，州县之籍，遇闰岁造图以进。"② 宋太祖开宝四年（971年）正月戊午，命知制诰卢多逊、扈蒙等重修天下图经，其书迄不克成。六年（973年）四月辛丑，多逊使江南，求江表诸州图经，以备修书，于是十

---

① 《元和郡县图志·原序》。
② 《宋史·职官志》。

九州形势尽得之。八年（975年），宋准受诏修定《开宝诸道图经》①。

真宗景德四年二月，命学士邢昺等编集车驾所经地理古迹以闻。真宗因览《西京图经》有所未备，诏重修诸路图经。命翰林学士李宗谔等领其事，至祥符三年（1010年）十二月，修成《祥符州县图经》一千五百六十六卷，目录两卷。其后四年（1011年）、六年（1013年）续有增修，由是图经大备②。

宋神宗元丰八年（1085年）七月，令三馆秘阁参考州县废置、改易情况，删定《九域图》。后由知制诰王存等人纂定为《元丰九域志》十卷。此书上承唐代《元和郡县图志》，是一部有影响的全国性总志，"其书始于四京及京东以下各路，终于省废化外羁縻诸州。于地理、户口、土贡以及州县之等第，无不备载，叙述简括，条理井然，而体例介于《元和》、《太平》之间"③。

宋徽宗大观元年（1107年），朝廷创置九域图志局，这是国家设局修志的开端。为了修纂九域志，传谕天下州县编纂图经上报，于是各地涌现出一批方志，现存的沈津《四明图经》，就是当时奉命纂修的。

北宋末年，国势益衰，疆土日蹙，全国性总志的纂修受到一定限制。政和中，欧阳忞撰《舆地广记》三十八卷，于

---

① 《玉海》卷十四《开宝图经》条。
② 《玉海》卷十四《祥符图经》条。
③ 周中孚：《跋元和郡县图志》。

宋不能有者（如燕云十六州之类），别立化外州之名。南渡后，至祝穆撰《方舆胜览》，则并淮北亦不及一字。是书凡七十卷，成于理宗时，"所记分十七路，各系所属府州军于下，而以行在所临安府为首。盖中原隔绝，久已不入舆图，所述者惟南渡疆域而已。书中体例，大抵于建置沿革、疆域、道里、田赋、户口、关塞、险要，他志乘所详者，皆在所略，惟于名胜古迹，多所胪列，而诗赋序记所载独备。盖为登临题咏而设，不为考证而设。名为地记，实则类书也。然采摭颇富，虽无裨于掌故，而有益于文章，摘藻掞华，恒所引用。故自宋元以来，操觚家不废其书焉"①。

前此还有王象之《舆地纪胜》，原书二百卷，仅存四卷，成书于嘉定、宝庆间。此书"每郡自为一编，以郡之因革，见之篇首，而诸邑次之，郡之风俗又次之，其他如山川之英华，人物之奇杰，吏治之循良，方言之异闻，故老之传说，与夫诗章文翰之关于风土者，皆附见焉"②。"所载皆南宋疆域，非汴京一统之旧。然史志于南渡事多阙略，此所载宝庆以前沿革，详赡分明，裨益于史事者不少。"③ 因此，后人以为是南宋总志中最出色者。

（二）方志数量的增加

由于经济文化的发展和统治阶级的重视，宋代方志空前

---

① 《四库全书总目》。
② 王象之：《舆地纪胜序》。
③ 清钱大昕：《舆地纪胜跋》。

发达，就现已知道的书名统计，总数约有六百种，大大超过了前此历代方志的总和。

由于州县等行政区域的改废，户口、赋税的增减，以及河川道路等的变迁，以致图经必须经常重修。以浙江湖州为例，宋代纂修的志书就有《吴兴统记》（景德间修）、《祥符（湖州）图经》、《湖州旧图经》（绍兴以后所修）《（吴兴）图经》、《吴兴郡图经》、《吴兴续图经》（绍兴中修）、《吴兴地志》、《吴兴地理志》、《（湖州）旧志》、《湖州志》、《（吴兴）郡志》、《吴兴志旧编》（淳熙中修）、《吴兴志》（嘉泰间修）、《吴兴新录》等十余种之多。又如《临安志》在南宋凡三修：始修于孝宗朝（即《乾道志》），继修于理宗朝（即《淳祐志》），三修于度宗朝（即《咸淳志》），前后不过一百年。

宋代方志的发达在历史上是空前的，长篇巨帙接踵而出，图经的编纂已遍及全国各地，几乎"僻陋之邦，偏小之邑，亦必有记录焉"[①]。如至今犹存的宋常棠撰《澉水志》就是镇志（澉水镇在今浙江海盐县境内）。此志叙述简核，体例精严，为宋志中著名者。宋志卷帙的浩繁也为后世所不及。如《越州图经》为九十八卷，《咸淳临安志》则有一百卷之多，都不过是一府之志，其他一县之志在二三十卷以上的很多，不胜枚举。后世只有明代的万历《杭州府志》和清代的光绪《顺天府志》可与之比美。

---

① 黄岩孙：《仙溪志跋》。

宋代印刷术的发明，大大改善了图书的流通状况。前此欲得一书，必须手自缮抄，而舆图流通尤难。有了印本书籍后，情况有了很大好转。如朱熹早先想找一本《禹贡》，"转借累年，才得其全，犹恨绘事之差。近乃得温陵印本，披图按说，如指诸掌"①。

宋修方志从时代来看，南宋多于北宋；从地区来看，南方多于北方。现存北宋的地区性方志仅朱长文《吴郡图经续记》及宋敏求《长安志》二种，余俱修于南渡以后。这种现象有它历史的原因，和政治经济文化发展水平也有很大关系。

宋代方志流传下来的不多，现存宋志大约不超过三十种，这是一项珍贵的文化遗产，无论是探讨方志的源流，还是研究宋代历史，都有重要参考价值。

（三）内容与体例的进步

宋代方志的发展不单是表现在数量上，更重要的是反映在内容上，记载范围更加扩大，体例也趋于完备。宋以前的方志，详于地理而略于人文。从汉到唐，方志的内容主要是记载山川形势、疆域沿革、土地物产等等，内容不出地理书的范围。到了宋代，方志记述的重点开始从地理转到人文历史方面，"人物"和"艺文"在方志中逐步占据重要的地位。北宋初年成书的《太平寰宇记》，集中反映了这个变化，为地方志人物立传和采集地方志文献开了先例。

---

① 《朱子文集》卷三十七《答程泰之》。

《太平寰宇记》二百卷。太宗太平兴国中，因尽平诸国，天下一统，乐史因合舆图所隶，考寻始末，条分件系，以成此书。始于东京，迄于四裔。当时尚未分十五路，故仍唐十道名目。幽、涿、云、朔诸州，虽未入版图，亦著于录，乐氏对本书自视甚高，自谓"沿波讨源，穷本知末"，"自河南周于海外，至若贾耽之漏落，吉甫之阙遗，此尽收焉。万里山河，四方险阻，攻守利害，沿袭根源，伸纸未穷，森然在目，不下堂而知五土，不出户而观万邦，图籍机权，莫先于此"①。《寰宇记》在方志发展史上的重要作用，在于突破了旧有的框框，从内容到体例，比起《元和郡县图志》又前进了一步。它于地理之外，又增加了姓氏、人物、风俗，又因人物详及官爵、诗词、艺文，方志例目因而大变。《四库全书总目》评论说："其书采摭繁富，惟取赅博，于列朝人物，一一并登，至于题咏古迹，……亦皆并录。后来方志，必列人物艺文者，其体皆始于史，盖地理之书记载至是书而始详，体例亦自是而大变。"这一重要发展，使方志最终从地理学分离出来，而在史学领域自成一类。

宋代方志的又一个发展表现在图和文的比重上有了很大变化。宋代的图经更加偏重文字记载，文字分量明显增多，而图的作用日益缩小，在志书中早已退居次要地位。宋志只把有关地图汇编于卷首，稍稍保留旧日图经的遗制。到后来，

---

① 乐史：《太平寰宇记进呈表文》。

有的志书索性把图取消了。如宋神宗时，王存主修的《元丰九域志》，原是在《九域图》一书的基础上重修的，因为"不绘地形，难以称图"，因此改称《九域志》。由于志书内容和体例的变化，"图经"的名称已不适用，南宋以后，几乎都改称为"志"。如《严州图经》，绍兴年间的刻本就改称为《新定志》，就是一个明显的例子。

宋代图经仅存三种，完整的只有两种。成于北宋元丰七年（1084年）的朱长文《吴郡图经续记》，其目录列有：封域、城邑、户口、坊市、物产、风俗、门名、学校、州宅、南园、仓务、海道、亭馆、牧守、人物、桥梁、祠庙、宫观、寺院、山水、治水、往迹、园第、冢墓、碑碣、事志、杂录、后序。卷首还有序。可见无论是在广度或是深度上，都比唐代图经大大前进了一步。稍后于《吴郡图经续记》，乾道五年（1169年）张津的《四明图经》，又有所发展。先有明州的总叙，次列分野、风俗、城池、子城、祠庙、水利、古迹（州城内）、贤守事实。而后分述鄞县、乡（里村附）、御书、桥梁、渠堰、祠庙（祠堂附）、山、水（江湖河潭附）、人物（名僧附）、古迹、家墓、县宰题名；奉化县、贤宰、人物；定海县；慈溪县、贤宰、人物、逸民、冢墓；象山县、祠庙、山；昌国县、盐场、祠庙、山、水（湖潭井）、古迹。又综述古赋、古诗、律诗、绝句、长短句、记、碑文、铭、赞、传、书、太守题名记、进士题名记。比起前者，有明显的进展。先州后县，从总体而及个别，这种分合组成的体制，既见州的整体，又显示了各县的特点，因此为以后罗濬的《宝庆四明志》和元袁桷的《延祐四明志》所效法。

宋志还以叙事详明、体例简洁而著称于世，其中尤以"临安三志"最负盛名。临安有志始于祥符，但已久佚不传。宋南渡后建都临安，乾道三年（1167年），府尹周淙始为之志，即所谓《乾道志》。现存南宋方志，当以此为最古。其后施谔于淳祐十二年（1252年）重事增辑，成若干卷，是为《淳祐志》。潜说友继之又为《咸淳志》，书成于咸淳四年（1268年）。三者各有所长，为世所重，称为"临安三志"。今举《乾道志》和《咸淳志》为例：

《乾道临安志》十五卷，存三卷。"第一卷纪宫阙官署，题曰行在所，以别于郡志，体例最善，后潜志实遵用之。二卷分沿革、星野、风俗、州境、城社、户口、廨舍、学校、科举、军营、坊市、界分、桥梁、物产、土贡、税赋、仓场、馆驿等诸子目，而以亭、台、楼、观、阁、轩附其后。叙录简括，深有体要，三卷纪自吴至宋乾道中诸牧守，详略皆极得宜。淙尹京时，撩湖浚渠，颇留心于地利，故所著述亦具有条理。今其书虽残阙不完，而于南宋地志中为最古之本，考武林掌故者，要必以是书称首焉。"①

《咸淳临安志》一百卷，今阙七卷。"前十五卷为行在所录，记宫禁曹司之事，自十六卷以下乃为府志，区画明晰，

---

① 《四库全书总目》。

体例井然，可为都城记载之法。""朱彝尊谓宋人地志幸存者，若宋次道之志长安，梁叔子之志三山，范致能之志吴郡，施武子之志会稽，罗端良之志新安，陈寿老之志赤城，每患其太简，惟潜氏此志独详。"① 周中孚跋谓："总二十门，每门又各有子目，有序有图有表有考有传，其首例行在所录，以尊王室，至十六卷以后，乃为府志，盖体例本之周彦广《乾道志》，而记载多至数倍，殊有资于考证也。"② 又钱塘汪氏刊本汪远孙跋称："吾郡遗闻轶事，萃于是书，所引《祥符图经》、晏元献《舆地志》、范子长《郡县志》诸书，久已放佚，借此得存厓略。"

"临安三志"外，可述者还有宋敏求的《长安志》二十卷。"是编皆考订长安古迹，以唐韦述《西京记》疏略不备，因更博采群籍，参校成书。凡城郭、官府、山川、道里、津梁、邮驿，以至风俗、物产、宫室、寺院，纤悉毕具。其坊市曲折，及唐盛时士大夫第宅所在，皆一一能举其处，粲然如指诸掌。司马光尝以为考之韦记，其详不啻十倍。今韦氏之书久已亡佚，而此志精博宏赡，旧都遗事借以获传，实非他地志所能及。"③《经训堂丛书》本王鸣盛序谓："唐以前地志存者寥寥，宋元人作，存者不下二十余，然皆南方之书，北方惟有此书与于钦《齐乘》耳。"

---

① 《四库全书总目》。
② 周中孚：《郑堂读书记·补遗》卷十二。
③ 《四库全书总目》。

第二章　历代的方志编纂与研究

不难看出，方志发展到宋代，不仅数量大增，而且内容体制也日趋明朗，并基本稳定了下来，但并未固乎某一种特定的程式。正是在这种背景下，南宋时出现了几种代表着以后方志发展主流的体例。

一是以范成大的《吴郡志》为代表的只有目（或称门）而无纲相统摄的门目体。范志将全部内容平行列目，分为沿革、分野、户口、租税、土贡、风俗、城郭、学校、营寨、官宇、仓库（场务附）、坊市、古迹、封爵、牧守、题名、官吏、祠庙、园亭、山、虎丘、桥梁、川、水利、人物（列女附）、进士题名（武举附）、土物、宫观、府郭寺、郭外寺、县记、冢墓、仙事、浮屠、方技、奇事、异闻、考证、杂咏、杂志等门。在此之前，宋敏求的《长安志》，只分总叙、分野、土产、土贡、风俗、四至、管县、户口、杂制，以及雍州、京都、京兆尹、府县官、宫室、唐皇城、唐京城和有关各县，比不上范志的详备。因此，宋代后期的府、州、县志中，模仿此例的不少，如罗愿的《新安志》、施宿的《嘉泰会稽志》等等。

另一种是以周应合的《景定建康志》为代表的模仿正史的纪传体。周志全书分录、图、表、志、传五类。在每类下又分细目。以图为例，总名《建康图》，下有图序，虎踞形势图、历代城郭互见图、建康府境方括图、建康开阃所部图、府城图、府治图、上元县图、江宁县图、句容县图、溧水县图、溧阳县图、府学图、明道书院图、青溪先贤堂图。附辨丹阳、辨扬州、辨金陵、辨建邺、辨越堂、辨马鞍山。再以志为例，先有志总序，下分疆域志、山川志、城阙志、官府志、儒学志、文籍志、武卫志、田赋志、风土志、祠祀志。每一志下，又有细目。如风土志有志序、风俗、民数、灾祥、第宅、土贡、物产、古陵、诸墓、义阡。这样的立类分目，其特点是目以类归，层次明晰。

这两种体例比较适应方志记述繁多内容的需要，所以为后世广泛采用。

南宋高似孙所纂的《剡录》（浙江嵊县在汉代为剡县），体例也有独到之处。此书首列"县纪年"，编年记载本地大事，开方志设大事记的先例，在方志体例的发展上有重要意义。另外，"其先贤传每事必注其所据之书，可为地志纪人物之法。其山水记仿郦道元《水经注》例，脉络井然，而风景如睹，亦可为地志纪山水之法"。[①] 其书第五卷收录阮裕、王羲之、谢灵运等十四人的著述及阮、王、谢三氏家谱之名目共四十二种，并各列其卷数，开创了方志记载本地人著述书目的先例。

宋代方志还有一个特点，州县志书往往不直标某州县志，而动援古郡或山水以为名。如梁克家之《三山志》，实系福州志。按三山为福州的别称，以城东有九仙山，西有闽山，北有越山而得名。陈耆卿之《赤城志》，实系台州志。按赤城为

---

① 《四库全书总目》。

台州别称，因南朝梁在此置赤城郡而得名。杨潜之《云间志》，实系松江志，按云间为松江之别称，西晋陆云字士龙，华亭人，对客自称云间陆士龙，城以是得名。高似孙《剡录》，实系嵊县志，而用汉代旧称。这种作法在当时成为风气，并对以后元、明两朝修志都有影响。如元徐硕之《嘉禾志》，实系嘉兴志。按嘉禾为嘉兴别称，传说三国吴时有嘉禾生于此，宋时以嘉禾为秀州（嘉兴前身）郡额，故名，张铉之《金陵新志》，不用元朝集庆之名，而沿用金陵古称。明王鏊之《姑苏志》也是沿用旧称，而不称苏州府志。这种现象在清代方志中已不多见。

三、元明时期的方志

元明时期，方志继续发展，种类有所增加，体例更完备而定型。元代在前代全国总志的基础上，创立了一统志的形式。明代新增加了几种专志，并为改变方志庞杂的现象而提倡简志，对方志的发展具有重要意义。

（一）一统志的创编

元代方志在前代基础上，取得新的成就，其中尤以纂修元一统志著称后世。元统一中原以后，建立起一个庞大的封建帝国，"北逾阴山，西极流沙，东尽辽左，南越海表"①。世祖至元二十三年（1286年），集贤大学士札马拉鼎奏称："方

---

① 《元史·地理志》。

今尺地一民，尽入版籍，宜为书以明一统。"世祖采纳了这个建议，遂命扎马拉鼎、虞应龙等以职方所上版图，纂辑为志，二十八年（1291年）书成，凡七百五十五卷，名《大一统志》。其后，得《云南图志》、《甘肃图志》、《辽阳图志》，因倡议重修，由孛兰肹、岳铉等主其事，成宗大德七年（1234年）书成，凡一千三百卷①，定名为《大元大一统志》。

本书仿唐代《元和郡县图志》、宋代《太平寰宇记》和《舆地记胜》等书成例，分设建置沿革、坊郭乡镇、里至、山川、土产、风俗形势、古迹、宦迹、人物、仙释诸门类，"于古今建置沿革及山川、古迹、形势、人物、风俗、土产之类，网罗极为详备"，"即如府州县废置沿革一门，《元一统志》正文既详，复取古今地理各书，参互考证，而细注其下"。②

本书所引资料，凡大江以南各行省，大半取材于《舆地纪胜》和宋元旧志；北方各省，则取材于《元和志》、《寰宇记》和金、元旧志居多，今宋元旧志十亡八九，金志全佚，而《元和志》、《寰宇记》诸书，今传本俱有缺页缺卷，正赖此书得以订补。本书所记事迹，如叙大都寺观之壮丽，古迹之纷繁，多他书所未见。延安路石油条、鄜州石脂、名油诸条，可补沈括《梦溪笔谈》之遗。延安路范雍、计用章、庞籍、狄青、韩琦、薛奎、王温恭、夏安朝、李师中、李若谷、

---

① 焦竑《国史经籍志》作一千卷，钱大昕《元史艺文志》同，兹从《秘书监志》。
② 吴骞：《元大一统志残本跋》。

王庶等人事迹均出《宋史》，但与今本《宋史》颇有歧异，因《元一统志》所据乃元初纂修本，今所见乃脱脱纂修本，凡此种种，都足以说明这本书的史料价值和学术地位。

《元一统志》历来为学者所重视。《四库总目》对它评价很高："考舆地之书出自官撰者，自唐《元和郡县志》、宋《元丰九域志》外，惟元岳璘等所修《大元一统志》最称繁博。"同《元一统志》相比，《明一统志》仅九十卷，不及其十一；《清一统志》初修为四百二十四卷，续修本增为五百六十卷，仍不及元志之半。

《元一统志》明以后久无全本，今可得考见者，仅十数卷之残本。

元代全国性总志还有《大元混一舆地要览》、《元混一方舆胜览》、《九域志》等。

（二）元代的名志

元代纂修的州县志数量不多，见于著录的大约不超过一百六十种，但其中也有一些佳作，颇具特色。例如：

《齐乘》六卷，于钦撰。本书专记三齐舆地，凡分八类：曰沿革、曰分野、曰山川、曰郡邑、曰古迹、曰亭馆、曰风土、曰人物，叙事首尾淹贯，不冗不漏，在元代地志中最为有法。钦本齐人，援据经史，考证见闻，较一般地志之但集舆图，凭空言以纪断者，所得实多，故向来推为善本。

《大德昌国州图志》七卷，冯福京、郭荐同撰，据原目所载，卷首当有环山、环海及普陀山三图，图志之名本此，今图佚而志存。昌国州即今浙江定海，本书凡分八门：曰叙赋、曰叙山、曰叙州、曰叙物产、曰叙官、曰叙人、曰叙祠。叙事简而有要，不在康海《武功志》、韩邦靖《朝邑志》下。

《至正金陵新志》十五卷，张铉撰。此书采用纪传体，计有图考、通纪、表、志、谱、传等类。张铉"学问博雅，故荟萃损益，本末灿然，无后来地志家附会丛杂之病"①。由于自宋《景定建康志》后唯见此志，因而素来为后人重视。

《延祐四明志》二十卷，马泽修，袁桷、王厚孙纂。此志卷九至卷十一久佚，故今只十七卷。凡分沿革、土金、职官、人物、山川、城邑、河渠、赋役、学校、祠祀、释道、集古十二考，所亡之卷为城邑考下及河渠考上下。"每考各系小序，义理谨严，考证精审，而辞尚体要，绰有良史风裁。"②《四库全书总目》谓"桷先世在宋多以文学知名，称东南故家遗献。没后会朝廷修史，遣使求郡国轶文故事，惟袁氏所传为多，故其于乡邦旧典，尤多贯串。志中考核精审，不支不滥，颇有良史之风，视至元嘉禾、至正无锡诸志，更为赅洽。"

《至顺镇江志》二十一卷，俞希鲁纂。此书体例，仿自《嘉定镇江志》，内容之详备则胜于前志。镇江在宋代为边防之地，在元代为财赋之区，形势险要，经济发达，又是人文荟萃的地方，因此志书备录本地典故与兴废沿革，记载了大

---

① 《四库全书总目》。
② 《郑堂读书记补逸》卷十二。

量有关物产与人物的情况。书中关于元代也里可温教传播情况的记述，是珍贵的宗教史资料。又关于回纥出身的元代文学家萨都剌事迹的记载，足可解决历来对萨都剌民族出身的疑难。

另外，元成宗大德二年（1289年），著名农学家、木活字的发明者王桢，将自己作安徽旌德知县时修纂的《旌德县志》，用木活字排印了一百部，这是我国木活字印刷史上的创举，具有划时代的意义。

（三）明代全国总志的纂修

明承元后，方志编纂更为兴盛，从中央统治阶级到地方官吏，都极为重视。明朝开国之初即着手纂修方志。洪武三年（1370年），令儒士魏俊民、黄篪等"类编天下州郡地理形势、降附颠末为书"，凡行省十二、府一百二十、州百八、县八百八十七，安抚司三，长官司一。东至海，南至琼崖，西至临兆，北至北平。当年十二月书成，命秘书监刊行。这就是明代最早的地理总志——《大明志书》。书久佚，内容今已无考。十七年（1383年），又编《大明清类天文分野之书》，全书共二四卷，以十二分野星次，编纂天下郡县。郡县之下，又详记古今建置沿革之由。二十七年（1394年），又诏纂《寰宇通衢书》，以道里、数分、方隅等目，编类为书，本书专记全国交通水马驿程。

永乐十六年（1418年），诏修天下郡县志书，命行在户部尚书夏吉、翰林学士兼右春坊右庶子杨荣、翰林院学士兼右谕德金幼孜总之，仍命礼部遣官遍诣郡县博采事迹及旧志书①，迄未成书。为了划一规格体例，永乐朝曾两次颁降修志条例，确定志书内容应包括建置沿革、分野、疆域、城池、山川、坊郭镇市、土产、贡赋、风俗、户口、学校、军卫、郡县廨舍、寺观、祠庙、桥梁、古迹、宦迹、人物、仙释、杂志、诗文二十二类。

明代修的地方总志，流传至今的有《寰宇通志》和《大明一统志》。

《寰宇通志》，景泰中奉敕撰，由陈循、高谷等主其事，凡得一百一十九卷，内容先列两京（京师、南京），次叙十三布政司，其下又分建置沿革、郡名、山川形势、风俗、土产、城池、祀典、山陵、苑囿、公廨、监学、书院、楼阁、馆驿、堂亭、池馆、台榭、桥梁、井泉、关隘、寺观、祠庙、陵墓、古迹、名宦、人物、科甲、题咏等三十八门。附载引用书目。本书始修时，凡例一准祝穆《方舆胜览》，当时有不少人反对，"以为祝氏此书赵宋偏安之物，不可为法"，"今欲成盛代混一之书，要须有资军国，有益劝诫，如地图、道里、户口之类，皆未可阙"②，反映了两种不同的修志主张。书成于景泰七年（1456年），当时"印装已备，方欲下颁，适天顺改元，遂已"③。其后有重修之举，即《大明一统志》。英宗复位

---

① 《明太宗实录》卷一百一十。
② 叶盛：《水东日记》卷二十五。
③ 同上。

后，认为《寰宇通志》虽已成书，而繁简失宜，去取未当，乃命李贤等改修重编，天顺五年（1461年）书成奏进，赐名《大明一统志》，御制序文冠其首，锓版颁行。全书九十卷，其义例一仍元志之旧，而篇幅不及元志的十分之一。本书以京师、南京及各布政使司所统之府为分卷之标准，每府之分目，略如《元一统志》，而增郡名、公署、学校、书院、关梁、寺观、陵墓、祠庙诸目，而无坊郭、乡镇及里至，盖有所合省并，而小有异同。本书编次颇为疏舛，极为顾炎武《日知录》所讥。

（四）明代方志的发展

通志的纂修到明代已很普遍。通志滥觞于宋人所撰的《闽中记》、《广东会要》和《广西会要》，皆合数郡而为一书。元人因修大一统志，先由各行省撰送图志，促进了通志的编修。明代十三布政使司志书①，其名称不一，有名为通志者，如弘治《八闽通志》、嘉靖江西、广西、山东、贵州、万历广东诸通志，亦名总志。如万历湖广、四川两总志等。或只名志，如成化《陕西志》等。或又易称为书，如何乔远之《闽书》等。

除上述十三种通志外，明朝在永乐时还纂有《交阯总志》三卷，《明史·艺文志》不著录，国内早已失存。宣德四年（1429年）杨士奇编定的《文渊阁书目》著录有《交阯通

---

① 详见《千顷堂书目》和《明史艺文志》。

志》、《交阯总志》，两者当为一书。该书内容分建置沿革、分野、疆域、城池、山川、坊郭镇市、土产、贡赋、风俗、户口、学校、守卫、郡县廨舍、寺观、祠庙、桥梁、古迹、宦迹、人物、仙释、杂志、诗书等凡二十二类，与永乐十六年（1418年）所颁修志凡例全同。书中取材丰富，大量引用当时交阯十七府的档案、调查报表、露布榜文等第一手材料，有不少史事为实录等官书所不载。自汉唐至宋元，我国记载交阯史地著作多至四十余种，但至今几乎全失传，这就更提高了此书的学术价值。它对研究明初交阯地方的政治、军事、经济、文化各方面情况，都有重要参考价值。

地方纂修州县志在明代也蔚然成风，有些地方志一修再修，所以明代州县志很普遍，如《山西通志》于成化、嘉靖、万历时三修，《六合县志》更先后修了六次。万历《满城县志》张邦政序说：“今天下自国史外，郡邑莫不有志。”反映了这种情况。明代永乐以后的官修志书，记述范围一般均遵照永乐十六年颁布的修志凡例，各地根据地方的特点，修志时增设类目，有所侧重，如万历《广平县志》设"人民志"，嘉靖《宁州志》有"阴阳医学"一目，嘉靖《增城县志》设"大事通志"，正德《大同府志》别立烽堠一门。明代方志的分目，除早有的平列分目外，大多分志、目二级，层次分明。如《鄢陵志》八卷：卷一地理志，卷二建置志，卷三田赋志，卷四官师志，卷五人物志，卷六人品志，卷七杂志，卷八文章志。志下多分目，如地理志下有疆域、星野、山川、堤陂四目;建置志下有城池、县署、学校、属署、祠祀、仓铺、坊巷、乡保、镇店、村庄、津梁十一目;田赋志下有土田、户口、税粮、农桑、课贡、徭役、土产七目;官师志下有官制、县官、学官、名宦、风俗五目;文章志下分汉魏文、宋文、元文、国朝文、唐诗、宋诗、元诗、国朝诗八目。后世许多方志,都采用这种体例。

明代的方志还增加了新的种类,如出现了边关志的形式。明朝北边防务极重,因而反映边务的图志之多,远迈前代,这类著述的作者大多为守关边吏或兵部职方司官员。按其记述范围的不同,可以区分为九边总志、边镇合志、各边镇别志等几类。从内容来看,有的书名虽为镇志或关志,但非全载边防,实与府县志无大差异。

明代著名边镇志有:郑晓《九边图志》。作者于嘉靖初任职方主事,日览故牍,尽知天下厄塞、士马虚实强弱之数。尚书金献民属撰《九边图志》,书成,各方争相传写。刘效祖《四镇三关志》,四镇为蓟、昌、保、辽。三关为居庸、紫荆、山海。取材于三关及郡邑旧乘,和诸司所籍记。全书共十卷,计分建置、形胜、军旅、粮饷、骑乘、经略、制疏、职官、才贤、夷部十考,每考一卷。而制疏考卷帙最大,约全书五分之二。又建置考中有各镇地图,各种兵器、车营、敌台图,故《也是园书目》作《四镇三关图志》。书成于万历初年,明季志边政者无虑数十种,然未有如此书之详尽者。郑汝璧《延绥镇志》八卷。涂宗濬序谈到本书的实用价值:"时火落赤报警，欲稽往牒，以察敌情。得新志，伏而读之，历代建置沿革之由，水火险易厄塞之处，兵马收集选充之实，馈饷储积田赋登耗之数，力役征调支应之烦，祲祥赈恤补救之方，风俗学校兴厘之法，文武经历建树久近之迹，河套侵犯要狭之情，元老经略条奏筹划安攘之策，靡不犁然备具，一展卷尽目中。"王翘*《西关志》三十二卷。作者嘉靖时为御史，出视居庸三关，首辑关志。所谓"西关"，乃指居庸、紫荆、倒马及故关而言。全书计居庸关十卷、紫荆关八卷、倒马关及故关各七卷。各关所记有多寡之不同，而分类项目大略相同，内容除军马、墩台、边情、摆拨、草场、教场、屯堡、章疏等类外，其他诸项，与普通方志相似。每卷首有图论各一。詹荣《山海关志》八卷。有地理、关隘、建置、官师、田赋、人物、祠祀、选举诸目，前有图二十八叶，图明季自山海关至黄花镇驻兵之外并兵数至详。《山海关志》首创于詹荣，其后继续增修者不一，终明之世凡五修。

鉴于前代志书大多卷帙浩繁，明代一些人起而矫正，编撰内容扼要的简志，其中著名的有正德《武功县志》和正德《朝邑县志》。

正德《武功县志》，康海撰。康海，武功人，弘治进士，授修撰，以救李东阳事削籍回乡**，此志即回乡后所作。全书

---

* 编按，"王翘"应为"王士翘"。
** 编按，康海以救李梦阳事被削官，非因救"李东阳"。

三卷，分七篇：凡山川、城郭、古迹、宅基归以地理篇；官署、学校、津梁、市集归以建置篇；祠庙、寺观归以祠祀篇；户口、物产附于田赋篇；艺文则用《吴郡志》例散附各条之下，以除冗滥；官师则善恶并著，以寓劝惩。此志以文简事核见称于世，"乡国之史，莫良于此"，"后来志乘，多以康氏为宗"①。这是一本当时以至后世颇有影响的县志。应该指出，历来方志对职官的载录，都是"有美无刺，隐恶扬善"，"恶者不录"，而此书有褒有贬，恶善并著，这不能不说是一个进步。章学诚对康志颇有异词，但在这一点上却给以肯定，说："惟官师志，褒贬并施，尚为直道不泯，稍出于流俗耳。"②

正德《朝邑县志》，韩邦靖撰。韩邦靖，朝邑人，正德间进士，官工部主事。该志凡二卷，分为七篇：一总志、二风俗、三物产、四田赋、五名宦、六人物、七杂记。全志"总约不过六七千言，用纸十六七番，志乘之简，无有过于此者"③。韩志也是名志，向为人所称道，"纪录质实，而文彩焕炳可诵"④。

简志的形式，也有人持否定态度，章学诚对此批评最激烈，说它们不合"史家法度"，《武功志》"芜杂特甚"，《朝邑志》"纰缪百出"。⑤ 我们认为：简志的特点是文约事赅，篇

---

① 《四库全书总目》。
② 《章氏遗书·方志略例一·书〈武功志〉后》。
③ 《章氏遗书·方志略例一·书〈武功志〉后》。
④ 吕柟：正德《朝邑志后序》。
⑤ 《章氏遗书·方志略例一·书〈武功志〉后》。

幅简短；缺点是内容简略，不合"一方之全史"的要求。但如在编纂详备志书的同时，能选其主要内容编写简志作为普及本，以便于广大群众阅读，还是很可取的。

明代还出现了所谓"三宝体"的志书，就是根据《孟子》所说"诸侯之宝三：土地、人民、政事"而将全书分为三类；或加文献而成四类。如唐枢的《湖州府志》，就是把全书分为土地、政事、人民三志。王一龙的《广平县志》，则分土地、人民、政事、文献。这和清康熙间赵弘化的《密云县志》分天文、地理、人事三纲，乾隆间杜延甲等的《河间府志》分舆地、宦政、人物、典文四志等，都同属一个体系。也有基于此而有所变化的。此种立类，固然简明，但是，要以此而统摄多种复杂的内容是困难的。因此，在清嘉庆之后，就不多见了。

明代方志中著名的还有正德《大同府志》、嘉靖《惟扬志》，以及谢肇淛的《滇略》、王鏊的《姑苏志》等。

正德《大同府志》十八卷，张钦撰。张钦，正德进士，官至工部左侍郎，此书是正德癸酉（八年，1513年）钦官行人奉使代藩时所作，凡四十门，其中"别立烽堠一门，又卷首图说中有车营战车诸图，为他书所无之例。盖大同在明代为严边，故尤详于武备云"[①]。

嘉靖《惟扬志》三十八卷，盛仪撰。盛仪，江都人，弘

---

① 《四库全书总目》。

治进士，官至太仆寺卿。扬州舆记，宋代有《绍熙广陵志》、《嘉泰广陵志》、《宝祐惟扬志》，岁久散佚，仪辑成此书，沿宝祐旧名，从"惟扬"为称。是书"首郡邑古今图。次建革以下十八志，又秩官、人物二列传。纂次颇有端绪，在明代地志中差为完善"①。

明代方志的纂修有很大成就，也存在不少弊病，清代学者对此早有评论。如乾嘉学者李兆洛对宋志极为称道，认为"类皆文例整赡，考证赅洽，识议深慎"，而批评"明代诸志，颇改前规"。顾千里序《广陵通典》云："郡邑志乘，滥觞晋宋。……后此继之，盈乎著录。其为书也，能使生是邦者，晓前古事迹；至其地者，验方今物土，洵为善矣。降及明叶，末流滋弊，事既归官，成由借手，府县等诸具文，撰修类皆不学。虽云但靡餐钱，虚陪礼耙，犹复俗语丹青，后生疑误。"阮元则在道光《仪征志》序中指出："史家之志地理，昉于《汉书》……盖旧典与新编前后相联，而彼此各不相混，乃古人修志之良法。……上溯汉、晋，下迄宋、元，旧式具存，昭然可考。明代事不师古，修志者多炫异居功，或蹈袭前人而攘善掠美，或弃髦载籍而轻改妄删。由是新志甫成，旧志遂废，而古法不复讲矣。"这些批评都切中明代官修志书的积弊。

与宋元方志比较，明志虽略嫌芜杂，但内容繁富，仍有

---

① 《四库全书总目》。

很高的史料价值。仅就天一阁现存明代方志来看，它广泛地记录了嘉靖以后明代社会的政治、经济、文化生活的各个方面：如嘉靖《雄乘》、《吴邑志》、《昆山县志》、万历《黄岩县志》均详载治水文献。隆庆《赵州志》记隋代安济桥，嘉靖《寿州志》记淮南第一桥，是有关我国桥梁工程的历史资料。嘉靖《许州志》有"戍匠"一目，列有十余种匠人的名称；隆庆《临江府志》有匠人统计数字，涉及的匠人名称有数十种之多，是了解我国手工业发展的重要史料。嘉靖《鲁山县志》、《邓州志》、《临朐县志》记载了当地的矿藏情况，万历《郴州志》叙述了宋明两代封闭矿场和矿民斗争情况，嘉靖《延平府志》、《东乡县志》记载了当地的农民起义，嘉靖《惠州府志》、《太平县志》记述了少数民族的风俗习惯和反压迫斗争，隆庆《潮阳县志》记载了广东沿海人民的抗倭斗争以及海上贸易情况，嘉靖《鄢陵志》记录了大地震的实况，嘉靖《钦州志》有关于当地潮汐情况的记录，嘉靖《浦江志略》收录了洪武至嘉靖间当地各种文册，嘉靖《建阳县志》详记书市情况和书坊书目，等等。

四、清代的方志

随着清代前期经济、文化的繁荣和发展，方志的编纂与研究也达到了极盛时期。统治阶级对修志的重视，著名学者的参加方志编纂和研究方志理论，使这一时期的方志体例谨严，种类齐全，数量大增。

（一）三修一统志

清代方志的大发展，首先是因为清王朝对修志非常重视。早在康熙十一年（1672年），保和殿大学士卫周祚进奏各省通志宜修，如天下山川形势、户口丁徭、地亩钱粮、风俗人物、疆域险要，宜汇集成帙，名曰通志，以汇《大清一统志》之用。康熙采纳了这个建议，命直省各督抚聘集夙儒名贤，接古续今，纂辑通志。同时将顺治十八年（1661年）河南巡抚贾汉复主修的《河南通志》颁著天下为式。二十二年（1683年），礼部奉旨檄催天下，各省通志限定三月成书。二十九年（1690年），河南巡抚通令所属府州县纂辑志书，其通饬修志牌照，列具凡例二十三条，于时代断限、材料取舍、文字详略、史实考订、叙事先后乃至地图绘制均有详细规定。在大规模的修志当中，这样的修志牌照，对于划一体例，减少粗制滥造，无疑起到一定作用。

雍正六年（1728年）十一月二十八日上谕，针对修志当中出现的问题，对各省志书采录人物事迹，提出明确要求："据编纂《一统志》总裁官大学士蒋廷锡等奏称，本朝名宦人物，各省志书既多缺略，即有采录，又不无冒滥，必得详查明核，采其行义事迹卓然可传者，方足以励俗维风，信今传后。请谕各该督抚，将本省名宦、乡贤、孝子、节妇，一应事实，详细查核，无阙无滥，于一年内，保送到馆，以便细加核实，详慎增载。得旨：朕惟志书与史传相表里，其登载一代名宦人物，较之山川风土尤为紧要，必详细确查，慎重采录，至公至当，使伟绩懿行逾久弥光，乃称不朽盛事。今若以一年为期，恐时日太促，或不免草率从事。……著各省督抚，将本省通志重加修辑，务期考据详明，采摭精当，既无阙略，亦无冒滥，以成完善之书。如一年未能竣事，或宽至二三年内纂成具奏。"① 次年又定各州县志书每六十年一修之例②。雍正是一个很严厉的皇帝，疆吏无不遵命惟谨。今《四库全书总目》著录李卫等监修的《畿辅通志》、鄂尔泰监修的《贵州通志》等凡十六种，都是在这一时期完成。其中成书最速者为《广东通志》，在雍正九年（1731年）；最迟者为《贵州通志》，在乾隆六年（1741年）完成。

现存的清代通志，有畿辅（今河北）、盛京（今辽宁）、吉林、河南、山西、山东、江南、浙江、江西、湖北、湖南、四川、云南、贵州、福建、广东、广西、陕西、甘肃、新疆等数十种，其中嘉道间的广西谢启昆志，浙江、广东阮元志，久为学术界所推许。同光间的畿辅李志、山西曾志，都是继谢、阮之书而作，宣统新疆袁志，前无所承，多所新创。

在各省通志的基础上，清朝又完成了全国的《一统志》。《大清一统志》凡三修，初成于乾隆八年（1743年），凡三百四十二卷；次成于乾隆四十九年（1784年），凡四百二十四卷（并子卷计之则为五百卷）；最后成于道光二十二年（1842

---

① 《清世宗实录》卷七五。
② 《吉安府志》定祥序："志例每六十年而一修"。

年），凡五百六十卷，以其经始于嘉庆十六年（1811年），而所增辑之事迹，亦讫于嘉庆二十五年（1820年），故称《嘉庆重修一统志》。

一统志的体例，于京师后，次以盛京，各直省，蒙古藩部及朝贡各国。每省先冠图表，次以统部总叙一省大要，以各府厅直隶州为分卷之标准。京所属之州县，蒙古各藩部，统部分卷，悉照各省体例。其各府厅、直隶州之分目，视《明一统志》为详，计分表图、疆域、分野、建置沿革、形势、风俗、城池、学校、户口、田赋、税课、职官、山川、古迹、关隘、津梁、堤堰、陵墓、祠庙、寺观、名宦、人物、流寓、列女、仙释、土产等二十七目。

乾隆对《一统志》的纂修极为重视，每次史臣以稿本进呈，都要亲自过目，认真审阅，反复推敲，并提出修改意见。如乾隆四十七年（1782年）上谕："昨阅进呈《一统志》内，国朝松江府人物，止载王顼龄、王鸿绪诸人，而不载张照，其意或因张照从前办理贵州苗疆，曾经获罪，因而此次纂办《一统志》，竟将伊姓氏、里居概从删削，殊属非是。"在他看来，张照这个人虽然有过过失，"然其文采风流，实不愧其乡贤董其昌，即董其昌亦岂纯正之正人君子哉？使竟不登志乘，传示艺林，致一代文人学士，不数十年竟归灭没，可乎？"他认为："张照虽不得谓醇儒，而其资学明敏，书法精工，实为海内所共推重，瑕瑜不掩，公论自在。所有此次进呈之《一统志》，即将张照官秩出处事迹，一并载入。其各省志或有似此者，纂修诸臣皆宜查明奏闻补入，并通谕中外知之。"①

（二）学者的修志与辑佚

清代各地修志成为一种风气，同当时学者的提倡也有关系。康、雍、乾时期文网严密，学者不敢轻言治史，因而把注意力转移到修志上来。章学诚曾说："丈夫生不为史臣，亦当从名公巨卿执笔充书记，而因得论列当世，以文章见用于时，如纂修志乘，亦其中之一事也。"② 清代很多学者直接参与了修志工作，如黄宗羲预修《浙江通志》，顾炎武预修《邹平县志》，章学诚撰《和州志》、《永清县志》、《亳州志》，洪亮吉撰《淳化志》、《长武志》，孙星衍撰《邠州志》、《三水志》，段玉裁撰《富顺县志》，李兆洛撰《凤台县志》，陆稼书撰《灵寿县志》，戴东原撰《汾州府志》、《汾阳县志》，杭世骏撰《西宁府志》、《乌程县志》、《昌化县志》、《平阳县志》，姚鼐撰《庐州府志》、《江宁府志》、《六安州志》，俞正燮撰《湖广通志》，李慈铭撰《绍兴府志》、《会稽新志》，缪荃孙撰《顺天府志》、《荆州府志》、《昌平县志》等，以上诸志皆出诸一代学者之手，体例谨严，叙事翔实，斐然可列著作之林。

清代官修方志，大都成于俗吏之手，内容一般比较粗略。有些地方行政长官，以开局修志为"斯文重任"，自己纵然学

---

① 《大清会典事例》。
② 《常昭合志稿》卷末总叙。

识不够，也必定要忝居主修之名，而网罗学识宏博之士为之纂辑。乾嘉时期的许多知名学者，就是在这种情况下参加了修志工作。他们把个人的学术研究同修志结合起来，很多人把修志视为著述大业，讲求体例方法，注重史料考订，从而丰富了方志的内容，提高了方志的学术价值。乾嘉时期的方志名著很多，诸如：

章学诚《和州志》、《永清县志》，两志集中体现了章氏的修志主张，分立"三家之学"，着眼经世致用，篇目有因有创。尤注意反映社会经济状况，有关记述，不厌求详，论者谓"州县志浩如烟海，章氏而外，竟无一人焉注意及此"①。章志历来号为名著，《清史列传》称赞它"是非斟酌，非兼才学识之长者不能作"。洪亮吉《淳化县志》，以作者精于史地之学，所修州县志皆以史例为之。志凡十八卷，于古今沿革、山川形胜，以迄道里远近、祠庙兴废等广搜博采，详加考订，"其该核可继《长安志》、《雍胜略》二书，非世所传明康海《武功志》、韩邦靖《朝邑志》等所可比矣"②。钱大昕《鄞县志》三十卷，体例仿宋代志书，于各条之下注出处书名，用公文案牍一一注明某衙门来文，某科档册，以凭征信。古人事迹以正史为凭，诗文之有关掌故者，以类附入各门。此志当时称誉颇佳，但也有人指责此志疏于考证。段玉裁《富顺

---

① 瞿宣颖：《方志考稿》。
② 阮元：《淳化县志序》。

县志》五卷网罗繁富，事之涉于县者搜采无遗。叙事翔实具体，言必有据。作者于山川地理沿革考证极详，有《中水考》上下两篇附载于后，对前人谬说，多所匡正，被誉为"盖出入班、马之间，而擅三长者也"①。孙星衍《邠州志》，凡二十五卷，分部二十五。本书重史迹和地理考证，撰者自谓："方志以考据存文献，关中甚称《朝邑志》、《武功志》，皆非著述之体，徒以文笔简要为长，予不敢袭其弊也。"② 李兆洛纂有《凤台县志》、《东流县志》和《怀远县志》，他主张："志尚征实，所以传信，一事一语必据其所自来。"③ 所著以考订辨正见长，体例严谨有法。

除了修志之外，清代学者在古地志辑佚方面也有很大贡献。我国方志历史久远，宋元以前的方志，到清代已经十不存一，一些学者把唐宋类书或其他史志所征引的古地志资料辑录出来，汇为一书，这就为后人总结和继承古方志遗产创造了条件。清代辑录古方志的重要成果有：王谟的《汉唐地理书钞》，该书收汉唐地志五十种；马国翰《玉函山房辑佚书》和王仁俊的《玉函山房辑佚书补编》，收唐以前方志约六十种；陈运溶的《麓山精舍丛书》，收宋以前方志七十五种（所辑以湖南地区为限）。其他还有毕沅辑《晋书·地道记》、《太康三年地志》，孙诒让辑《永嘉郡记》，张澍辑《三秦记》、

---

① 陈锡鬯：《富顺县志·跋》。
② 孙星衍：《邠州志·自序》。
③ 李兆洛：《凤台县志·自序》。

《凉州记》等。这些材料虽然大都是一些断简残篇，已非完书，但对我们今天研究古代方志的源流仍有重要参考价值，吉光片羽，弥足珍惜。

（三）修志的普及与志书的体例

由于统治阶级的重视和学者的倡导和参加，清代修志相当普及。在现存的方志中，清代所修几占百分之八十，有六千五百余种。上起全国的一统志和各省通志，下至府州县镇乡，旁及土司卫所等，无不有志。其数量之多，范围之广，可谓空前。不少的省、府、县志，都曾一再续修，如《山东通志》曾四修，《掖县志》曾七修。在政治、经济及文化发达的地区，续修志书尤其频繁。省、府、县志以外，不少村镇乡里也编有志书，著名的有江苏甘泉邵伯镇的《甘棠小志》、安徽池州的《杏花村志》、浙江吴兴的《双林镇志》、天津的《杨柳青小志》、山东阳谷的《张秋镇志》等。

值得提出的，现存的十多种台湾府厅县志都是清代纂修的。康熙二十二年（1683年）设台湾府，下辖台湾、凤山、诸罗三县。当时派蒋毓英出任第一任台湾知府，在职期间，纂《台湾府志》十卷，这是台湾第一部府志。次年，季麟光被任命为台湾诸罗县知县，"在任逾年，首创台湾县志，综其山川、风物、户口、土田、厄塞，未及终篇，以丁忧去"[①]。台湾府志以后多次续修增修，已刊者有康熙三十四年（1695

---

① 《乾隆台湾府志·职官·列传》。

年）的"高拱乾修志"，五十一年（1712年）的"周文元修志"，乾隆七年（1742年）的"刘良璧修志"，七年（1745年）的"范咸修志"，二十八年（1763年）的"余文仪修志"。其中"余志"成书最晚，资料也最丰富。全书分十二纲，凡二十六卷，附图二：一为福建台湾全图，一为台湾郡治八景图。在诸志中惟此书记载了台湾在乾隆十一年（1746年）至三十年（1765年）间的人事资料，很可宝贵。此外，清代还先后纂修了《淡水厅志》、《凤山县志》、《彰化县志》、《苗栗县志》等，保存了大量的台湾历史资料。

官修之外，清代私家撰述的各类方志、专志和别志，也颇为可观，梁启超把这类著作按其内容分为七类：一、纯属方志体例而避其名者，如师范之《滇系》、刘端临之《扬州图经》、刘楚祯之《宝应图经》、许石华之《海州文献录》等。二、专记一地方重要史迹者，其体例或为编年，如汪容甫之《广陵通典》、董觉轩之《明州系年要录》；或为纪事本末，如冯蒿庵之《滇考》。三、专记人物者，如潘力田之《松陵文献》、刘伯山之《彭城献征录》、马通伯之《桐城耆旧传》、徐菊人之《大清畿辅先哲传》等。四、专记风俗轶闻者，如屈翁山之《广东新语》、田纶霞之《黔书》、吴挚甫之《深州风土记》等。五、原为全志之一组成部分而独立成篇者，如全谢山之《四明族望表》、孙仲容之《温州经籍志》、刘孟瞻之《扬州水道记》、林月亭之《两粤水经注》、陈静庵之《补湖州府天文志》等。六、有参与志局事而不能行其志，因自出所见，

第二章 历代的方志编纂与研究

私写定以别传者，如焦里堂之《邗记》、吴山夫之《山阳志遗》等。七、有于一州县内复析其一局部之地作专志者，如张炎贞《乌青文献》、焦里堂之《北湖小记》。其他还有各名城志、名山志等，不一一列举。梁氏认为"凡此皆方志之支流与裔"，"此类书自宋以来已极发达，有清作者，虽无以远过于前代，然其间固多佳构，或竟出正式方志之上也"。①

清代方志的体例主要有三类。

一类是门目体。其典型代表是顺治年间贾汉复纂修的《河南通志》。全书八十卷，分为圣制、舆图、沿革、星野、疆域、山川、城池、礼乐、兵制、河防、水利、封建、田赋、户口、漕运、盐课、邮传、风俗、物产、职官、公署、仓廪、学校、选举、祠祀、陵墓、寺观、古迹、帝王、名宦、人物、理学、儒林、忠烈、孝义、文苑、隐逸、烈女、流寓、仙释、方技、艺文、辨疑等四十三目。由于康熙间开馆修明史，特命督抚各修省志，规定以贾志的成式为准，雍正间又重申前令，所以各省、府、州、县志，模仿贾志的体例，一时成为风尚。如钱见龙、吴朴的《泰兴县志》，章曾印、曾倬的《常熟县志》，尚新民的《定兴县志》，王胤芳、邵秉忠的《文定县志》等，都一脉相承。这样并列门目，无所统摄，其缺陷是很显然的。所以，发展到清中叶以后，这种体例，自然地逐渐被淘汰。

第二类是纪传体，分纪、表、志、传、略、录等门，记帝

---

① 梁启超《清代学者整理旧学之总成绩·方志学》。

王用纪，人物用传，宦绩用录，舆地、艺文用志，辅之以略，其他细碎之事，用表来标明。如光绪年间李鸿章主修的《畿辅通志》三百卷，其中一至十五卷为纪，包括诏谕、宸章、京师、陵寝、行宫；十六至四十四卷为表，包括府厅州县沿革、封建、职官、选举；四十五至一百八十二卷为志略，包括舆地、河渠、海防、经政、前事、艺文、金石、古迹；一百八十三卷至一百九十二卷为宦绩录；一百九十三至二百八十六卷为列传；二百八十七至二百九十七卷为杂传；二百九十八至二百九十九卷为识余；第三百卷为叙录。

第三类为三书体，创始人为章学诚。章学诚主张将方志分为志、掌故、文征三部分：志是著述，采用纪传体；掌故和文征是资料汇编，分别汇辑簿书案牍和各体诗文。另外，将异闻杂说编为"丛谈"。三书体的代表作是章学诚的《湖北通志》。全书分为湖北通志、湖北掌故、湖北文征和湖北丛谈四大部分。《通志》部分分为纪、图、表、考、政略、传等类，每类下又分许多细目；《掌故》部分分吏、户、礼、兵、刑、工六科，每科下又列许多细目；《文征》部分分四集，甲集录正史列传，乙集录经济策画、丙集录词章诗赋，丁集录近人诗赋；《丛谈》四卷：考据、轶事、琐语、异闻各一卷。

此外，乾隆年间，谢启昆纂《广西通志》，著叙例二十三条，征引晋、唐、宋、明方志门类体例，取长弃短，说明因革原委。《广西通志》集众方志体例的优点，一时被奉为楷模。李文藻主张方志引征要绝对可信，因此他编修历城、诸城二县志，全部纂辑旧文，成为这种体例的著名代表。

（四）清代统治者对于方志的禁毁

清朝纂修了大量方志，固然功不可泯；但另一方面，清朝的文化专制政策，特别是康、雍、乾时期的文字狱，对方志的破坏也是严重的。为了便于控制，乾隆三十年（1765年）命令严禁私修志书。不但如此，还下令各省，由地方官对已有志书辩论考核，不合者删除以至禁毁。地方官有重修志书的，事前要详报，修成后由督抚核明具奏，候旨发回，再行刊布。在当时形势下，纂修志书在政治上要担很大的风险，稍有不慎就会带来杀身大祸。乾隆朝的文字狱，就有几宗案件直接与修志有关。如乾隆四十六年（1781）的叶廷推《海澄县志》案，"漳州府知府黄彬禀称有海澄县民周铿声控告在籍知县叶廷推纂辑县志，载入碑传诗句，词语狂悖"[①]。次年（1782年）又有高治清《沧浪乡志》案。湖南巡抚李世杰查获《沧浪乡志》，"摘出各种字句，指为狂悖，并称饬属查明住址，密往各家搜讯，并将刊刻志书之高治清父子监生斥革，作序之教授翁坰解任质讯"[②]。两案当事者都因此受到迫害。

康熙初年，"方起明私史之狱，凡涉明事者，争相焚弃"[③]。幸存的方志也遭到清朝统治者任意删削和篡改，以至内容支离破碎，继续不接。乾隆时大量明代方志被付之一炬。

---

① 详见《清代文字狱档》。
② 详见《清代文字狱档》。
③ 钱林：《文献征存录》。

在这以前，私家被迫销毁的志书也不计其数。乾隆四十四年（1779年）十一月上谕："据（安徽巡抚）闵鄂元奏，各省郡邑志书内，如有登载应销各书名目及悖妄著书人诗文者，一概俱行刊削等语，所奏甚是。钱谦益、屈大均、金堡所撰诗文，久经饬禁，以裨世教，而正人心。今各省郡邑志书，往往于名胜、古迹编入伊等诗文，而人物、艺文内，并载其生平事实及所著书目，自应逐加删削，以杜谬妄。"江苏省常熟县是钱谦益的故乡，在这件事上首当其冲。"吾邑适为钱谦益原籍，从前志书内，叙述故事，欲使文理贯串，多有涉该故员之语，既奉删除文告，即经两县将旧志板片发回，凡有钱谦益诗文及事实、书目处，概行铲除。由此旧志内文词遂多断续不接。"① 类似这样的事例在当时屡见不鲜。

五、民国时期的方志

伟大的民主主义者孙中山领导的辛亥革命，推翻了清王朝，建立了中华民国，结束了封建君主专制制度在中国的统治。但辛亥革命以后，中国仍处在军阀混战、时局变乱之中，内忧外患，使编修地方志的工作处于时断时续的状态。

民国六年（1917年），山西省公署首开其端，下达了编写新志的训令，还颁布了著名学者郭象升受省公署委托撰写的《山西各县志书凡例》。民国八年（1919年）黑龙江省政府的

---

① 《常昭合志稿》卷末总叙。

"省志编纂室",也开始纂修省志。在全国范围内大规模纂修地方志是从民国十八年(1929年)开始的。当年十二月,国民政府内务部颁布《修志事例概要》二十二条,要求各省建立通志馆,并对方志编纂提出许多规定,在内容和体例上比辛亥革命以前的旧志都有了发展,提高了方志的科学性与实用性。一九三四年*,国民政府内政部颁发《地方志书纂修办法》九条,规定省志三十年一修,市县志十五年一修。一些热心地方志编纂事业的专家、学者、也写出了若干编写地方志的意见。一时间,"官方私人,亦无不汲汲以修志为急务,设局所,聘学士,从事编纂"①,修志的情势颇见活跃,也出了一些成果。例如,河南在一九四九年前共续修方志七十八部,山西在民国年间先后编了四十三种地方志,山东在一九二九——一九三七年间共修志八十四种。

民国时期的方志,抗战前修成的较多。据不完全统计,抗战前修成的志书,计有通志一种,一百二十三卷;县志一百七十六种,二千九百一十七卷;乡土志十三种,五卷;镇志三种,七十八卷。总计一百九十三种,三千一百二十三卷。

就地区分布来看,江苏有十五种,二百三十四卷。浙江十三种,三百八十二卷。安徽十三种,三百三十四卷。江西一种,三十八卷。湖北六种,八十八卷。湖南一种,六卷。四

---

* 编按,"一九三四年"应为"民国三十五年(1946年)"。
① 《中国方志学通论》。

川十一种，一百六十六卷。直隶十八种，二百三十七卷。山东十三种，二百四十五卷。河南八种，一百一十三卷。山西四十三种，一百六十一卷。陕西八种，七十一卷。甘肃四种，五十卷。福建九种，三百〇九卷。广东六种，一百一十一卷。广西十一种，一百四十五卷。云南七种，九十四卷。贵州四种，五十一卷。辽宁十九种，一百三十九卷。吉林七种，三十五卷。黑龙江四种，四十二卷。热河一种，六卷。察哈尔一种，一十八卷。新疆一种，二卷。

抗战发生，修志工作基本停顿。抗战胜利后，国民党政府为了粉饰太平，虽然在一九四六年重新颁布了《地方志书纂修办法》，规定省志三十年纂修一次，市志及县志十五年纂修一次，但这只不过是一纸空文，到一九四九年全国解放前，成书寥寥。

民国时期的方志，成书不多，佳作更少。李泰棻曾叙述当时的情况说："五稔以还，国府通令各省，省府通令各县，催促续志，急如星火。既为功令，势必奉行，故省无间南北，县不分大小，莫不各续志书，待梓复命。然省县数千，未闻有某士之作可以表现当时史潮者，甚至求如清代章（学诚）、戴（震）、洪（亮吉）、杨（笃）诸家之作，亦复不可多得。"当时"省吏多非士林，上焉者以志馆属之僚属，下焉者并设此以置亲故，故立馆而终无成者有之，成书而言无物者亦有之，以较清代，反多远逊"[①]。因而质量低劣、甚至借以营私

---

① 《阳泉县志》序。

的志书为数不少。例如民国三年（1914年），东边镇守使马龙潭倡修《庆云县志》，志书编成，"乡曲之私"充斥其间，"人物一门侈陈马氏事实，并及其他里人"，闹了"修志之人自为生传"的大丑剧。① 民国十七年（1928年）编修的《临榆县志》，《乡型》一篇附录《田中玉传》，田在当时是生人，县志竟为之立传，而不顾"生存之人不入人物"的"旧志定例"②。又如民国十八年（1929年），韩复榘主修《河南通志》，"四月开馆，九月结束，为时五月"③，粗制滥造，十分草率。其他如体例失当、内容芜滥、文辞错谬、条理混杂等毛病，就更难以一一细举。

当然，民国时期的方志也不可一概而论，粗制滥造固然不少，但也不无精心之作。一些有志之士，在整理旧志和纂修新志方面做了大量有益的工作，他们的态度是严肃的，工作也是有成绩的。尤其是一些学者主持编纂的方志，对旧志有所突破，有所创新。例如：

《川沙县志》，黄炎培撰。本志断限，上承光绪志，始自光绪五年（1879年），下迄民国十五年（1926年）。前乎此，为光绪志所未载，而事实应补录者，亦酌采之；后乎此，而事实较重要，须连类及之者，名曰"赘录"，附于每事之末。卷首列图，以下首大事年表，次舆地、户口、物产、实业、工

---

① 瞿宣颖：《方志考稿（甲集）·民国庆云县志》条。
② 《方志考稿（甲集）·民国临榆县志》条。
③ 刘永之：《修志刍言》，《学术研究辑刊》一九八〇年第一期。

程、交通、财赋、教育、卫生、慈善、祠祀、宗教、方俗、艺文、人物、职官、选举、司法、警务、兵防、故实、叙录，凡二十四，各为一卷。本书于民国同类方志中颇具特色：一、取材丰富。全书材料，一部得自社会调查，而大部录诸档案，凡重要文献必全录以资参证。二、全书二十四卷，卷有"概述"，重在简略说明本卷内容之大要，使读者读概述后进而浏览全文，或竟不及读全文而大致了了。三、表说相资。各卷内容凡可列表者，多用表来说明，使读者一目了然。全书有大事年表、户口表、财赋表、工商表等不下数十种，极便检索。四、叙事简括，详略得当，繁而不纷，简而有得。实业、赋役两志，广搜博采，于民国以来经济的变化、社会的动荡、人民的疾苦等情况，提供了大量第一手材料。

《龙游县志》，余绍宋撰，凡四十二卷。纪一：通纪，计一卷。考五：地理、氏族、建置、食货、艺文，计六卷。表三：都图、职官、选举，计八卷。传二：人物、列女，计四卷。略三：宦绩、节妇、烈女，计二卷半。别录二：人物、列女，计一卷半。以上二十三卷是正志；丛载一卷、掌故八卷、文纪八卷，是为附志。卷首有叙例，卷末附前志源流及修志始末。本书记载繁富，征引之书不下数百种，旧志内容可存者则采之。食货考以户口、田赋、水利、仓储、物产及物价为次，什九皆凭实地采访。人物仿康海《武功志》例，美恶并书。艺文略仿朱氏《经义考》例，详录其序例、解题，或作提要，间加考证。本书在当时颇负盛名，梁启超为之作序。

第二章　历代的方志编纂与研究

《江阴县续志》，缪荃孙撰，凡二十八卷，起光绪五年（1879年），止宣统三年（1911年）。民国以来事迹，另撰《江阴近事录》三卷附于后。本书物产一门叙当地实业发展情况甚详，可供研究近代经济史参考，时政记附时事栏，保存了不少辛亥革命史料。

《阳原县志》，李泰棻撰，凡十八卷。本书记录了当地民国以来有关地价、工资、银洋比价等重要经济资料，前事篇载有义和团史料。

《长葛县志》，刘盼遂撰。撰者尝预修《河南通志》，娴于中州掌故。本书体裁多仿余氏《龙游县志》，凡分类三：一曰志，二曰表，三曰传。本书不立氏族表，撰者认为："考订氏族在南方易，在北方则难。南方宗法制度今未全堕，族居者率有宗祠，有族谱，故志局一设，则各谱麕集，主笔者据谱入录，其奏绩自易。若北人则多无宗祠，故无较有系统之族谱，十世以还，则宗祧莫定，族姓略疏。"① 提出在修志体例上要因地制宜。

《洛川县志》，黎锦熙撰，凡二十六卷。志目除大事年表外，有疆域沿革志、气候志、地质志、山水志、人口志、物产志、地政农业志、工商志、交通志、吏治志、自治保甲志、社会志、财政志、军警志、司法志、党团志、卫生志、教育志、宗教祠祀志、古迹古物志、氏族志、风俗志、方言谣谚志、

---

① 刘盼遂：《长葛县志·凡例》。

人物志、丛录（前志序例）。其中方言志记载独详，有方音谱（纽韵表《附声调谱》、常用字汇、注音举例）、方言分类词汇诸目。

《佛山忠义乡志》，冼宝干撰，凡二十卷。其目有舆地志、水利志、建置志、赋税志、教育志、实业志、慈善志、祠祀志、氏族志、乡事志、职官志、选举志、艺文志、金石志、乡禁志、杂志等，卷首附图。本书记载翔实，"虽一字一句之微，必再三征核推勘，务至于当"①。实业志载当地工商业历史及现状极详，史料价值很高。

此外，还有王国维撰修《浙江通志》；福建庄为玑先生独力撰著《晋江新志》，并在一九四八年出版了第一分册，民国十四年（1925年）刊行的胡宗楙所撰《金华经籍志》，是一种体例精审、有誉于时的专科性方志。

民国时期纂修的方志，基本上保持了旧志固有的格局，但适应时代的发展变化，也表现出一些新的特点，充实了一些新的内容：一、注意反映各地工农业生产面貌。过去工农业生产被封建统治者视为"小道"。旧方志里虽有记载，但大都语焉不详。民国时期一些新方志，突破了传统的束缚，比较详细地反映了各地生产斗争情况。如山西《灵石县志》、《万泉县志》记农业生产，广东《佛山忠义乡志》记手工业生产，内容都不厌其详，如实反映了当时的生产面貌。二、反映了近

---

① 《佛山忠义乡志·序》。

代资本主义企业的兴起。如广东《南海县志》记载了学术界公认的我国最早的一家民族企业——继昌隆缫丝厂的创办和发展情况。其他如江苏《兴化县续志》记同茂协蛋厂，四川《合州县志》记经纬丝厂，江苏《江阴县续志》记当地蚕行、布厂、纱厂，广东《佛山忠义乡志》记南洋兄弟烟草公司等。三、增加各种统计图表，提高了方志的实用性和科学性。如四川《南溪县志》列有当地物价变动表格八种，对同治九年（1870年）、光绪六年（1880年）、宣统二年（1910年）、民国四年（1915年）、十四年（1925年）、十九年（1930年）等各个时期当地四十种食品、八种燃料、十四种衣料、十三种建筑材料的价格变动作了统计。四、注意反映人民疾苦。如四川《荣县志》记土地集中情况，江苏《宝山县续志》记赋役的繁重，广西《桂平县志》记苛捐杂税，云南《宣威县志稿》记地主和官吏的额外勒索，山东《胶澳志》记农民流亡等。五、保存了一些地区的农民和工人等反帝反封建斗争的史料。如河北《固安县志》、《涿州志》、《霸县志》记义和团的斗争，河南《重修信阳县志》记白朗起义，安徽《涡阳县志》记捻军，河北《南宫县志》记农民的抗税抗捐斗争等。六、反映了帝国主义的侵略活动和我国人民的反帝斗争。如浙江《定海县志》、安徽《芜湖县志》记教会侵吞土地罪行，黑龙江《瑷珲县志》、《黑龙江志稿》记反抗沙俄暴行斗争，吉林《临江县志》、《辑安县乡土志》记抗日斗争，都有珍贵的史料价值。

两千年来地方志发展演变的历史过程，大体上可以作如下概括：我国方志起源于战国，经过两汉、魏晋南北朝时期的发展，到隋唐时渐趋于成熟，至两宋而体例完备并定型，明清两代的成就则在于普及和提高，民国时期仍沿袭旧的修志传统，而在内容和体例上有所创新。综观我国地方志源远流长，代代相传，方志著述，卷帙浩繁，为世界所仅见。当然由于时代和阶级的局限，旧方志包含有很多糟粕，我们的任务是，在马列主义、毛泽东思想指导下，披沙拣金，去伪存真，批判地继承祖国这一重要文化遗产。

六、旧方志的局限性

我国编纂地方志具有悠久的历史传统，它的数量之巨，种类之多，地域之广，内容之丰富，在世界上是无与伦比的。我们必须运用马克思主义的立场、观点和方法，批判地继承这份珍贵的文化遗产。但我国保留至今的八千余种旧方志，和浩如烟海的旧史籍一样，绝大多数都是出于地主和资产阶级的文人、学者之手，始终未能超越唯心史观的思想体系。

旧方志虽然是属于资料性的著述，但绝大多数都是在地主阶级的封建思想的指导下编纂的。按照地主阶级的意志，通过记人记事，宣扬三纲五常，表彰忠、孝、节、义，以维护地主阶级的封建道德、封建秩序和封建统治。正如封建时代地主阶级编修的国史，是为封建的帝王将相作"起居注"，各地编修的方志，则是为封建的地方官僚、士绅续传记和家谱，以封建的地方官僚、士绅的活动为中心。

旧方志大都首列"皇言"、"宸翰"、"圣制"和"恩泽"，次列"职官"、"名宦""循吏"和"乡贤"等类目，为地主阶级的圣明天子歌功颂德；为地方的官僚、士绅树碑立传。接着，便是"选举"、"官署"、"祠祀"和"陵墓"等类目，连篇累牍记载的是地方官僚、士绅的活动，他们的思想动机决定着地方历史的命运，而广大人民群众在旧方志中，只不过起着陪衬和点缀的作用而已。地主阶级只准劳动人民做俯首帖耳、任人宰割的"顺民"、"良民"，如果谁敢于起来反抗封建剥削和压迫，即被视为"大逆不道"，被污蔑为"盗"、"贼"、"匪"、"寇"，而遭到口诛笔伐。

旧方志一般都列"忠烈"、"孝义"和"烈女"等类目，表彰"忠臣"、"义士"、"孝子"、"烈女"的功德。往往以很大的篇幅，记载义士为封建王朝效死，孝子、孝女为父母割股治疾，妻子为丈夫守节，奴仆为主子效忠的人和事，大肆宣扬封建的伦理道德，特别是大肆宣扬妇女的"贞节"观，动辄开列数百人的名单。这种封建的旧礼教，成为套在广大妇女身上的无形的精神枷锁。总之，在旧方志中，人民群众的形象被歪曲成受帝王将相和官僚、士绅主宰的一群"群氓"。

旧方志对于国内少数民族，充满歧视观点。用字上，多加侮辱的称谓。如余绍宋在民国二十五年（1936年）完成的

《龙游县志》序列中说："畲氏本属异族，不必入志。"就是反映民族歧视的一个典型例子。

旧方志一般都列"户口"、"物产"、"田赋"、"漕运"和"关税"等类目，作为封建统治者对人民群众进行剥削的依据；为了满足地主官僚骄奢淫逸腐朽生活的需要，旧志突出"山水"、"园林"、"名胜"、"古迹"等类目，介绍"八景"古刹、奇花异木和珍宝古玩，根本不记载或很少记载人民群众的生产和生活，忽视社会经济状况。

在旧志中，最能反映当地风俗民情的歌谣、地方剧、曲调、音乐、绘画等类，往往被视为有伤风化。生产过程中的创造发明和工具改革，也往往被认为是雕虫小技或奇器淫巧，没有给以适当的位置。

旧方志专列"祥异"、"杂记"等类目，宣扬"天人感应"的虚妄邪说。对自然现象的变异，如彗星的出现、陨石的降落、地震的爆发，都说成是"上帝"的意志，都会影响到社会的安全和政局的稳定。在其他类目中，也都渗透了迷信落后的成分，如两龙相斗、牛产麒麟、桑树变蛇以及生死轮回、因果报应的佛教思想等等，赤裸裸地宣扬唯心主义。

总之，在旧方志中，占支配地位的是糅合了天命论的唯心史观，根本不承认社会历史发展的规律，一笔抹煞人民群众的历史作用。

当然，这并不排斥在我国古代和近代一些具有唯物主义倾向的进步学者重视社会经济，关心国计民生。在他们编纂的地方志中,保存了一部分有关自然条件、生产斗争、阶级斗争和民族斗争的有价值的资料,并试图用唯物主义观点解释某些社会历史现象,但是从总体上看,并未越出唯心史观的思想体系。正如毛泽东同志所说:"在很长的历史时期内,大家对于社会历史只能限于片面的了解,这一方面是由于剥削阶级的偏见经常歪曲社会历史。另方面,则是由于生产规模的狭小,限制了人们的眼界,人们能够对于社会历史的发展作全面的历史的了解,把对于社会的认识变成了科学,这只是到了伴随巨大生产力——大工业而出现近代无产阶级的时候,这就是马克思主义的科学。"[①] 长期以来,唯心史观所以能够在旧方志的领域内占据统治地位,是有着深刻的阶级根源和历史根源的。剥削阶级的偏见,是唯心史观的阶级根源。在阶级社会中,不同的阶级都会站在各自阶级的立场上解释历史。封建地主阶级为了维护其本阶级的利益,总是把封建的压迫和剥削说成是天经地义的事,并为之制造"天人感应"、"君权神授"的理论信条,这就必然导致唯心史观。生产规模的狭小是唯心史观的历史根源。在资本主义的大机器生产出现以前,真正近代意义的自然科学尚未产生,这种低下的生产力水平,限制着人们对自然界的认识,也限制着人们对社会的认识。很多旧方志,虽然记载了当地很多有关

---

① 《实践论》,《毛泽东选集》第一卷,人民出版社一九六七年北京版,第二六〇页。

自然现象的资料,但他们不可能作出正确、科学的解释。所以,在马克思主义产生以前,在旧方志的领域内,唯心史观长期占据统治地位,是一种历史的必然现象,了解这一现象,将有助于我们更好地批判继承这份文化遗产。

第二节 历代的方志学研究

方志学的最初萌芽和最终形成,是和各个历史时期的修志实践密切相连的,方志学也是随着地方志的发展和成熟而逐渐成熟的。

严格说来,方志学作为历史学中的一门新学科,是到了清代才由章学诚确立起来的。在清代以前,还谈不上对方志学有专门系统的研究。但是,古代学者在当时的历史条件下,适应编纂方志的需要,或对以往志书有所评议,或对修志工作各抒其见,都涉及某些编纂方志的理论问题,并且对后世产生了一定影响。章学诚正是吸取了历史上编纂地方志的实践经验,汇集了历代学者方志理论研究的成果,结合自己的修志实践,提出了自己的许多见解,才建立起比较系统、完整的方志学理论来的。所以,追溯前人在修志实践中获得的经验和理论认识,对于探索中国方志学形成的历史,对于我们继承旧方志学这份文化遗产,建立马克思主义的新的方志学,是完全必要的。

第二章 历代的方志编纂与研究

一、清代以前对方志理论的研究

(一)汉魏隋唐时期

魏晋以前,由于缺乏直接的文献记载,只能从有关的史实中作一些探索。我们知道,周代有负责掌握"四方之志"的"外史"。所谓"四方之志",就是当时诸侯各国的历史。这个事实说明,地方志一发端,便作为官家之书,且有"外史"专司其事。这说明,周王朝的最高统治者已经意识到地方志的价值和作用。这样的认识和做法,成了隋唐以后官修志书的滥觞的原因,对后世的影响是深远的。战国时所写的《禹贡》,是用自然分区的方法记述当时我国的地理情况,内容很简略,只是全国性区域志的雏形。一九七三年湖南长沙附近马王堆出土的汉初地形图,是我国现存较早的地图;据专家研究,这个图画得很正确,它与《水经注》、唐宋总志有关记载完全符合①。西汉末年班固撰的《汉书·地理志》,内容比《禹贡》充实完备,总结了《禹贡》以来的旧文传说及近百年的有关资料,是系统详明的全国性区域志。这些早期的图志,都侧重在地理方面。用自然分区方法记述地理情况,精确的绘图技能和总结广泛资料撰志,都反映了当时编纂方志的理论认识和实践能力,表明那时候的志家们,对于如何

---

① 谭其骧:《地方史志不可偏废,旧志资料不可轻信》,《江海学刊》一九八〇年第三期。

编好方志的问题，是经过一番探索功夫的。东汉袁康、吴平等编写的《越绝书》，所记多及人事活动，兼具了史、志的规模。东晋常璩的《华阳国志》，记述远古到东晋穆帝永和三年（347年）期间的巴蜀史事；南朝梁宗懔的《荆楚岁时记》，则专记了两湖地区岁时节令风物故事。这两部当时的方志名作，较前又有变化发展。志书体例的这种沿革变化，固然与政治、经济的发展相关，也反映出方志编纂学的发展状况。

各个时期官私修志的相继兴起，说明当时人们对于方志的价值和作用已有一定的认识。汉高祖刘邦攻克秦都咸阳时，他的得力助手肖何发现秦宫中藏有不少地图，便立刻收藏了起来。刘邦因此得以了解掌握天下的形势、各地的人口及贫富情况。据此可以推知，方志在军事方面也是有其意义的。从现有材料来看，最早阐发方志的价值和作用的，要算东晋的常璩。他在《华阳国志·序志》里说道："夫书契有五善：达道义、章法戒、通古今、表功勋而后旌贤能。"这番话，明白道出了封建时代地方志传述忠孝节义，维护纲常礼仪，巩固封建统治的性质。《春秋》彰善瘅恶之义，太史公"通古今之变"的法度，昭然可见。可以认为，这是常璩对往昔志书作用所作的概括和总结，也是对修志工作提出的规范和要求。

隋唐时期，国家明令修志，并根据封建统治的需要，在编纂上强调求实。例如关于"方志"这个概念，张铣在为《文选·吴都赋》中"方志所辨，中州所羡"一语作注时，就

第二章 历代的方志编纂与研究

说:"方志,谓四方物土所记载者。"认定方志就是地方性资料的准确记载。这种求实之风,在方志评价方面,表现得也很突出。

例如颜师古注《汉书·地理志》,说:"中古以来,说地理者多矣,或解释经典,或撰述方志。竞为新异,妄有穿凿,安处附会,颇失其真。"李吉甫在《元和郡县图志》自序中也说:"古今言地理者凡数十家。尚古远者或搜古而略今,采谣俗者多传疑而失实,饰州邦而叙人物,因丘墓而征鬼神,流于异端,莫切根要。至于丘壤山川,攻守利害,本于地理者,皆略而不书。"刘知几《史通·杂述篇》也指出:"郡书者,矜其乡贤,美其邦族。""地理书者,人自以为乐土,家自以为名都,竞美所居,谈过其实。"这些史志学家都指出了地理书与方志中巧伪失实的问题,反映了求实的意愿。可见求实已是当时纂编方志和评论方志的准则,这是从以往志书中总结出来的教训,也是在国家明令修志之后,封建统治者对志家们提出的基本要求,因为只有内容真实,对治理国家和军事活动才有参考价值。

唐代志家在编纂方志时,注意适应封建统治的需要,使方志为封建政治服务。李吉甫"审户口之丰耗",纂成《元和图计簿》;之后,又"辨州域之疆理",续撰《元和郡县图志》[①],分项记载了唐宪宗元和年间四十七镇的府、州、县、

---

① 《元和郡县图志·自序》。

户、沿革、山川、道里、户口、贡赋、古迹等，成为一部影响甚大的名志。他对于编纂方志为封建国家的政治服务，不但有明确观念，而且笃实力行。他认为，版图地理是"成为今之务，树将来之势"的切要之举。编纂方志时如果对于"丘壤山川，攻守利害，本于地理者，皆略而不书"，就不能"佐明王扼天下之吭，制群生之命，收地保势胜之利，示形束壤制之端"。① 他编纂的《元和郡县图志》等书，就是在这种基本认识的基础上撰就的。周中孚为《元和郡县图志》作跋，盛赞"其书详略得中，记叙有法"，美誉他"尝图河北淮西地形以献，俾宪宗得坐揽要害，而收经略诸镇之效"。② 和李吉甫同时代的元稹，同样很重视编纂方志要为封建国家的政治服务。他在《进〈西北图经〉状》和《进〈西北边图〉状》里，极言《西北图经》和《西北边图》有"衽席之上，欹枕而郡邑可观；游幸之时，倚马而山川尽在"，"若边上奏报烟尘，陛下便可坐观处所"的用处。③ 唐代志家们这样重视编纂方志，其出发点就是要利用方志为封建政治服务。李吉甫、元稹等人，本身是当时的封建官僚，李是唐宪宗时的大臣，元和二年（807年）任中书侍郎同平章事，六年且再任宰相；元稹也曾任监察御史，官至同中书门下平章事。他们强调编志为封建国家的政治服务，是很自然的。

---

① 《元和郡县图志·自序》。
② 《郑堂读书记补逸》卷十一。
③ 《元氏长庆集》卷三十五。

（二）两宋时期

宋代是方志盛行的时期，不仅官修方志，私家著述也很发达，在修志的组织、规模、体例和内容方面，都远远超过了隋唐。张国淦先生说："方志之书。至赵宋而体例始备。举凡舆图、疆域、山川、名胜、建置、职官、赋税、物产、乡里、风俗、人物、方伎、金石、艺文、灾异、无不汇于一编"，不像隋唐以前那样"多分别单行，各自为书"、门类只限于"地图、山川、风土、人物、物产数种"。① 这就是说，地方志已由"地理"扩充到人文、历史方面，人物志和艺文志在地方志中开始占有重要地位。宋代方志在体例方面，上承《史记》、《汉书》的余绪，下为后世方志编纂创立了基础，在地方志发展历史上，有继往开来的意义。

有宋一代，由于方志盛行，积累了丰富的修志经验。因而诸家对于编志的讨论很热烈，其中讨论最多的，便是关于编志的目的和意义，以及如何编纂方志的问题。

为什么要编纂方志？编纂方志有什么意义呢？马光祖说是因为地方志"有补于世"，"忠孝节义，表人材也；版籍登耗，考民力也；甲兵坚瑕，讨军实也；政教修废，察吏治也；古今是非得失之迹，垂劝鉴也……"②。郑兴裔为郑少魏、姚一谦的《广陵志》写序，也说得很明白："郡之有志，犹国之

---

① 张国淦：《中国古方志考·叙例》，中华书局上海编辑所。
② 马光祖：《景定建康志·序》。

有史，所以察民风，验土俗，使前有所稽，后有所鉴"，不特在"天子采风问俗"时可"借以当太史之陈"，而且还可使"后之来守是邦者，亦庶乎其有所据依"。刘文富《严州图经》（亦称《新定志》、《新定图经》）自序，则直接指出修志是为"告后之为政"。这些说法，都是从"资政"的意义上阐发编志宗旨。另外，还有人指出了地方志在封建道德思想教育方面的作用，例如吴子良《赤城续志·序》所谓"诠评流品，而思励其行"，"悟劝诫而审趋舍"①，董弅《严州图经》自序所谓"承学晚生，览之可以辑睦而还旧俗；宦达名流，玩之可以全高风而励名节"，都指出地方志借先哲往事对后人有砥砺名节、正风定俗的作用。王象之更有其发他人所未发之见解。他指出，过去"言地理者……不过辨古今，析同异，考山川之形势，稽南北之离合，资游谈而考辨博"，各有局限性。因此，他提出了"收拾山川之精华，以借助于笔端，取之无尽，用之不竭，使骚人才士，于一寓目之顷，而山川俱若效奇于左右"的主张②。宋代志家们所论议的方志在资政、教化等方面的作用，在今天看来，虽然还未能概括全面、但在七百多年前，便阐幽探微，揭示宏旨，确是难能可贵的。

在研讨探究地方志作用和意义的同时，宋代志家们对于如何编纂方志的问题，也在实践中进行了摸索和总结。周应

---

① 《台州经籍志》卷十三。
② 王象之:《舆地纪胜·序》。

合撰就《景定建康志》后，写了《修志本末》，说明在编纂方志的过程中，必须做好四件事，即："定凡例"、"分事任"、"广搜访"、"详参订"。就是要确定体例，明确分工，进行调查访问，认真考订核实材料。这是科学的做法。他在《修志本末》中还援引别人的话，指出：志书应"削去怪妄，订正事实，崇厚风俗，表章人材"。对编志工作来说，这个要求是合宜的。

志书中应当编入哪些内容？各种内容又该怎样安排？这是事关志书质量高下的问题，宋代志家们在实践中也各献其智，各尽所工，不拘于某一成例，力图撰写出富有特色的佳作。《景定建康志》的做法是"先修《留都宫城录》，冠于书首"，依次为地图、年表、十志、十传；"传之后为拾遗，图之后为地名辨"，表之纬又有"时"（年时甲子）、"地"（疆土分合、都邑更改，即地理沿革）、"人"（牧守更代、官制因革）、"事"（著成败得失之述，以寓劝诫）等四个方面①。而《舆地广记》则"凡自昔史官之作，与夫山经地志，旁见杂出，莫不入于其中"，做到了"统之有宗，会之有源"，"繁而不能乱，众而不能惑"。②《四库全书总目》称其为"体例特为清析"，"端委详明，较易寻览"的"佳本"。《舆地纪胜》"以郡之因革，见之编首，而诸邑次之，郡之风俗又次之，其

---

① 周应合：《景定建康志·修志本末》。
② 欧阳忞：《舆地广记·序》。

他如山川之英华，人物之奇杰，吏治之循良，方言之异闻，故老之传说，与夫诗章文翰之关于风土者，皆附见焉"①。乐史《太平寰宇记》，是世人称道的志书佳作，与《元和郡县图志》齐名。它杂取山经地志，采摭繁富，惟取赅博，除因袭《元和郡县志》门类外，又增加风俗、姓氏、人物、土产等门，正如《四库全书总目》所说："列朝人物，一一并登，至于题咏古迹，……亦皆并录。"大大地丰富了地方志的内容，开后世地方志中立人物、艺文之例，为后来总志体例所沿据，所谓"地理之书，记载至是书而始详，体例亦自是而大变"，确非虚誉。此外，王存等奉敕撰写的《元丰九域志》十卷，也是较好的一部志书，周中孚曾为之作跋，称它"于地理、户口、土贡以及州县之等第，无不备载，叙述简括，条理井然，而体例介于元和、太平二志，宜最为当时所重也"。《四库全书总目》引赵与时《宾退录》，称其"土贡一门，备载贡物之额数，足资考核，为诸志之所不及"。南宋《新安志》以体例完备著称。《新安志》撰著者罗愿，对志书的编纂颇具见识，他说："夫所记山川道里者，非以言广也，务知险易，不忘戒也；其录丁口顷亩，非以览富厚也，务察息耗，毋鱴夺也；其书赋贡物产，非以给嗜欲也，务裁阔狭，同民利也。至于州土沿革、吏治得失、风俗之微恶与其人材之众寡，是皆有微旨，必使涉于学者纂之……若直抄取计簿以为书，则

---

① 王象之：《舆地纪胜·序》。

凡吏之善书者,足以次之矣,其施于事亦然。若直据令甲以为治,则凡吏之毋害者足以听之。盖世常以为此无事乎儒,而儒亦卒不可废于世也,岂特此哉?"① 他反对把志书简单地变成资料汇抄,主张要经过编纂者的加工,有取舍,有观点,所以编纂执笔者应该具备一定的学术水平。罗愿的这些观点,距今已八百年,仍不失为有价值的见解。

宋代志家的这些见解,促进了编志实践活动的开展,使宋代成了地方志著作体例大致定型的重要时期,对后来方志学的形成,起了先驱的作用。

(三) 元明时期

元代继宋之后,在修志实践和理论探讨方面,都有新的进展。如前述,元代发端的官修总志《大元大一统志》,为以后《大明一统志》的纂修创设了蓝本。元朝政府编纂这部长篇巨制的目的,据许有壬奉敕撰写的《大一统志序》云,是为了"垂之万世,知祖宗创业之艰难;播之臣庶,知生长一统之世",能"各尽其职","各尽其力",达到"上下相维,以持一统"的效益。② 这就是说,是为了元政权能长治久安,基业永固。但是,真正能体现元代编志实践和方志理论的成就,是元代方志在内容体例和评论方面的发展。

元代志书的内容和体例,都很重视实际效用,李好文

---

① 罗愿:《新安志·序》。
② 许有壬:《圭塘小稿》卷五。

《长安志图》就是一个例证。作者以"图为志设"为主旨，总共编入二十二幅图。他对于"泾渠之利"特别重视，认为这是"泽被千秋"、不可遗漏的内容。这本志书卷下有：泾渠图说序、泾渠总图、富平石川溉田图、泾渠图说、渠堰因革、洪堰制度、用水则例、设立屯田、建言利病、总论等目，周中孚称这些内容"皆为一方民生国计立论"。像这样高度重视农田水利设施的方志之作，确实是十分难得的。和《长安志图》一样讲求实用的，还有《至顺镇江志》。它的体例大致取法宋代的《嘉定镇江志》（即《嘉定志》），但网罗搜资，却立足元代现实，因该地"在元为财赋之区，故此书物产土贡，胪陈名状"①，特为周详，有因时志要的优点。也有人从资政和教化的要求出发，阐扬了地方志所应发挥的作用。例如元统二年杨敬德《赤城元统志序》就说："著星土、辨缠次，而休咎可征矣；奠山川，察形势，而扼塞可知矣；明版籍，任土贡，而取民有制矣；诠人物，崇节义，以彰劝惩，而教化可明矣。"②再如郭应木谈到《宝安志》时，也表示：后人看了《宝安志》，将会议论起"某也仁，某也暴，某也廉，某也贪，某也才，某也阘茸"，使"闻之者足以戒"。③杨、郭二人，分别是二志的撰者和主修者，他们对于编志的要求，讲究志书的实际效用，还是可取的。

---

① 阮元：《揅经室外集·四库未收书提要》。
② 《赤城后集》卷二十九；又弘治《赤城新志·典籍》。
③ 《道光广东通志·艺文略·史部》。

第二章 历代的方志编纂与研究

在方志理论探讨方面，元代出现一个新的特色，就是在评论方志中，表露一些关于编纂方志的见解。例如许汝霖撰《嵊志》，在自序中批评宋代高似孙《剡录》"择焉不精，语焉不详"的缺点，具体指出："纪山川则附以幽怪之说，论人物则偏于清放之流。版图所以观政理，而仅举其略；诗话所以资清谈，乃屡书不厌；他如草木禽鱼之诂，道馆僧庐之疏，率皆附以浮词而过其实。"这些意见，实际上是在阐明选材须精，详略要当，反对虚妄怪诞，厉行朴实质直的修志主张。他认为，非这样做，方志是无法"垂则后世，启览者之心，使知古今得失之归"的①。此外，还有对方志名目和体例源流各抒所见的。如戴良认为："古者郡国有图，风土有记，所以备一方记载。今之志书，即古之图记也。"②杨升云认为："为图于首，则职方氏之遗意也。列志于后，则班孟坚之家法也。"③这些论说，反映了元代对方志理论探讨的广阔。

沿及明代，方志之作越来越多，"郡邑莫不有志"，但是佳作却极少。是什么原因呢？有的认为，这是由于明代方志"不师宋志良规，自我作古"的缘故。④实际上，方志理论研讨之风不盛，是一个重要原因。从有关的文献资料来看，当时，有些人虽然间或也谈论过一些关于编纂方志的问题，但

---

① 许汝霖：《嵊志·序》，见《康熙嵊县志》旧序。
② 戴良：《重修琴川志序》，见《光绪常昭合志稿》卷末"总叙"。
③ 杨升云：《瑞阳志序》，见《正德瑞州府志》旧序。
④ 傅振伦：《从敦煌发现的图经谈方志的起源》，《兰州大学学报》一九八〇年第二期。

大都着眼于地方志的政治作用，从各方面说明地方志是"有系于政而达之于政"的著述。许多修志者都认为，地方志是属于史类的，曾经担任过陕西巡抚的猗氏人乔应甲就说过："邑之有志，即国之有史，家之有谱"，并且发出了"不谱之家无统，不史之国何征"的质问，① 强调修志的必要性。也有人直截地指出了方志的功用，认为它可以使官宦士绅"洞隆替之原，而施补救之术"②，作为加强和巩固封建统治的镜鉴。宣德年间的翰林院修撰张洪，在《重修琴川志》的序言里也说："郡县之有图籍"，是"为政者不可废"的，因为"凡山川之险易，土壤之肥瘠，物产之美恶，民庶之多寡，按图考籍，可得而知之也"。他在这篇序文中，还举例详细说明志书有两方面的重大用处，一是可以计"道里远近，钱粮事民之数"，利于对人民实行统治和剥削；二是便于在凶荒之岁移丰济歉，在变乱之中发兵弭平，利于安定社会，巩固统治③。康海也明确指出："志者记也，记其风土文献之事，与官乎斯土者，可以备极其改革，省见其疾苦，累行其已行，察识其政治，使天下为士大夫者读之足以兴，为郡邑者读之足以劝，非以夸灵胜之迹，崇奖饰之细也。"④ 由于当时志家学者对方志的政治作用极为重视，所以，客观上就促使不少人趋向时

---

① 乔应甲：《万历猗氏县志·序》。
② 荆州俊：《万历猗氏县志·序》。
③ 《光绪常昭合志稿》卷末"总叙"。
④ 康海：《朝邑志序》。

尚，竞相修志，迎合封建统治者的需要。但由于多数志书是趋时而出的，所以，就难免有诸多弊病瑕疵。景泰御制《寰宇通志序》就指出：一些纪胜览胜之类志书，"皆迷于偏方，或成于一手，非详于古则略于今，非失简便则伤于浩繁，不足以副可坐而得之意"。这种情况，引起了一些人的注意，并曾试图从理论上进行探讨，寻求解决的良方。焦竑的《澹园集》就曾在志例方面发过片断之议。阐发得较为明确、较为全面的，要算嘉靖《曲沃县志》的主修者刘鲁生。他指出：一部好方志，应该"其载欲悉，其事欲核，其书欲直"。也就是说，记载要尽其所有，无所不包；事实要仔细查对，翔实确凿；并且要是是非非、敢于秉笔直书。他认为，要编好一部志书，"必广询博采，而后无遗迹；循名责实，而后无讹传；义正词确，而后无赘语；类序伦分，而后无乱章"①。这些经验之谈，即使在今天也仍然有参考价值。此外，"实录直书"的修志主张，颇为当时志家学者所强调。例如嘉靖《太原县志·凡例》就要求"据事直书"，"不著论断"。襄陵教谕吕调元也说："郡邑有志，犹国有史，所以彰往昭来，贵实录也。"② 这些论述，在一定程度上丰富和发展了方志理论。

编写地方志，贵在材料详备。因此，及时搜集材料并据以编修方志是十分重要的。江西巡抚陈洪谟在嘉靖《江西通志序》

---

① 刘鲁生：《嘉靖曲沃县志·序》。
② 吕调元：《隆庆襄陵县志·序》。

中，对这一点曾有专门议论。他认为："流光易迈，恒性健忘，倏忽之间，遂成陈迹。通都大众之中，求之数年之前，已遗其四五；穷乡下邑，学士大夫之所罕及，而欲取证于数年之前，其所遗亦多矣。志之修之，不可后也。"这种重视及时搜集材料的意见，作为历代方志理论的一个补充，也极有价值。

以上事实说明，明代中叶以还，一些志家学者有鉴于地方志存在芜杂冗滥的毛病，曾经试图纠偏扶正。为此，不但在修志实践中有康海《武功志》、韩邦靖《朝邑志》的简括改革，而且在修志理论方面也付出了辛勤的劳动。

统观清代以前对方志理论的研究，约略可以窥见一个事实，即：修志实践和方志理论研究，是后先出现、彼此依存、相互促进的，历代志家、学者在这方面的辛勤劳动，为后来清代方志学的形成和兴起，起了披荆斩棘、开掘源流的作用。

二、清代方志学的建立

清代是方志发展的鼎盛时期，也是方志学形成的重要时期。

康熙、乾隆、嘉庆三朝，三次编修、续修《大清一统志》。每一次编修，清政府都先行诏令全国各地编修地方志。在清王朝的积极倡导下，各省通志、府州县志，甚至镇志、乡村志、盐井志、寺观志等应时而出。修志工作的广泛、持续开展，文人学者积极投身于方志编纂，不仅促进了清代地方志的蓬勃发展，佳作迭出，大大地提高了地方志的学术质量，也使方志理论研究深入地开展起来。清代以前对方志理论的研究，大都从志书的序、跋、凡例中反映出来，清代则开始出现了专门的方志理论论著。

(一) 清初学者对于方志理论的研究

早在清代初年，著名学者顾炎武就在研究、整理地方志的基础上，撰写了《天下郡国利病书》和《肇域志》两大名著，开创了综合研究和利用地方志的道路。顾炎武还总结前人修志的经验，指出了正确的修志方法。他在《营平二州史事序》里曾讲到："昔神庙之初，边陲无事，大帅（指戚继光——引者）得以治兵之暇，留意图籍，而福（指福建——引者）之士人郭造卿在戚大将军幕府，网罗天下书志略备；又自行历蓟北诸边营垒；又遣卒至塞外，穷濡源，视旧大宁遗址还报，与书不合，则再覆按，必得实乃止，作《燕史》百三十卷，文虽晦涩，而一方之故，颇称明悉。"顾序实际上总结了明清两代之得失，替以后各地修志指明了方向，为乾嘉时期"方志学"的形成打下了基础。近代的方志学家黄本诚和王葆心对顾序也十分推崇。黄认为这是顾氏修志的旨要，并将它概括为五点：（一）修志的人要有一定的学识；（二）要网罗天下书志以作参考；（三）要深入现场进行调查研究，反复勘对，必得其实而后止；（四）要有充裕的时间；（五）文字要通俗易懂。①

---

① 参阅朱士嘉：《顾炎武整理研究地方志的成就》，《文献》一九八一年第七期。

康熙初年任保和殿大学士的曲沃人卫周祚，曾先后为《曲沃县志》、《长治县志》写了序言。他在《长治县志》序言中，指出了地方志为"天子明目达聪之助，以永扶大一统之治"的重要作用。在《曲沃县志》序言中，又提出著名的修志"三长"之论。他说："尝闻作史有三长，曰：才、学、识。修志亦有三长，曰：正、虚、公。"所谓"正"，就是说修志者必须刚正不阿，不曲从权贵；所谓"虚"，就是说修志者要虚己受人，广泛集纳众人的意见，不要主观和武断；所谓"公"，就是说修志者主持公道，不为门户之见所左右。有此三长，而又有史才、史学、史识以济之，编出来的方志，质量就有保证，也能经得起历史的检验。诚然，在封建社会里，要做到"三长"是困难的，但能认识并公开提出这样的理论，却值得肯定和赞赏。康熙时，安庆知府张楷等为编写《安庆府志》，曾立有"誓词"，他们为了"成一郡之信史"，"表扬潜德，采拾幽芳"，表示了"勿以内举而引嫌，勿以亲知而滥及"[①]的决心，从实际上提出了修志者的"志德"问题，反映了我国传统的"史德"观念在编志实践中的影响。

雍正时的方苞在《与一统志馆诸翰林书》中，阐明了修志的许多原则，指出：（一）体例要统一，"体例不一，犹农之无畔也"。志书出于众手。如"各执斧斤，任其目巧，而无规矩绳墨以一之"，是不行的；（二）要由博返约，提倡简明；

[①] 《康熙安庆府志·誓词》。

（三）强调方志资料的可靠性。要求作艰苦细致的校勘工作①。这些原则，对于指导修志工作，是有重要意义的。

（二）乾嘉时期的考据学派与史志学派

清代初期志家、学者在方志理论方面的研究和论议，上承历代方志理论成就的宝贵遗产，下启乾嘉时代研究方志学的端绪。谢启昆的《广西通志》，就是在这个良好基础上问世的。梁启超以其"首著叙例二十三则，遍征唐、宋、明诸旧方志门类体制，舍短取长，说明所以因革之由，认修志为著述大业"，因而指出："注意方志之编纂方法，实自乾隆中叶始。"② 乾嘉时期，除文人学士参加编纂地方志外，有不少志书是由地方官吏与封建士绅联合编写的，他们所修各志，率多因袭，很少创见，缺乏明确的理论指导。而对后世影响深远的是以戴震为代表的考据学派和以章学诚为代表的史志学派的方志理论和修志方法。

关于考据学派：清王朝在全国的统治确立后，为了防止和镇压知识分子的反抗，实行了残酷的文化专制主义，来谋求自己的长治久安。他们往往从当时人的诗文著述中摘取字句，罗织罪名，大兴文字狱。康熙二年（1663年）的庄廷鑨"明史之狱"，康熙五十一年（1713年）的戴名世"南山集之

---

① 朱士嘉：《谈谈清代学者论述修志的问题》，载《中国地方史志通讯》一九八一年第五、六期合刊。

② 《清代学者整理旧学之总成绩·方志学》（《清代学术概论》）。

狱"，雍正七年（1730年）的吕留良、曾静之狱，都是当时著名的政治事件。到了乾、嘉年间，专制统治达到了高峰，文网之严密，罗织之苛细，前所未有。许多知识分子在惊悸之余，被迫走上了学术和现实相脱离的道路，埋头故纸堆中，从事于训诂、考据，所谓"著书都为稻粱谋"，便是他们在困厄中寻求生活出路的无奈心情的真实写照。梁启超说："然英拔之士，其聪明才力，终不能无所用也。诠释故训，究索名物，真所谓'于世无患，于人无争'，学者可以自藏焉。"① 正是在这样的客观形势和沉闷气氛中，加以社会经济生活比较稳定，提供了客观条件，考据学遂一时兴起，而形成考据学派。有些学者并以此方法进行地方志的编纂，着重考证地理沿革与方位，因而也被称为地理学派。这一学派的主要代表人物，有戴震、钱大昕、孙星衍、洪亮吉等人。

戴震（1723—1777年），安徽休宁人，字东原。乾隆间，清政府开馆修《四库全书》，特召为纂修官。他博闻强记，学术上有多方面的成就，对经学、语言学有重要贡献，尤精于名物训诂，从训诂探讨古书义理，发展了清代考据学的谨严学风，卓然为一代考据大师。他在古地理的研究方法上，有发明和开创之功。清代文字训诂学家、经学家段玉裁在《戴东原先生年谱》中，对此曾详为阐说："国朝之言地理者，……而先生乃至其上。盖从来以郡国为主而求其山川，

---

① 梁启超：《清代学术概论》。

先生以山川为主而求其郡县。其叙《水经注》曰：'因川源之派别，知山势之逶迤，高高下下，不失地阞。'为《汾阳志》发凡曰：'以水辨山之脉络，而汾之东西，山为干、为枝、为来、为去，俾井然就序。水则以经水统其注入枝水，因而遍及泽泊井源。令众山如一山，令众川如一川，府境虽广，山川虽繁，按文而稽，各归条贯。'然则先生之《水地记》固将合天下之山为一山，合天下之川为一川，而自《尚书》、《周官》、《周礼》、《春秋》之地名，以及我国历代史志建置沿革之纷错，无不以山川之左右曲折安置妥帖，至迹而不乱。"从所介绍的这些内容中，我们得以明白：以水系辨山脉，以山川形势考察郡县建置和地理沿革，是戴震独到的地理学见解，这是他研究整理《水经注》的成果，也是他编写地方志实践经验的总结。

钱大昕（1728—1777年），江苏嘉定人。他的修志论点主要有：（一）占有充足的资料；（二）通晓前代的官制，(三)辨别古今地名异同；（四）注重人物考订。他主张人物依时代为次，不必分类；其可征信者入正文，两存者分清，舛讹者驳正，列本条下。另外，钱大昕还主张修志要秉笔直书，"不私其亲"。

孙星衍（1753—1818年），江苏阳湖（今江苏武进）人，字渊如。是著名的考据学家，有较丰富的修志经验。在陕西省时，曾编修过《三水县志》（今旬邑县）、《礼泉县志》，并与洪亮吉合修了《澄城县志》。他撰写的《乾隆直隶邠州志》，记载了邠州（今邠县、旬邑、淳化、永寿）地区的州县建置、沿革、山川、水利、公署、寺庙、古迹、大事、钱粮、兵驿、人物、风俗等方面的情况，取材颇为广泛。但他修志重古代材料，轻视当代材料，考据虽精详，而对当时的一些社会政治经济状况却多遗漏疏缺。

洪亮吉（1746—1808年），江苏阳湖人，字君直，一字稚存，是清代经学家、文学家，通经史、音韵、训诂和地理之学，是乾嘉著名的学者。他曾整理过乾隆年间编修的府、厅、州、县志，《泾县志》、《淳化县志》、《长武县志》都是他手撰的方志名作。由于他有较多的编修方志的实践经验，所以也曾写过若干论述地方志的文章。例如他在《泾县志序》中，谈对编修方志的看法，说："一方之志，苟简不可，滥收亦不可。苟简则舆图疆域，容有不详……滥收则或采传闻，不搜载籍，借人才于异地，侈景物于一方，以致讹以传讹，误中复误。"他认为，"撰方志之法，贵因不贵创，信载籍而不信传闻，博考旁稽，义归一是"①，才是对的。

概括以上几个代表人物情况，可以看出：考据学派编修地方志的理论观点和方法，实际上就是这一学派在学术上"崇古薄今"思想和"诠释故训，究索名物"方法，在修志实践中的反映和运用，戴震说："夫志以考地理，但悉心于地理沿

---

① 洪亮吉：《更生斋文续集》卷二。

革,则志事已竟。侈言文献,岂所谓急务哉!"① 这就是说,地方志即是地理沿革的考证,而赖以进行考证的基本材料,应来源于旧的史籍。戴震的这种论调,体现了这一派的共同倾向,他们在修志实践中,对旧材料十分重视,而轻视现实材料,经常用"正史"中的有关材料作为编修方志的依据和凭借,而对反映现实状况的实际资料则不够重视,因而影响了所修志书的实用价值。考据学派重视资料的来源和体例的根据,认为资料搜集后,只要进行排比,注明出处,搞成资料汇编就可以,所以又被称为纂辑派。对于志书的类目,则都以前人的撰著为依据。如洪亮吉修志所定的类目,舆地记,系仿周舆地图记簿;职官表,系仿班固《百官公卿表》等;会计簿,系仿宋李常《元祐会计录》等;廨署志,系仿宋无名氏《廨署志》;先贤传,系仿魏明帝《海内先贤传》等;列女传系仿刘向《列女传》等;金石录,系仿宋赵明诚《金石录》等,可谓无一处无来历。

与考据学派同时的,是以章学诚为代表的史志学派。章学诚虽然也受到考据学派的影响,但他不仅限于考据地理方位沿革,而是从事于地方志理论的创立。以他为代表的史志学派的最大建树,是首先确立了方志是史,一方之志为一方全史,可供国史要删的新观念,从而破除了方志是图经、是地理书的旧观念。章学诚具有深邃的史学修养与丰富的修志

---

① 《章氏遗书·方志略例一·记与戴东原论修志》。

经验，他不仅建树了方志学理论，还创立了一套完整的修志义例和方法。系统的方志学理论是从章学诚开始建立起来的。

(三) 章学诚与方志学的建立

章学诚（1738—1801年），会稽（今浙江绍兴）人，字实斋，清代著名的史学家、思想家。他在十五六岁时，便有志于史学，认为："丈夫生不为史臣，亦当从名公巨卿执笔充书记，而因得论列当世，以文章见用于时，如纂志乘，亦其中之一事也。"① 后来，曾入湖广总督毕沅幕府，赞助编纂《续资治通鉴》等工作。他的一生精力都用于讲学、著述和编修方志。他所著的《文史通义》，与唐代刘知几的《史通》并称史学理论名著。

章学诚二十七岁时，随父纂修《天门县志》。此后，从乾隆三十八年至五十八年（1773—1793年），又陆续纂修或参修了《和州志》、《永清县志》、《大名县志》、《亳州志》、《麻城县志》、《石首县志》、《常德府志》、《荆州府志》、《广济县志》和《湖北通志》。他一生的修志事业，有人概括为："《和州志》初实现其理想，《亳州志》而体大进，至《湖北通志》而愈精审。"② 他不但长期从事编志实践，还把自己对史学方面的理论创见用于编修方志，并在总结前人修志经验的基础上，融合自己的经验体会，写出了《方志立三书议》、《州县

---

① 《章氏遗书·方志略例二·答甄秀才论修志第一书》。
② 傅振伦：《中国方志学通论》。

请立志科议》和《修志十议》等独具精思的论著，形成了一套完整的修志理论。梁启超说："能认识方志之真价值说明其真意义者，则莫如章实斋。"① 归纳起来，章学诚的方志理论，主要包括三个方面：一是关于地方志的性质和作用问题；二是怎样编纂地方志的问题；三是建立志科的问题。

1. 关于地方志的性质。

章学诚明确指出："志乃史裁。"② "方志为国史要删。"③ "部府县志，一国之史也。"④ "志属信史。"⑤ "志乃史体。"⑥ 在《方志立三书议》里，他根据《周官》"外史掌四方之志"的说法，认为像《晋乘》、《鲁春秋》、《楚梼杌》之类，都是"一国之全史"。至于这种"一国之全史"之所以称为"方志"，那是因为："国史方志皆《春秋》之流别也，譬之人身，事者其骨，文者其肤，义者其精神也。断之以义，而书始成家；书必成家而后有典有法，可诵可识，乃能传世而行远。故曰：志者志也，欲其经久而可记也。"他还说：史和志两者名称虽有不同，但"史体纵看，志体横看，其为综核一也"⑦，本质是一样的。

---

① 《清代学者整理旧学之总成绩·方志学》。
② 《章氏遗书·方志略例一·书〈武功志〉后》。
③ 《章氏遗书·方志略例一·覆崔荆州书》。
④ 《章氏遗书·方志略例一·州县请立志科议》。
⑤ 《章氏遗书·方志略例二·修志十议》。
⑥ 《章氏遗书·方志略例二·答甄秀才论修志第一书》。
⑦ 《章氏遗书·方志略例二·答甄秀才论修志第二书》。

在确定了"志"即是"史"的概念之后，章学诚还进一步辨明方志在史学上的地位和作用。他指出，史的种类是很多的，地方志只是其中的一种："有天下之史，有一国之史，有一家之史，有一人之史。传状志述，一人之史也；家乘谱牒，一家之史也；部府县志，一国之史也；综纪一朝，天下之史也。"① 由于方志属于历史学的范畴，在史学上有它的地位，所以它的作用也就当然无异于"国史"了。他在《答甄秀才论修志第一书》中说："史志之书，有裨风教者，原因传述忠孝节义，凛凛烈烈，有声有色，使百世而下，怯者勇生，贪者廉立。《史记》好侠，多写刺客畸流，犹足令人轻生增气。况天地间大节大义，纲常赖以扶持，世教赖以撑柱者乎！"就是说，方志对社会具有"经世"的作用。其次，他还指出："比人而后有家，比家而后有国，比国而后有天下。惟分者极其详，然后合者能择善而无憾也。谱牒散而难稽，传志私而多讳。朝廷修史，必将于方志取其裁。"② 方志的内容，"吏、户、礼、兵、刑、工，无所不备"，因此，"国史于是取裁，方将如《春秋》之借资于百国宝书也。"③ 方志能够起到"国史之羽翼"④、"朝史之要删"⑤ 的重要作用。

梁启超在《清代学者整理旧学之总成绩》中谈到方志学

---

① 《章氏遗书·方志略例一·州县请立志科议》。
② 《章氏遗书·方志略例一·州县请立志科议》。
③ 《章氏遗书·方志略例一·方志立三书议》。
④ 《章氏遗书·补遗·跋〈湖北通志〉检存稿》。
⑤ 《章氏遗书·外编·和州志·氏族表序例》。

时，曾说："实斋关于斯学之贡献，首在改造方志之概念。前此言方志者为'图经'之概念所囿，以为仅一地理史而止，实斋则谓方志乃《周官》小史、外史之遗，其目的专以供国史取材，非深通史法不能从事。"章学诚首先提出方志是地方史的重要创见，探明了地方志的性质，从而引申出整套系统的地方志理论来，为我国方志学的创建奠定了基础，其贡献是巨大的。

章学诚和考据学派编修地方志的理论观点是不同的，两派曾发生过争论。章学诚对戴震"志以考地理"的观点，作了有力的批驳。他指出："方志如古国史，本非地理专门。如云'但重沿革，而文献非其所急'，则但作沿革考一篇足矣，何为集众启馆，敛费以数千金，卑辞厚币，邀君远赴，旷日持久，成书且累函哉？"他还进一步说明，考沿革要以过去的典籍为基本材料；这些典籍，现在人人都可以利用它来考证沿革的情况，即使我们今天在叙述沿革方面有差错不当的地方，后人还是可以利用典籍来考证订正的。但是，对于一方的文献来说却不一样，如果不及时搜集起来，或者编排得不得法，取舍不得当，那么以后便有散失难查，湮没无闻的危险。所以，"考古固宜详慎，不得已而势不两全，无宁重文献而轻沿革耳"①。

2. 对于如何编纂方志的问题，章学诚的论说很多，主要

———————

① 《章氏遗书·方志略例一·记与戴东原论修志》。

有以下数端：

史家法度 在明确"志为史体"、"志乃一方之全史"，认定"志"即是"史"的前提下，编修方志要严格遵守"史家法度"。

章家诚认为："志者，史之一隅，州志，又志之一隅也。获麟而后，迁、固极著作之能，向、歆①尽条别之理，史家所谓规矩方圆之至也。"② 他还指出："志"既然是"史"，自然便有史的体例，志中文字都关系着史法，所以"全书之命辞措字，亦必有规矩准绳，不可忽也。"③ 修志和撰史一样，应当按照"史家法度"去做。而要在修志中贯彻"史家法度"，首要关键则是修志的人必须有"三长"：识足以断凡例，明足以决去取，公足以绝请托。④ 这实际上就是从修志的实践出发，把唐代著名史论家刘知几《史通》里提出的"史才"、"史学"、"史识"三长，进行了改造，把对史家的要求修订成为对志家的要求。"史家法度"是讲究义理的。章学诚主张地方志也要如《史记》、《汉书》那样，严名分，别尊卑，谨守《春秋》家法，并有裨社会风教，使天地间大节大义纲常赖以

---

① 迁、固指司马迁与班固。向、歆：向即刘向，西汉经学家，目录学家、文学家，歆即刘歆，刘向之子，西汉末年古文经学派的开创者、目录学家、天文学家。向、歆分别著有《别录》、《七略》诸书。
② 《章氏遗书·外编·和州志·志隅自叙》。
③ 《章氏遗书·方志略例一·与石首王明府论志例》。
④ 《章氏遗书·方志略例二·修志十议》。

扶持。① 志家要像史家那样讲究义理，那就必须有"史德"，即著书者的"心术"，不违背"名教"。一句话，就是要求志家站在封建史家的立场，为宣扬封建名教修志，做封建的卫道士。②

"三书"、"四体"　章学诚提出：志书要合于"史家法度"，应当立"三书"、"四体"。他说："凡欲经纪一方之文献，必立三家之学，而始可以通古人之遗意也。仿纪传正史之体而作志，仿律令典例之体而作掌故，仿《文选》、《文苑》之体而作文征，三书相辅而行，缺一不可；合而为一，尤不可也。"三书当中，"志"是主体，有经世的作用，是有裨社会风教的史著，按照它的内容，应当分列为"四体"："皇恩庆典宜作纪，官师科甲宜作谱，典籍法制宜作考，名宦人物宜作传。"③ 他认为，这样仿效司马迁的《史记》和班固的《汉书》，分立外纪、年谱、考、传等门类，"变异名色"，是很有好处的，"既无僭史之嫌；纲举目张，又无遗漏之患"④。这实际上就是按一邑史事的性质，给"志"规划了四个门类，使它既严谨，又合于史法。所谓"掌故"，就是有关一方典章制度的原始记录，如同会要、会典，是作为档案而保存下来的一部分政事材料。所谓"文征"，则类似文鉴、文类，是指

---

① 《章氏遗书·方志略例一·书〈武功志〉后》。
② 参见《文史通义·内篇》五《史德》。
③ 《章氏遗书·方志略例一·方志立三书议》。
④ 《章氏遗书·方志略例二·答甄秀才论修志第一书》。

一方文献的专辑，是地方志中保存的另一部分原始材料。从他的《永清文征叙例》可以看出，"文征"是有关一邑"不能并入本志者"的奏议、征实、论说、诗赋、金石等"故事文章"和"诗文"。这样分立"三书"，就使具有著述之体、"词尚体要"的"志"书，与作为"记注"的"掌故"和"文征"区分开来，解决了"不失著述之体"与保存重要资料之间的矛盾，两者相辅而行，构成一部完整的地方志。

"五难"、"八忌"、"四要"　方志的体例既明，撰写时还要在若干环节上行之有度，措置得当。在这方面，章学诚从正反两面进行了具体论议，要求在修志时克服"五难"（清晰天度难，考衷古界难，调剂众议难，广征藏书难，预杜是非难）；排除"八忌"（忌条理混杂，忌详略失体，忌偏尚文辞，忌妆点名胜，忌推翻旧案，忌浮记功绩，忌泥古不变，忌贪载传奇）；达到"四要"（要简，要严，要核，要雅）。关于材料的搜集运用，他重视调查访问，在修《永清县志》时，曾"具车从、橐笔载酒，周历县境，侵游以尽委备"。将访问的对象，"安车迎至馆中，俾自述生平，其不愿至者，或走访其家"[1]。引用成文时，重在明事实，凡是于事实有关的，即使是胥吏的文稿，也要采录；至于无关事实的东西，即使是"班扬述作，亦所不取"[2]，"例不滥收诗赋"[3]。关于序次编

---

[1]《章氏遗书·文集三·周筤谷别传》。
[2]《章氏遗书·方志略例二·修志十议》。
[3]《章氏遗书·方志略例一·书〈武功志〉后》。

排，他主张像在史书之首冠本纪那样，以"经事综物，敷陈治道"的"奏议冠首"①；"私门论议，官府文移，有关田赋利病"的材料，就像班固《汉书》对晁错的贵粟之奏和贾让的治河之策那样，分别纳入《食货志》和《沟洫志》，做到"事显文明，学归有用"②。对于前代旧志，他提倡取慎重的态度，"如前志无憾，则但当续其所有；前志有阙，但当补其所无"③，不轻易更改，更"不当毁前人之成书"，即使"前志义例不明，文辞乖舛"，需要改动的，也"宜存互证"④。此外，他主张在志书中图像谱牒"相辅而行"，做到"文省而事无晦，形著而言有所归"，贯彻古人左图右史之义，使读志书的人虽未至其地，不精于文义的人，也能"依检其图，洞如观火"。⑤ 关于志书所载，他认为应兼通古今，详近略远，分成天象、地理、纪传、礼乐、典政、食货、艺文等若干门类，具体叙述，使之成为一邑之通史；但所分的门类、不可"繁碎"，失去"史法"，有违于《史记》、《汉书》八书、十志的成例。⑥ 关于行文表述的问题，他也提出了明确的意见，主张对史实的论断要遵守司马迁的《史记》。立论应力求谨严，

---

① 《奏议叙录》，《永清文征》一。
② 《章氏遗书·外编·和州志·田赋书序例》。
③ 《章氏遗书·方志略例一·记与戴东原论修志》。
④ 《章氏遗书·方志略例二·答甄秀才论修志第一书》，《和州志·前志列传序例》。
⑤ 《章氏遗书·外编·和州志·舆地图序例》。
⑥ 《章氏遗书·方志略例二·修志十议》。

"不可作意轩轾，亦不得故恣吊诡"。书写文辞，也必须取法司马迁的《史记》，他说："据事直书，善否自见，直宽隐彰之意同；固不可专事浮文，以虚誉为事也。"① 他还指出："夫修志者，非示观美，将求其实用也"②，"与其文而失实，何如质以传真也"③，"离质言文，史事所以难言也"④。为此，他十分反对文人参与修志时"信笔乱真"、"猥滥庸妄"、"夸饰文辞"，以为此乃"宋人诗话家风，大变史文格律，其无当于方志专家、史官绳尺，不待言矣"⑤，断言"文人不可与修志"⑥。总之，修志时一定要注意"持论不可不恕，立例不可不严，采访不可不慎，商榷不可不公"⑦，才能写出较好的志书来。

编志辨体　明清两代，一些地方志体制杂乱，正如章学诚所说："今之通志，与府、州、县志，皆可互相分合者也，既可互相分合，亦可互相有无。书苟可以互相有无，即不可成为书矣。"⑧ 当时，不辨志体、草率成书的现象是很严重的，在这种情况下，章学诚提出了地方志必须辨体的主张。所谓方志辨体，就是各类地方志所记述的内容，应当各有所重，

---

① 《章氏遗书·方志略例二·答甄秀才论修志第二书》。
② 《章氏遗书·方志略例一·记与戴东原论修志》。
③ 章学诚《文史通义·内篇二·古文十弊》。
④ 《章氏遗书·方志略例一·州县请立志科议》。
⑤ 《章氏遗书·方志略例一·书〈吴郡志〉后》。
⑥ 《章氏遗书·方志略例一·书〈姑苏志〉后》。
⑦ 《湖北通志检存稿·序传》，《章氏遗书》卷二十五。
⑧ 《章氏遗书·方志略例一·方志辨体》。

不容混杂。例如一省的通志，既不应成为它所辖的直隶州志和各府志的简单凑合，也不能将它随便拆散而分成为直隶州志和所属各府的府志；府志同所属各州，县志的关系，也必须是这样。他说："所贵乎通志者，为能合府、州、县志所不能合，则全书义例，自当详府、州、县志所不详。既已详人之不详，势必略人之所不略。"① 因此，编修一省通志，不能照所属府、县志抄录，更不可将各府、州、县志所记述的内容，依次排比罗列，随便凑合；而应当删繁就简，把一省的古今情况，择要集录，简明综括，突出重点，显示特色，既是包揽全省，又与所属府、州、县志有所区别。编修一府之志，做法也是这样。通过方志辨体，就可以使各类地方志所述的内容，范围、界线划分清楚，各有侧重点，做到各有所当载，互不相蒙。

3. 关于州县设立志科的建议。这是章学诚极为重视的方志理论内容之一。他专门写了《州县请立志科议》的文章，对设立志科的重要性和必要性，以及志科的工作内容和制度等问题，全面地提出了极有价值的见解。

章学诚认为："六部必合天下掌故而政存，史官必合天下记载而籍备。"他指出：如今"州县记载并无专人典守，大义缺如，间有好事者流，修辑志乘，率凭一时采访，人多庸猥，例罕完善，甚至挟私诬罔，贿赂行文"，"州县志乘如是，将

---

① 《章氏遗书·方志略例一·方志辨体》。

凭何者为笔削资也？"针对这种情况，章学诚主张设立志科，"登载有一定之法，典守有一定之人"。平日，专门收集、整理、保管档案资料和地方史志资料，"凡政教典故，堂行事实，六曹案牍，一切皆令关会目录真迹汇册存库"①；民间修造谱牒和传状志述，论定成编的经史撰著、诗辞文笔，以及修桥铺路、铭金刻石、讲学宴请等材料，都要呈副报告于志科。另外，在四乡各遴选一个士绅，作为采访人员，随时将搜集到的反映本地历史和现状的遗闻逸事，呈报给志科。这样，到了"异日开局纂修"，就"取裁甚富"了。② 这些原始材料，置于"藏室"和"锁椟"之中，不会有失于水火、蚀于湿蠹或被奸吏窜窃更改等不虞之患；如果民间有了纠葛不清的讼事，还可以有原始的谱据可查，作为断事的参考。

总之，章学诚认为志科这样一个机构应当是常设的、持久的。志科人员应当按照规定的成法来记载材料，避免产生"妄作聪明之弊"，待到"积数十年之久，则访能文学而通史裁者，笔削以成书，所谓待其人而后行也"。章学诚提出的州县设立志科的建议，反映了他对征集、整理和保存档案资料的重视，揭示了档案工作与修志工作的密切关系，直到今天，仍有重大现实意义。

从以上概述的情况中，我们可以清楚地看到，章学诚既

---

① 《章氏遗书·方志略例二·答甄秀才论修志第一书》。
② 《章氏遗书·方志略例二·答甄秀才论修志第一书》。

是一个修志的实践家,又是对方志理论进行了深入探讨的学者。他对方志学理论方面的贡献,首先是确立了"志为史体"、"方志乃一方之全史"的概念,论定了地方志的性质,改变了历来把地方志归入地理书类的旧观念,辨明了方志在史学上应有的地位和作用;其次,他创立了一套完整的修志义例和方法,提出了方志立"三书"、定"四体"、修志"当规史法"的主张,明确了方志的编纂内容和体裁,对旧方志的内容,体例作了重大革新;第三,他倡导州县设立志科,对于文献的收集、整理和保管,提高方志的质量,有重大的意义,他是我国古代主张建立地方志档案馆的先驱者。近人瞿宣颖评论说:"虽其所撰不能尽如所期,然其发明义例,振起浮俗,使方志之用增其伟大。章氏之绩,可谓迈越寻常者矣。"①

但是,章学诚毕竟是封建时代的史学家和思想家。他的修志实践活动和方志学理论,都不可避免地带有时代和阶级的局限性。他所强调的地方志的作用内容,都是为封建地主阶级的利益服务的;他所歌颂的是封建统治阶级,所宣扬的是封建道德,对劳动人民采取了歧视、甚至敌视的态度,或不入志传,或斥为"盗"、"匪"。例如,陆陇其等康熙二十四年修、次年刊行的《灵寿县志》,章学诚对该志所载"田赋独详",誉为"知所重",而对后妃列为人物、不载佛老寺观,

---

① 瞿宣颖:《方志考稿(甲集)·序》。

却斥之为非。① 另外，他的修志理论和实践，对生产斗争是很不重视的，劳动人民的生产斗争经验，很少提及；这暴露出他的方志学理论薄弱之处。他全面否定考据学派修志理论及其方法，断言"文人不可与修志"，也未免失之偏颇和轻率。我们对这些局限性及其所带来的消极作用，应当进行必要的、恰如其分的分析和批判。

乾嘉时期，除了考据学派，特别是章学诚派在修志实践和方志理论方面的活动所取得的成就外，地理学家王谟、辑佚家陈运溶和马国翰等人，从唐宋类书等书中辑录了古方志，分别见收于《汉唐地理书钞》、《麓山精舍丛书》和《玉函山房辑佚书》中，为学术界提供了研究方志源流和古志规制的重要参考资料（参见本书页八三），有的知名学者如周广业，编纂了区域性的地方志目《两浙地方志录》，是地方志目录的开创性著作。这些研究成果，显示了独特的成就，不仅在修志实践上，而且在理论探讨上为方志学的研究奠定了良好的基础。所以，当我们谈到清代方志学研究的成就时，如果把视野仅仅局限在章学诚的活动和功业上，那显然是不够全面的。

（四）清末方志学研究的衰微

乾嘉时期，是清代方志编纂与方志学研究的盛期，这一时期里，志家辈出，志书层见，对于方志学理论的研讨之风

---

① 《文史通义·外篇三》。

第二章 历代的方志编纂与研究

最盛。道光以后,修志之风未衰,章学诚的方志学理论日益为人重视。但由于清王朝的日趋腐败衰落,鸦片战争后中国社会半封建、半殖民地化程度的加深,方志事业的发展也日见缓慢。

清末,随着清王朝统治的日趋衰落,反对封建主义、发展资本主义的早期改良思想、自强济国的爱国意识渐次兴起,社会进步反映在志书编纂上,方志的内容与体例也发生了新的变化。缪荃孙的《顺天府志》是清末较为著名的一部志书。张之洞很重视此书的编纂,曾为此书写了《修志略例》二十七条,其中重要的有下列各条:

第一,宜典核。"或摘要,或总录,或类记,或分正附,一列正文,一为夹注;其必应依年编次者,亦宜简要,不得徒事排比录钞类长编也。"

第四,以官文书为据。

第七,图表散归各卷,图先表后。

第九,引书用最初者。

第十,群书互异者宜考订。

第十一,一人一事,两地俱收者宜考证,不得沿误滥收。

第十二,采用旧方志及各书须复检所引原书。

第十三,引书注明第几卷。

第十六,纪事须具首尾、具年月。

第十七,各子目须纪实,不得但存一名。

这样用规章条例方式作为修志工作的要求和规则,对于整齐编纂工作，统一志书的体例，都是很有作用的，在保证志书质量方面，有一定的意义。然而，像《顺天府志》这样的志书，在清代后期毕竟是不多见的，更多的则是无当于史裁的劣作。当时的志家、学者们，并没有认真研究如何力纠时弊的办法，致使积弊滋漫，造成清代后期地方志质量始终不如人意的局面。

三、民国时期的方志学研究

民国时期，一方面，由于时局关系，编修地方志的工作时断时续；另一方面，"方志之学，颇引起学者之注意"。[①] 这一时期，出现了一批热心编志与研究方志的人物，产生了不少研究方志源流、体例、编纂方法的论著。如梁启超的《清代学者整理旧学之总成绩——方志学》一文，对清代的方志学研究情况进行了总结；李泰棻的《方志学》、瞿宣颖的《志例丛话》、王葆心的《方志学发微》、黎锦熙的《方志今议》和傅振伦的《中国方志学通论》等著述，直到今天，还是人们研究方志学时阅读参考的论著。朱士嘉在这一时期里，也写了有关方志起源、版本、著述整理等问题的论文多篇。一九四五年至一九四七年间，洪焕椿相继撰写了《浙江通志纂修源流考》、《雍正〈浙江通志〉两浙志乘篇考异》、《宋元四明旧志及其版本》等文，开展了方志的区域性研究。此外，

---

① 《中国方志学通论》。

寿鹏飞的《方志通义》、甘鹏云的《方志商》，也都是这一时期问世的著述，在当时有一定的影响。归结起来，民国时期对于方志学的研究，主要侧重在方志的性质和方志编纂理论、方志的收藏和统计、方志目录学等三个方面。

（一）对于方志的性质和方志编纂理论的研究

志家、学者们在各自的方志学论著中，几乎都进一步探讨、阐说了方志的性质问题。总的看来，他们在理论上都是祖述章学诚的学说，原则上承认"方志乃一方之全史"，例如梁启超、瞿宣颖等人，便都认为地方志即"地方之史"；而各家在具体表述时，说法却略有所异，体现了不同的见解。例如：

梁启超在论述"地方的专史就是方志的变相"时说："近代大史家章实斋把方志看得极重，他的著作，研究正史的与研究方志的各得其半。方志，从前人不认为史，自经章氏提倡后，地位才逐渐增高。治中国史，分地研究，极为重要。因为版图太大，各地的发展，前后相差悬殊，前人作史，专以中央政府为中心，只有几个分裂时代以各国政府所在地为中心，但中心地亦不过几个——三国有三个，十六国有十六个——究未能平均分配，研究中国史，实际上不应如此，普通所谓某个时代到某个程度，乃指都会言之，全国十之七八全不是那样一回事……如欲彻底的了解全国，非一地一地分开来研究不可。普通说，中国如何如何，不过政治中心的状况，不是全国一致的状况。所以有作分地的专史之必要。广博点分，可以分为几大区，每区之中，看它发达的次第。精细分点，可以分省分县分都市，每县每市看它进展的情形。破下功夫，仔细研究，各人把乡土的历史风俗事故人情考察明白，用力甚小，而成效极大。"①

傅振伦说："方志为记述一域地理及史事之书。"② 黎锦熙说："折衷之论，则谓方志为物，史地两性，兼而有之。"③ 这两位先生都认定地方志是地方史，但也记载地理方面的内容。

瞿宣颖说："迄于晚近，学术弥光，章氏之说，犹有未尽厌时代所需者，故执章氏说以驭吾国之方志，在今日，犹多未合也。"④ 这就是说，晚近对史的狭义理解和解释是：历史仅载古，不及今；仅记过去，不述现实；仅记载人事变迁，不包括自然现象。从这种理解和解释出发，那么，方志和史书就有所不同了。这个说法同样表明，方志的记载不仅有史事，也包括自然现象。

上述各家的见解，反映了一个共同的事实：志家、学者们对方志性质的研究和理解，既接受了章学诚"志"即是"史"的观点，又面向现实，在原有的基础上朝前迈出了一步，认识到"史"、"志"的不同。由于这一发展，相应地在方志编修的体例、篇目、内容以至于编志的方法上，也发生了某些

---

① 梁启超：《中国历史研究法补编》。
② 《中国方志学通论》。
③ 黎锦熙：《方志今议》。
④ 瞿宣颖《方志考稿（甲集）·序》。

第二章 历代的方志编纂与研究

变化。这个变化的集中表现，就是在志书中反映出更多的与人类生活密切相关的内容，例如生产斗争的内容及以实业志、盐政志等，越来越受到重视。

那么，如何才能适应时代的需要，编修出反映现代社会生活面貌的志书呢？这是志家、学者们共同关心的一个问题，他们都着重进行了研究，各尽其智，各献其言。

寿鹏飞从"志"即是"史"的观念出发，认为"读良方志，可以觇国俗，知理乱，识兴衰"，因此，修志者一定要使自己纂著的志书能够"正人心，敦风尚，明正谊，垂治规，究兴衰之由，陈利弊之要，补救时政之阙失，研求民生之荣枯"，成为"治理之龟鉴"。这样，在确立了修志的指导思想和要求之后，再"随时地为转移"，"因义生例"，编出来的志书便不会犯"人云亦云，东涂西抹，不知取舍，不务剪裁"的毛病，成为"陈烂帐册，杂碎字簏"了。① 这种先立"义"后"生例"的主张，已接触到问题的实质。

志家、学者们研究、讨论得较多的，则是怎样使方志贯注现代科学精神，注重民生实用的问题。李泰棻认为，方志即史，而历史是"人类进化现象"，现在，史观已经发展到了综合文化时代，方志如何跟上这个历史学的趋势，是修志者应当考虑和搞清楚的问题。所以，不具备一定的科学知识，是没法进行修志工作的；必须具有地理学、人类学、社会学、

---

① 寿鹏飞：《方志通义》。

年代学、考古学、古文字学、古泉学、言语学、谱系学、经济学、法政学等知识，才可以参与撰志。他还特别强调说："农工商矿各业，为社会生产消费之总，现所谓社会经济之源流，并在于此，自须分记合述"，并且还要"以科学名辞解释产物，更以科学方法，分析载明"，这样编撰方志，"始不失为科学的方法"。① 他这种着眼于现实，主张用科学方法编写方志的意见，比起往昔的方志理论，已有新的发展。

傅振伦在《中国方志学通论》中，曾批评一些人"既昧于先哲志乘精义，又不讲求新史因素"。他在民国十八年草拟的八则志例中，第一至第五条，就强调要"略古详今，侧重现代"；"博采详志，注重实用"；"特详悉于社会方面"；"偏重于物质方面"；"广辟类目，注重科学"。他拟订的《河北通志例目》中，《建设略》规定："凡人事之建置兴修，均详其沿革及现状，并广为绘图摄影，以存实迹。"交通建设的内容包括邮传、电政、路政、航空、水道、堤防、桥梁。实业建设则包括工商业、垦务、矿政等。《民生略》上、下，分别记社会经济（生产、交易、分配、消费）和社会普通生活情形。关于"史料之采集"，他还分别介绍了法国史家 G. Morod 将史料分为"前人遗著"、"文契官书"、"纪念实物"三大类和英国史家 J. M. Vincent 分史料为有意遗传的和无意遗传的二种办法。这些事实，同样说明在方志学领域的新变化、新

---

① 李泰棻：《方志学》。

发展。

黎锦熙在《方志今议》中提出："今修方志，不分史地，勿泥体裁，时代所需，须呈'四用'。"所谓"四用"，就是：（1）科学资源（地质、土壤、山势、水文、气候、生物）；（2）地方年鉴（物质状况、经济情形、人事习俗、社会组织、政治进展、人物分布）；（3）教学材料（乡土教材）；（4）旅行指导。这"四用"的内容，有不少都是需要进行科学调查和说明的。同时，他还提倡用"三术"（即"续"、"补"、"创"）修志的办法，认为"'续'之外宜有所'补'，续与补之外更宜有所'创'"。为什么要"创"呢？他说："居今日而修方志，决非旧志之旨趣与部门所能范围。即章氏特创之义例，横拓之领域，由时代之进展，亦颇感其未尽适宜而嫌不足也。"旧的体制格局不适应新情况，这就需要有新的突破。他在《城固县志拟目》（三十篇，附两种）中，就表现了这种"创"的精神，冲破了旧志内容和体例的束缚，规划了新的《城固县志》的类目。

不仅志家、学者普遍有革新方志体例的呼声，官方的议事活动中也有这样的反映。民国十八年（1929年），国立浙江大学校长蒋梦麟，在省政府提出了方志新体例及进行办法的议案，宣称：省志问题，宜解散方志旧体，分编年鉴、各门调查、省史三书。其中年鉴门目为：一、地理（省市县图、疆域沿革、面积、行政区域、山脉、河流、气候）；二、地质矿物及动植物概论；三、户口；四、民族（方言、风俗附）；五、党部组织；六、行政组织；七、治安（军备、警察）；八、教育；九、宗教；十、农业；十一、工业；十二、商业及金融；十三、交通；十四、财政；十五、建设；十六、民生（生活程度、职业分配、物价工资、财产之调查或估计及其与人口之比例、救济）。专门调查分为：地图、地质、气象、民族、经济、教育等门。省史部分分为：建置沿革、大事记、度支志、工程志、民生志、教育志、人物志、民俗志、志余等项。① 对此，黎锦熙认为："其三书除'省史'外，'年鉴'及'专门调查'二书，实与章氏三书于'志'外分辑'掌故''文征'二书，用意相仿，特其目标一重在存史，一重在致用耳。"② 傅振伦也说："前二者为新志之资料，而后者则通志之书也。"③ 从"宜解散方志旧体"的主张和分编"三书"的做法来看，蒋梦麟的建议，出发点是为了改革方志旧体；"三书"类目的设置，有不少反映了旧志中所未有的近代科学内容，"民生"一目，其称虽然所来有自，但在省志中专题标列，却是一个新的现象。所以，仅仅把它与章学诚的"三书"类比，或者以为只是"新志之资料"和"通志之书"，显然不是客观的评说。

这一年的十二月，国民政府核准颁行了内政部呈奉的《修志条例概要》二十二条。其中第七条规定："舆图应由专

---

① 《中国方志学通论》。
② 《方志今议》。
③ 《中国方志学通论》。

门人员以最新科学方法制绘精印，订列专册，以稗实用。"第八条规定："对于国界、省界、县市界、变更沿革、均应特加注意，清晰画分。并加附说明，以正疆界而资稽考。"第九条规定：除应有行政区域分图外，"并须将山脉、水道、交通、地质、物产分配、雨计分配、雨量变差、气候变差以及繁盛街市、港湾形势、名胜地方，分别制绘专图……"。第十、十一两条，分别规定了应将历史上有重要价值的地方名胜、古迹、金石拓片和各种古物、各地方重要及特殊方物，"摄制影片（即照片——引者）编入"。第十二条规定"志书中应多列统计表"。第十八条规定："天时人事，发现异状，确有事实可征者，应调查明确，据实编入，以供科学之研究；但不得稍涉迷信。"这些条文，突出地表明了：方志在外交方面的影响被注意到了；有关民生的问题被重视了；方志内容在科学研究方面的价值被发现了；现代科学技术（如测绘、摄影）方法开始应用于编修方志了。这些内容还表明：改革方志体例，充实和扩大方志记载的内容，采用科学方法编修方志，不仅仅是方志学理论探讨，而且通过官方颁发的文件，从修志实践的立场被提到了日程上来了。

值得注意的是，人们不仅在口头上和著述中纷纷提出方志应注重民生的问题（例如寿鹏飞《方志通义》反复强调："有关养民要政，所不宜略也"，"凡不属于民生休戚、地方利病者，无宁从略也"，"方志之言，当从平民立场，乃得痛陈疾苦"，"有关民生实用，疾苦利弊，虽小必志，既志又必详且尽焉"），有些地区在编修方志时，也确实这样做了。例如民国十一年（1922年）修的《宣化县志》，其中第五卷为《实业志》，是志书中的新志目，就"颇能注意社会经济状况"。① 民国十七年（1928年）编纂《胶澳志》时，就定下了一个原则："事有关于国故民生者，纵属胥吏户版之籍、市井泉货之薄，悉皆所当存；若其否也，虽有鸿文巨制，亦当屏而不录。"根据这个原则，这本志书立了《民社志》篇目，其中记载了不少关于生活、工资、物价等内容的材料。方志学研究对于方志编纂工作的影响，从这里又一次得到了证明。

（二）对于方志的收藏和统计的研究

民国时期对方志学的研究，还有一个较为显著的成绩，就是有些志家、学者，开展了对收藏和统计方面的研究。

本书第一章里已经谈到，地方志中保留了大量有价值史料，但在长时期中，人们对于地方志的收藏问题，却没有引起应有的重视。因而，历代虽然修了许多志书，也散佚损毁了不少志书。这样的损失，往往是很难、甚至无法补救的。地方志遭受巨大损失的原因是多方面的，据傅振伦分析，大致有以下几种情况：

第一，地方志的原稿原版，大多存于官府，但典守官员不负责任，形同虚设，所以造成了大损失；

第二，天灾人祸（如战争中烧毁，洪水淹没冲毁，霉烂、

---

① 《方志考稿（甲集）·民国宣化县志》条。

火灾、虫蛀损毁）；

第三，教会、外人罗致收集，流失国外；

第四，明代以来修了新志毁旧志，所以旧志极难留存；

第五，辛亥革命后，地方官吏公德心差，调动频繁，常窃取县志以去。

这样一来，幸存的地方志就不多了。就是这些幸存的志书，"亦多新旧杂糅，首尾不全。或篇第褫落，始末沦残；或枲朽蟫断，签縢纷舛；或文坏字误，谬烂相属。篇目虽多，全完者少"①。地方志分藏公私之家，又有不少流落外域，所以"整理研究，大为困难"。这个收藏和保护古籍（包括地方志）的问题。在旧社会得不到重视。但是，从方志学研究的角度来看，这个保护古籍的问题的提出。把收藏地方志问题列入方志学的理论体系中进行研究，是很有意义的。

地方志的统计，也是民国时期方志学研究的一项重要内容。民国二十一年（1932年）。朱士嘉在《中国地方志统计表序》里统计，当时在"宋元地志五百余种"中，只存有宋志二十一种，元志八种；明代有方志一千五百余种，当时存有数也仅为三百九十七种。"有清一代，集其大成，见存志书凡四千三百零三种，占全数五分之四。民国建国以来，亦有百九十三种。"他所罗列的方志总数，包括宋、元、明、清、民国五个时代的方志，总共四千九百一十二种，八万二千四百

---

① 《中国方志学通论》。

一十四卷。民国二十三年（1934年），他在《中国地方志总录序》里指出：他从国内外公私藏家采访所及的五十多处搜罗方志，统计出全国有历代方志五千八百三十二种，九万三千三十七卷。燕京大学《史学年报》第四期也刊载了历代方志统计表、历代各省地方志统计表、历代各省地方志分类统计表、地方志卷帙未详种数统计表。朱士嘉等人所进行的这项方志统计工作，初步摸了全国公私所藏地方志的"家底"，也为研究我国地方志发展的兴衰情况和基本趋势，提供了较为可靠的依据，这番苦心是可贵的，其成果至今仍有价值。

傅振伦根据朱士嘉地方志统计所提供的材料和说明，作了进一步的研究，得出了两个方面的结论：

其一，"以种部言：清代最多，民国、明、宋次之，元代最少。以卷帙言：清朝最多，明、民国、宋次之，元最少。以地域言：论种部则北直最多，山东次之，江西、浙江、江苏、山西又次之，黑、新、察、热最少；以卷帙言则江西最多，浙江、直隶、湖南次之，新、黑、察、热最少。以时代言：明万历、嘉靖最多，弘治、崇祯次之，景泰、天顺、隆武最少；南直最多，浙江、北直次之，四川、云南最少；清康熙最多，光绪次之，咸丰、宣统最少。直隶种类最多，山东、四川、河南次之，江西、广东、浙江、江苏又次之，吉、黑、新最少；江西卷帙最多，江苏、湖南、浙江次之，吉、黑、新最少。"

其二，依据上述结论，进一步探究可知："大率国都所在，修志最多，宋之浙江、明初之江苏，清之直隶是也。去都辽远，其志必少，新、热、察是也。明清至盛之世，亦即地方志最多之时。元代年代短促，道、咸兵燹屡乘，方志不多。此则方志盛衰，系乎政治者。清代地志，康、乾居多，江、浙诸志，卷帙最烦，此则系乎文化之昌盛者。海宇平靖，文风蔚起，而文事兴。明、清修史，广征方志，编辑一统志，亦缴修志乘，故方志之作，于斯为盛，此亦系乎文治者矣。富庶之区，方志最盛，下至村镇，亦多有志，贫瘠之邦，则方志不振，观乎江南、陕、甘方志相差之悬绝，可以概见。则志乘盛衰，又系乎经济矣、历考各代方志之多寡，则当时政治之隆替、地方之治乱、文化之盛衰、经济之荣瘁，可略知之矣。"①

民国时期学者这方面的研究，对于今天我们探究方志事业的发展规律，仍然具有一定的参考价值。

（三）方志目录学的建立

民国时期的另一成就是建立了方志目录学。方志目录是方志研究的基础，开展方志目录学的研究，是整理和利用方志的必要条件。

专门的地方志目录，最早见于记载的是清初徐氏传是楼所藏的明抄本《天下志书目录》和清代乾隆海宁人周广业编的《两浙地方志录》二书，可惜现在都已无法见到。目前能见到的最早方志目录，是江阴缪荃孙于一九一三年编制的

---

① 傅振伦：《中国方志学通论》。

《清学部图书馆方志目》，其书是清点清皇宫内阁大库移交给京师图书馆的地方志时编成的，共著录全国各省、府、州、县志一千六百七十六部。其中明代方志二百二十四部，不全方志三百六十部。此后，地方志的专门目录一一问世，并有公藏、私藏和提要志目、区域志目之分。公藏的如故宫博物院一九三一年所编《故宫方志目》，"以故宫所藏，益以清史馆近岁所收，自明正德迄于清季，共得一千四百余种，内中善本罕见之作，指不胜屈"[1]。次年又编了《故宫方志目续编》。一九三三年谭其骧编《国立北平图书馆方志目录》，著录了各省、府、州、县志达五千二百多种，数量比各家都多。其所著录的方志，有从清宫内阁大库移来的，也有曾藏于著名藏书楼范氏天一阁、毛氏汲古阁、陈氏稽瑞楼的，又有购得的孤本及罕见本。每志皆注明书名、卷数、撰人及出版年，书后还附有索引。此外还有一九三三年北京大学编的《国立北京大学图书馆方志目》，一九三六年武汉大学编的《国立武汉大学方志目》、一九四一年万斯年主编的《国立北平图书馆西南各地方志目》等。私藏志目，著名的有一九三六年冯贞群编的《天一阁志目》、宜兴任振采（凤苞）编的《天春园方志目》、杭州王绥珊编的《九峰旧庐方志目》等。

地方志研究的深入与发展，要求有一部总结性的全国地方志目录出现。朱士嘉的《中国地方志综录》一九三四年第

---

[1]《故宫方志目序》。

一次出版,开创了这一工作。该书著录了地方志五千八百三十二种,九万三千二百三十七卷,后来又补编了七百三十种,以表格体列其书名、卷数、撰人、撰年、版本及藏者各项。虽未能全备,但指引线索,津逮后学,有裨利用,开辟了编制地方文献目录的新局面。

对历代方志的著录,不仅要记其年代、撰者、版本等项,还应对其内容作出提要。提要式的目录,可以简明揭示方志内容,使方志更有效地为现实服务。一九三〇年瞿宣颖编的《方志考稿(甲集)》,是近代第一部地方志提要目录。此书取材于任氏天春园藏志,著录了江苏、河南、河北、山东、山西、辽宁、吉林和黑龙江八省方志六百余种,"每书必首严名称,次述其纂修年月与纂修者之姓名,次述其旧志之沿革,次述其类目,次辨其体例,最后评其得失,尤注意于所苞之特殊史料"[①]。所录方志,以现存者为限,没有遍考佚志。

区域性的志目有张维的《陇右方志录》、薛澄清的《闽南方志经眼录》,庄为玑的《泉州方志考》、萨士武的《福建方志考略》以及广西统计局的《广西志书概况》等。其中《陇右方志录》一书,采集了甘肃、宁夏、青海三地区的省考、郡县志、县志二百五十六部,以时代为次,每志详考其撰人、年代、卷目、存佚,并录其内容纲领,对以后的区域性志目有较大影响。

---

① 《方志考稿(甲集)·自序》。

一九三五至一九三六年间，《禹贡》连载的张国淦的《中国地方志考》则是遍考存佚的古代地方志书综录。它采辑了自秦汉以至元代的地方志，存者录其序跋，佚者辑其逸文、记其出处，使我们对宋元以前已经佚失了的方志，可以有所了解。

民国时期对方志学的研究情况表明：方志学的研究和地方志的编纂，虽然都有成绩。但两者成就的距离却相去甚远。民国时期所编修的一百九十三种地方志，虽然科学性强了，社会经济方面的内容丰富（更注重民生）了，封建迷信色彩淡了，取得了一些进步；但名篇佳构并不多，大多数地方志都有严重的弊病。相比之下，民国时期的方志学研究成就较大，其主要原因，就是这种研究著述，当时都由个人进行，从事的多是学者，治学态度严谨，一般较少受社会上邪风陋习的影响，受官场政治势力的钳制束缚也不大严重；而近世史学理论和方法的播扬，又使志家、学者们得以吸收并应用于方志学的研究，因而，科学性的内容和方法就在方志学研究领域产生了积极的影响。编纂方志的情况却不同，它往往受到政治上、社会上的种种压力和影响，而且通常又非独力完成，从事编纂的人情况不一，要写出一部好的志书是十分不易的。

方志学起源、形成和发展的全部历史，清楚地显示了它的实践性、连续性和阶级性等多方面的特点。方志学的建设是逐步完成的，离开历代修志实践及其经验的积累，就不可能最终形成方志学这一专门学科。

我国古代、近代对方志学的研究及其成就,为我们建立马克思主义的方志学提供了经验和历史遗产。我们应当注意在修志实践中批判地继承旧方志学的精华,建设新的方志学,为巩固人民民主专政和社会主义建设服务。

第三章 建国以来的方志整理、研究与编纂

第一节 对于旧志的整理与利用

建国以来，随着社会主义经济建设和文化建设的全面开展，发掘整理方志中有关自然、科技及社会科学等方面的资料引起了有关方面的高度重视。在出版部门、图书馆和一些史家学者及有关部门的密切配合下，旧志的刊印、旧志资料的类编、旧志目录的编制等工作，都取得了一定的成绩。

我国旧志数量丰富，但流动性较少，有些旧志由于刊印时间较早，印数不多，加之多年以来收藏管理不善，久已流布不广，阅读使用甚感不便。建国以来，出版部门有选择地刊印一些方志，为利用方志资料和研究工作提供条件。如刊印元孛兰肹等撰、赵万里校辑的《元一统志》二册，提供了元代路、州、县的建置沿革、城郭乡镇、里至、山川、土产、风俗、形势、古迹、宦绩、人物、仙释等方面的资料。贺次君辑校的《括地志辑校》，对这部久已亡佚、仅存清人辑本的唐代地志进行了分辨真伪及整理工作。又如出版了明人《祝枝山手写正德兴宁志稿本》，影印明万历刻本《顺天府志》，使孤本善刻得以流传。明人范钦创建的天一阁，所藏明代方志驰誉海内，也由出版单位陆续影印汇集为《天一阁藏明代地方志选刊》，截至一九七六年底，已印一百十一种①，使私藏珍物流被海内。又如广西博物馆曾刊印十几部馆藏未刻的旧稿本。一九六〇年，吉林省图书馆曾油印稀见的地方志四十九种。近年来，山西省某些地区也复印了若干种旧志。另外，从一九五六年以后，中国科学院曾摄制流传在日本的珍本方志。最近，北京图书馆又从日本复制稀见中国方志胶卷五十种。特别值得注意的是，大批过去不被重视的专记地区风情的地方小志也得到重印，如明代的《帝京景物略》、《宛署杂记》、《长安客话》，清代的《天府广记》、《京城古迹考》、《宸垣识略》、《扬州画舫录》等，为了解地方情况、编纂综合方志提供了便利。

建国以来，虽然在刊印旧志方面取得了一定的成绩，但远远不能满足客观需要。地方志的刊印工作，尤其是对一些珍贵的未刊稿、有价值的油印稿和孤本善刻，还应有选择、分缓急地加以刊印。如浙江图书馆所藏《浙江通志》初稿百余册、福建师大图书馆所藏道光九年胡之铣增修的《晋江县志》七十七卷抄本等，都是值得重视的。又如河南方志中顺

---

① 版本图书馆编：《古籍目录》（中华书局一九八〇年本）。

治十六年的《荥泽县志》、《汜志》和康熙十七年的《荥阳县志》等，早已是海内孤本。又据《中国地方志联合目录》，广东省共有方志四百四十种，其中海内孤本约一百种，海外孤本约十六种。这些都应考虑重印，以便流传典藏。对于散佚的旧志也应有专人搜求辑佚，使人得从吉光片羽中略窥古志的面貌。

由于方志中所蕴藏的资料数量多、方面广，解放以来，历史工作者在研究农民革命、特别是近百年来农民的反帝反封建斗争，研究少数民族的形成和生活特点，研究有关赋税、手工业和商业问题，研究资本主义萌芽及人物传记、文化艺术等问题，都大量地引证方志资料。为了对旧志丰富资料的利用提供方便，按专题从方志中类辑资料者也有多种，在旧方志资料的类编方面，取得了很大成就。一九五六年，科学出版社出版了《中国地震资料年表》一书，它是利用旧志五千六百多种汇编而成，对地震科学提供了国际上唯一可靠而连续的历史资料。一九五八年八月九日，周恩来总理同北京大学图书馆学系邓衍林的谈话中，对整理方志中有关科学技术资料的问题做了专门指示。他说：我国是一个文化悠久的大国，各县都编有县志，县志中就保存了不少关于各地经济建设的有用资料。我们除编印全国所藏方志目录外，还要有系统地整理县志中及其他书籍中的有关科学技术资料，做到古为今用。此后，广大科学工作者遵照有关指示，整理了大量方志资料，编写了许多关于天文、地理、地震、矿冶、水利、历史、经济、文化等方面的专著，从各方面为社会主义建设提供依据。北京图书馆利用馆藏方志和有关部门共同编出《祖国两千年铁矿开采和锻冶》和《中国古今铜矿录》等；天文台则据方志资料编成《中国天象记录总表》、《中国天文史料汇编》；中央气象台则从中辑录《五百年来我国旱、水、涝史料》等等。地区性的旧志资料类编工作也取得了很大的成绩，如广东省科技局查阅中山图书馆所藏方志一百二十余种、九百余册，就摘录了五百五十多条有关彗星、流星、极光、日蚀、地震等自然现象的历史记载；上海市文物保管委员会辑录了《上海地方志物产资料汇编》；厦门大学南洋研究所也在该馆查阅了三百种共三千多册旧志，搜集了有关我国在南海诸岛行使主权和外国侵占情况的史料一百多条，地图近七十幅，为捍卫我国疆域提供了历史依据；辽宁图书馆依据方志材料，编辑了《辽宁矿藏录》、《辽河、大、小凌河水系水灾历史资料辑要》、《辽宁农业史资料辑要》等资料；根据国务院文件的部署和《中国地震历史资料汇编》编委会的分工，山西省组织人力查阅本省全部方志，从旧方志中的《沿革》、《城池》、《古迹》、《寺观》、《山川》、《水利》、《宦绩》、《艺文》、《金石》诸卷中，辑录出地震历史资料达四十余万字。[①]河南省地震局等单位组成的"河南省历史地震工作小组"，从

[①] 齐书勤：《方志与地震史料》，《山西地方志通讯》一九八一年第四期。

本省方志查阅出大量地震资料,成为《河南省地震历史资料》一书的主要组成部分,对研究河南及其邻省的地震史作出了显著贡献。广西省地震局主要从大量方志中整理了公元二二二——九七八年间地震记录三百二十五例,编成《广西地震志》,对该区地震趋势研究和基本建设规划都有重要的参考价值。① 有些成果,不但对我国的建设事业有重要参考价值,而且引起国际上有关方面科学家们的重视。例如,徐振韬、蒋窈窕夫妇利用方志中有关太阳黑子活动的记载和变化,查出二三十条关于十七世纪的太阳黑子记录,其中六条是在"蒙德极小期"(太阳活动的衰落期)内,从而澄清国际天文学界由于资料不足而造成假象的论断。一九八〇年二月四日,英国《泰晤士报》介绍了他们的研究成果,引起国际天文学界的注意。②

在旧志资料的类编方面,近几年来的成就是巨大的,但与丰富的历史遗产相比,还有不少可供开拓和发展的余地。我们虽然类编过天文、地震、农业等专科资料,但地方志中仍有不少有关社会经济、风土人情、文化艺术等方面的珍贵资料,如明万历《郴州志·坑冶》一节,记述宋明两代矿民斗争和禁闭矿场经过;嘉靖《建阳县志》详记书肆情况和书坊书目,为研究明代图书事业提供了史料。这些都有待依类汇辑,使方志资料发挥潜在的作用。另外,对前代学者研究方志的成果的资

---

① 钟文典:《修志刍议》,《图书馆学通讯》一九八〇年第一期。
② 《书林》一九八〇年第四期。

料，特别是在清代许多著名学者如钱大昕、戴震、章学诚、洪亮吉、汪士铎、孙诒让等人的著作中，都有不少关于方志的论述。这些论述对深入研究方志学有重要的参考价值，如能广泛地加以类编，则将大大有利于方志学的研究。

为了充分利用方志，便于在数量浩繁的方志中搜求翻检所需资料，许多学者对旧志进行了目录的编制工作。一九五八年，朱士嘉增补订正了旧作《中国地方志综录》，重新出版了该书的增订本。全书根据四十一所图书馆所藏地方志编成，共著录七千四百十三种，比过去的正补编又增益了八百五十一种，反映二十八所图书馆的收藏情况。近年来，为了更全面、更要完备地反映方志的馆藏情况，在《中国地方志综录》的基础上又作了广泛的调查，新编了《中国地方志联合目录》，著录地方志八千五百多种，反映馆藏单位一百八十多个，公开印行后将使我国这一丰富历史宝藏得以昭示于世界。在区域性书目方面，一九八〇年十一月山西省图书馆编印了《山西省地方志联合目录》，著录了本省现存方志四百六十三种，五千一百多卷，包括省志、府志、州志、县志、乡土志、关志、山志、水志、寺庙志等。一九八一年一月印行的《山东地方志书目》，著录了旧志五百九十七种。新编志五十七种，并转载了《山东古方志考》。四月间印行的《河南地方志综录》，收录了方志五百五十四种，八百四十七个不同版本，二十一种手稿本。六月间编印的《陕西地方志书目》，收录了自宋至民国各时代所编方志四百零七种，并著录了一九五八年以来新编方志十三种。这些区域志目收罗颇为完备，它们既是《中国地方志联合目录》的一个组成部分，又可单行别出，以便检索。在馆藏书目方面，不少图书馆编制了馆藏地方志书目，这有助于摸清馆藏的方志情况，为查阅方志提供方便。二十世纪五十年代时，上海、天津、广东、甘肃、四川、福建及嘉兴、温州、大连等地图书馆，都编制了本馆所藏地方志目录，油印流传。一些大学图书馆也编了馆藏方志目录，如厦门大学、清华大学、中央民族学院（现中央民族大学）等。一九八〇年九月，南开大学也铅印了所编的馆藏书目。提要目录则是更繁重的研究工作。张国淦遗作《中国古方志考》（原名《中国方志考》第一编），是辑录体的一部提要目录，它收录了秦汉至元的地方史志约四千余种，凡有名可稽，不论存佚，概加收录，略附考证，其中亡佚者居多，有些则有辑佚本。洪焕椿一九五七年出版的《浙江地方志考录》，与上海师院一九六三年所编的《上海方志资料考录》（油印本），则是区域性的考录工作，对于掌握浙江、上海地区内所有地方志纂修源流与内容特点，颇有价值；为综录全国性方志目录作了试探和准备。这一工作，已引起各地图书馆的注意。如辽宁省图书馆正在编《辽宁地方志考录》，一九八〇年武汉市图书馆根据《武汉志》编目要求，利用馆藏编就《〈武汉志〉参考资料要目》[①]，共分三十三个大目，七百

---

① 《武汉志通讯》一九八一年第二、三期。

八十九个小目，为修志检索资料提供了方便。

建国以来，虽然在旧志目录的编制方面有不少成就，如收罗齐备、增订新编的《中国地方志联合目录》，但这些目录只起到登记图籍、读志知津的作用，尚未进而辨章考镜。近年来朱士嘉等人曾创议编一部《地方志综目提要》，这将使人们不仅知道某地有若干志，而且更能读其提要，得其概貌。此事固然不易措置，但是，如果组织力量，分区纂辑，进而整齐文字，划一体例，汇为《综目提要》，也决非不可行之事。据知河南社会科学院收藏有《四库提要续编》稿中的方志提要二百零四篇，该院研究人员最近又增写了百余篇。东北的黑龙江、吉林、辽宁也正在进行有关地方志考录的编辑工作。这是一个良好的开端。另外，清人和近人的方志学论文在尚未结集刊行前，也不妨先编制《方志学论文目录》，以备翻检。

第二节 方志学研究

我们的党和国家对地方志是重视的。早在一九四一年八月一日，《中共中央关于调查研究的决定》中就规定：要收集国内外政治、军事、经济、文化及社会关系各方面材料，加以研究，以为中央工作的直接助手。其中就包括要"收集县志、府志、省志、家谱，加以研究"。毛泽东同志也曾说过，

第三章 建国以来的方志整理、研究与编纂

中国资产阶级没有留下多少资料,因而要求我们重视调查研究,系统地研究近百年各方面的历史。建国以来,方志学的研究虽然不如其他学术领域活跃,也没有显著成效。但各地的方志学学者孜孜矻矻地开展研究,在理论和综述方面写出了一定数量的专门论文。近几年来,由于编纂新方志工作在全国普遍开展,大大促进了方志学的研究。特别是在一九八一年七月中国地方史志协会成立大会的推动下,有关方志学研究的文章大大增多。全国各地的方志学工作者向大会报送方志研究论文二十九篇,新方志编纂方法探索五十二篇,新方志编纂工作经验二十五篇。这是建国三十二年来地方志科研成果的第一次总结。

建国以来,方志学研究主要围绕下述几个方面进行探讨。

第一,关于方志起源、发展的研究。这方面发表论文较多。朱士嘉认为:方志是我国封建时期的产物,由史、书、志、记、录、传、图、经等各种不同体裁的书籍逐步演变而来。汉唐时期出现了地方志,宋元时期地方志的编写进入成熟阶段,清代进入了全盛时期①。王重民认为,地方志的发展大致可分为四个阶段:(1)最早的全国性的区域志(公元前4世纪——公元1世纪),代表作是成书于战国时期的《禹贡》;(2)地记(公元1世纪——6世纪);(3)图经(公元6世纪——12世纪);(4)地方志(公元12世纪——20世纪);

---

① 朱士嘉:《中国地方志浅说》,《文献》一九七九年第一辑。

是由地记、图经逐步发展而成。① 辛培林认为：方志是从舆地学科即地理书演变而成的。从春秋战国到秦汉的漫长时间里，方志尚未从地理书中脱胎出来，只是秦汉以后，随着经济、文化的不断发展，方志才逐渐形成自己的特点，进入独立发展阶段。隋唐是方志的第一次较大的发展时期，表现为封建统治者号召纂修方志，出现了官修方志；同时，体例上开始变化，内容的取舍、条目的编排超出了地理书的格局范围。宋代方志最为盛行，是第二个大发展的时期，表现为（1）方志完全从地理书中分野出来，自成体例且较完备；（2）出现了一大批方志杰作，成为后代修志的模式；（3）讲求条理，注重考证。元明时期是方志的第三个发展时期。此时方志从品类到形式都比较齐全，比较定型；并且开始注意纠正其弊病，使方志质量不断提高。清代是方志发展的鼎盛时期。主要表现为方志更加普及，带有广泛性和普遍性；对方志进行了理论上的研究，在编纂的方法和资料的使用上具有一定的科学性、准确性；章学诚创立历史学中的一门新学科——方志学②。刘纬毅认为我国地方志实际创始于东汉，最早的作品当推东汉初年的《南阳风俗传》。他将地方志的发展分为五个时期：（1）汉魏六朝时期是我国方志的雏形时期；（2）隋唐时期

---

① 王重民：《中国的地方志》，《光明日报》一九六二年三月十四日。
② 辛培林：《试论方志的源流及在史学中的地位和作用》，《学习与探索》一九八〇年第三期。

第一次出现了大规模的、有组织的编修方志的活动,并产生了我国最早的地方志总志;(3)宋代是我国方志史上承先启后的重要时期,一方面是数量的猛增,大大超过汉唐方志的总和;另一方面是体例的完备,为后世方志的发展创制了规模;(4)元明时期的方志,在继承前人成果的基础上,又有新的成就;(5)清代是我国方志史上的极盛时期。① 目前,关于方志起源和发展的研究,仍未取得一致的看法。

第二,关于史和志的关系。这是方志学研究中的一个重大课题。徐一贯的《史中有志,志中有史》和《史以述往,志以示来》② 两文认为,"在形式上史志可以分家,从编纂体制上,史志必须统一,既有专史,又有专志,才可使地方志成为一种完整的系统结构"。朱文尧主张"志有志体,史有史体","史重在鉴,志重在用",二者不能混淆。③ 朱士嘉提出三点看法,即:(1)史纵志横,志先于史;(2)国史一般无图,方志一般附图;(3)方志一般有褒无贬,国史则有褒有贬。④ 谭其骧指出:史志不可偏废,章学诚所谓"志"就是"史",方志就是一方之史的说法并不可取。史志虽同以某一地区为记叙对象,关系极为密切,但毕竟不同。不同之点有:(1)地方史主要是记叙一个地区的过去,志主要是记载现状,

---

① 刘纬毅:《中国方志史初探》,《文献》一九八〇年第四辑。
② 《山西地方志通讯》一九八〇年第五期,一九八一年第二期。
③ 《山西地方志通讯》一九八一年第二期。
④ 《湖北方志通讯》一九八一年第四期。

虽然有时要追溯过去，但以现状为主。（2）史主要是记述一个地方几千年来人类社会的活动，包括生产斗争与阶级斗争，生产力与生产关系的发展，物质文明与精神文明的发展，历史上政治、经济、军事、各种制度的演变等等。主要的记述对象是社会现象而非自然现象。志则不然，它至少应该自然与社会双方并重，对当地的气候、地形、水文、土壤、植物、动物、矿物等各方面都要记载，而且它对社会条件的记载也与地方史不同。史以大事为主要线索，接近记事本末体；志则是分门别类的记载，如对农、林、牧、副、渔、工矿、商业等一一予以叙述，属于书志体。（3）地方史的工作主要是搜集、整理、鉴别史料，用马列主义、历史唯物主义分析史料，记叙历史发展的过程。地方志以现状为主，主要依靠调查。地方志比地方史需要的人力更多，需要有经济学者、社会学者、史学工作者，自然方面主要靠地学工作者。① 一九八〇年十月在天津召开的中国地方史研究会八省市筹备小组座谈会上，就志与史的关系进行了热烈的讨论，多数认为，志与史的关系，一般来说，既有联系又有区别。志具有资料性、记叙性、综合性的特点，客观地反映与积累本地区的政治、经济、军事、文化、科技各方面的历史与现状的翔实资料，史则以探索与总结历史发展规律为基本任务，两者宗旨不同，

---

① 谭其骧：《关于编修地方史志的两点意见》，《百科知识》一九八二年第一期。

方法也有差异,不能互相代替。有些同志认为:方志即地方史。郑樵《通志·氏族略序》中明确指出:"志者,古史之名。"地方志是在统一的中央集权下以地方行政区划为单位,如省、府、州、县、镇、里等,对其政治、经济、文化、军事、天文、地理、民俗风土、人物、气象灾异、山川博物等方面,进行分门别类的综合撰述,成为史学著作,以揭示这一地方、区域的历史和现状。由于地方从属于中央,因此它的政治、经济、文化等,是随着全国形势的发展而发展,从而规定了方志是从属于国史之下的地方史,既不能独立于中央集权之外,也不能与国史割裂而成书。① 总之,这一讨论正在进行,尚不能取得一致的看法。它是方志学研究中值得深入探讨的课题之一。

第三,新方志如何编纂。这是当前方志学研究的主要课题,因此,近几年来这方面的论文较多。

以什么观点为指导编写方志,这是修志工作必须首先解决的重大问题。梁寒冰认为:研究地方志,编纂地方志,指导思想是马克思列宁主义毛泽东思想。因为"新志书将包括自然和社会两个主要方面,不论自然和社会,历史和现状,从搜集资料到分类编辑成书,要经过一个调查研究的长过程。调查访问的方法,审核资料的价值,辨别资料的真伪,进行科学的分类,直至编辑成书。如果没有正确的立场、观点、

---

① 柳维本:《章学诚与方志学》,《辽宁师院学报》一九八二年第三期。

方法作指导，必然要把修志工作引入歧途，或者回到旧志书的老路上去"，"编写地方志，如同研究通史、专史一样，只有遵循马克思主义的历史观和方法论，才能使地方志的编纂工作成为真正的科学工作"。他又认为：新的地方志书要具有思想性、科学性、现代性、知识性和稳定性，要经得起历史实践的检验。① 刘永德在《方志的回顾与前瞻》一文中，就方志编纂工作，提出了十一条措施，即：组织专门机构；订定编纂凡例；拟定编纂提纲；培训编纂人员；广集参考资料；重视调查研究；分工编辑方志；交流编辑经验；编出方志通讯；综合审阅定稿；详确校对出版。② 金毓黻和傅振伦等人结合自己多年研究方志学的成果，为新方志的编辑，草拟了新修省、直辖市、自治区、县、市等志篇目。③ 吴贵芳在《关于纂修上海方志新志的体例问题》一文中，回顾了上海地方志的历史情况，专门就创修新志应采取什么样的体例问题，提出了十条建议。④ 一些方志编纂工作开展较早的地区，总结工作经验，撰写科学论文，这不但对各地区编纂地方志具有重要的指导作用，而且是对方志学理论的补充和发展。山西省就省志编纂工作中遇到的一些情况和问题，写出了《关于当前省

---

① 梁寒冰：《整理旧方志与编纂新方志刍议》，《中国地方史志通讯》一九八一年第五—六期。
② 安徽方志编纂委员会：《地方志资料选编》第一辑。
③ 傅振伦：《整理旧方志与编辑新方志的问题》，《新建设》一九五六年六月。
④ 《上海史研究通讯》一九八一年第二辑。

志编纂工作中几个问题的意见》一文,① 对各省编写省志具有参考价值。山西省代县地方志编纂委员会撰写的《山西代县县志编纂工作汇报提纲》,对在较短时间内取得较好的工作效果的几点体会做了介绍,即:领导重视,专人、专款、专室是修志的保证;专业人员、业余人员相结合,才能广泛动员社会力量;艰苦奋斗、实事求是是成功之路。山西省图书馆《山西省人物志》编写组的《在编写人物志工作中的几点做法和感想》一文,就如何编写好人物志的问题,发表了很好的见解,对各地撰写人物志都有参考价值。山西省出版局地方志编纂小组的《在编纂地方志工作中我们是怎样组织采访回忆资料的》②,就他们在编写《山西文化教育志》有关出版、发行部分资料的搜集工作,从三个方面做了介绍,即从档案资料查阅中获取;从图书资料中查阅搜集;向有关老同志和知情者组织采访回忆资料。江苏省如东县的《县志编修初探》一文,全面总结了他们编修县志的经验,对县志的地位和作用,编修人员的选择和组织领导,县志编修的一般步骤和基本方法,做了全面的介绍。总之,随着各地编纂方志工作的展开,这方面有价值的论文将会越来越多。

第四,关于方志的作用问题,也是近几年方志学研究的课题之一。有一种意见认为,方志是进行四化建设的一种特

---

① 《山西地方志通讯》一九八一年第三期。
② 安徽省地方志编纂委员会:《地方志资料选编》第一辑。

殊武器。就其效果来说，有如下几个方面：（1）提供历史经验，掌握发展规律；（2）备载厚生资源，擘画建设模式；（3）评说一方人物，激发千秋爱憎；（4）保全地方文献，延续文化命脉；（5）介绍风土景物，促进文化交流。① 有的文章曾就地方志如何为四个现代化服务的问题，提出过五点设想：（1）整理研究地方志中有关自然地理、自然资源、自然灾害的资料，为基本建设提供参考；（2）整理研究地方志中有关农业的资料，总结我国劳动人民的宝贵经验，为我国社会主义农业的全面发展提供借鉴；（3）整理研究地方志中科学技术资料，包括天文、机械、地理等方面的资料，为中国科学技术史的研究提供参考；（4）整理研究地方志中大量的阶级斗争和民族斗争的资料，如按时代按地区按人物按专题编成各种资料丛编，可为历史科学研究补充史实；（5）整理方志中有关中外文化交流的资料，编写中外友好往来的历史，为促进中外友好和文化交流服务。② 还有一种意见认为方志在史学中的作用有三点：（1）方志内容丰富，记录详细，为国史所取裁，是史学著述的基础；（2）材料真实，史实完整，是历史研究的重要依据；（3）涉及广泛，是以地方志为范围，以历史为体裁的百科全书。③

---

① 陈存广：《试论方志及其对地方现代化建设的作用》。
② 朱士嘉：《中国地方志浅说》，《文献》一九七九年第一辑。
③ 辛培林：《试论方志的源流及其在史学中的地位和作用》，《学习与探索》一九八〇年第三期。

对于编写新地方志的现实意义，安徽省地方志编纂委员会做了简明扼要的概括。他们认为：编写新地方志可为党政机关从地方具体情况出发制定建设规划提供依据；为总结地方经验教训，实施正确领导，做好今后工作提供借鉴；为编写党史、国史、各种专门史及其他科研工作提供史料，为对广大群众进行爱国主义和革命传统教育提供乡土教材。同时，编修新志还是培养干部知识化、专业化的一个途径。① 此外，还有一些论文对方志的作用从各方面做了阐述。这对研究整理旧志，推动编纂新志有着重要意义。

第五，专题研究和综合研究方面。建国以来，方志学在专题研究方面也有一定成绩。朱士嘉的《顾炎武整理研究地方志的成就》一文②，认为顾炎武整理研究地方志的巨大成就表现在两个方面：（1）总结前人修志的经验，指出修志的正确方法；（2）系统地整理地方志，写成《天下郡国利病书》，开创了一条综合研究和利用地方志的广阔道路。骆兆平的《谈天一阁藏明代地方志》一文，对至今仅存的古代藏书楼天一阁地方志典藏与聚散状况加以研究概述，使我们对这一专藏有所了解。③ 一些方志学研究工作者对章学诚的方志理论和他在方志学上的贡献做了探讨，写出了专文。

---

① 《安徽史志通讯·发刊词》一九八二年第一期。
② 《文献》一九八一年第一辑。
③ 《文献》一九八〇年第三辑。

在综合研究方面，朱士嘉的《中国地方志浅说》一文①，对地方志的起源、发展、特征、价值及国内外馆藏等问题，进行了概括性的研究与剖析。王重民的《中国的地方志》一文②，对地方志的发展、清乾嘉时期编修方志的方法、旧方志的作用阐明了自己的研究成果。一九七九年，傅振伦重新整理修订自己四十六年前的旧作《中国方志学通论》，改名为《中国方志学》，在《河北师范大学学报》一九八一年第五期开始连载发表。朱士嘉等人编纂的《方志学论丛》，选论文七十多篇，大致从一九七〇年起，一九七九年止。从这部书可以了解地方志历史的发展、体例的演变、史料的价值及其各派学说的争论。

第六，地方志的分区研究。近几年来，对地方志进行分区研究并概述其基本情况、兼作分析源流、探讨体例的论文较多。如《山西地方志目录汇编》③，将山西的四十四种各级方志按纂修时代为次，分别汇为专目；《民国年间山西修志概述》④介绍了辛亥以后山西新修的四十三种方志。《上海地区方志述略》⑤较详备地综述了上海地区约二百五十种左右方志的概况。《山东省编修地方志情况简介》⑥介绍了山东省历史

---

① 《文献》一九七九年第一辑。
② 《光明日报》一九六二年三月十四日。
③ 《山西地方通讯》一九八〇年第二期。
④ 《山西地方通讯》一九八一年第二期。
⑤ 《上海史研究通讯》增刊。
⑥ 《中国地方史志通讯》一九八一年第二期。

上和近年来的编志简况。《河南地方志纂修和藏书情况简介》[1]介绍了本省修志历史和国内外典藏河南方志情况。《谈谈广东的地方志》一文[2]简要地介绍了广东的地方志状况。《略述方志源流及〈湖北通志沿革〉》[3] 一文考述了湖北行政区域的沿革和湖北省志的源流，并对明嘉靖、万历、清康熙、雍正、嘉庆、宣统等六部有史可查的湖北省志进行了述评。陕西省同志所写的《我省著名地方志简况》[4] 对陕西省自宋以来的十部著名方志作了介绍。《吉林省地方志考略》[5] 一文对吉林省的百余种地方志的一般情况作了考察和介绍，其中对该地的第一部专志《打牲乌拉志典全书》的发现与研究，是极有价值的。金恩晖对这一发现作了全面研究[6]，写了一组专文，取得了近年以来地方志研究工作中的一项成就。《辽宁地方志概述》一文，简要地介绍了辽宁方志的概况和史料价值[7]。《宁夏方志考》[8] 对宁夏地方志的明志六部（佚三部）、清志两部和民国志一部的源流、编纂、刊刻情况作了考证，并准备进而考证固原、中卫、灵武、平罗和盐池等州县的方志。《新疆

---

[1] 《中州学刊》一九八一年第一期。
[2] 《学术研究》一九七九年第三期。
[3] 《湖北方志通讯》一九八一年第一期。
[4] 《陕西档案简讯》一九八〇年第五期。
[5] 《文献》一九七九年第一辑。
[6] 《社会科学战线》一九七九年第四期。
[7] 金恩晖主编：《中国地方志分论》。
[8] 《宁夏图书馆通讯》一九八〇年第一期。

地方志浅说》①对新疆通志、地区志、府州县志、乡土志进行了综合的考述。《明修九种云南省志概说》②，对现存五种、已佚四种等九种云南志的渊源、流传进行了缜密的考证。《李京〈云南志略〉概说》③则对元明以来最早一部云南志书作了专题考说。《略谈〈台湾府志〉》④一文对康熙以来的各次撰修刊行的府志情况及目前的典藏进行了介绍。边陲地区方志研究工作的积极开展，反映了方志学研究的日益普及，这对其他省份也是一种推动与促进。

一九八一年，中国地方史志协会和吉林省图书馆学会地方史志研究组，将国内有关省、市、自治区对地方志有研究的同志所撰写本省、市、自治区地方志存续、收藏、查阅和利用等方面的介绍性文章，编辑出版了《中国地方志分论》一书，对各地研究人员的利用提供了很大方便，是地方志分区研究成果的集中体现。

建国以来，虽然发表了一些方志学研究方面的文章，但史学界还没有对方志学理论进行过系统的、深入的研究和探讨，还没有形成马克思主义的新的方志学说，在地方志编纂中遇到的许多新问题，还得不到相应的方志学理论的指导。即就目前已发表的论文来看，无论在源流、体制、理论、编

---

① 《图书评介》一九七九年第三期。
② 《思想战线》一九八一年第三期。
③ 《思想战线》一九八一年第四期。
④ 《文献》一九八〇年第四辑。

纂法的全面探讨上，还是在分区综述志书、剖析内容、总结经验、吸取借鉴上，都还有广阔的研究领域。为此，中国地方史志协会在《关于进一步开展方志学研究的几点建议》中，提出编选有关方志学论文选和资料汇编，供编修新志借鉴参考。为推进方志学研究、交流研究成果，建议筹办《方志学刊》或《方志学研究》等季刊或集刊。

第三节　新方志的编纂

中华人民共和国的建立，在中国历史上进入了一个崭新的时代，地方志的编纂工作也进入了一个新的阶段。一九五六年以后，在研究和总结旧方志的基础上，编纂新的地方志逐渐受到应有的重视。究其原因，主要有以下三点：

第一，中华人民共和国的建立，人民民主政权的巩固，为新方志的编纂在客观上提供了社会条件；在人力、物力上有了保证。

第二，客观形势的发展，要求展开新方志的编纂。新中国建立后，随着大规模经济建设高潮的兴起，文化建设高潮也随之到来。编写方志是中华民族的优良传统，也是社会主义文化建设的重要组成部分，在新中国各种建设事业大好形势的推动下，编写新的地方志逐渐引起各方面的重视；同时，在大规模经济建设的过程中，方志资料所发挥的作用，使各方面认识到编纂方志的重要性，提高了编纂新方志的积极性。

第三，各级领导的普遍重视。一九五六年，原科学规划委员会十二年哲学社会科学规划草案中提出编写地方志的任务，准备先从有条件的县市着手，逐步推广，计划在一九六七年以前能编出全国大部分县市的新地方志。一九五七年，全国人大和政协的一些代表和委员先后提出了保存各种乡土资料、继续编纂地方志书的具体建议。一九五八年十月，国务院科学规划委员会成立了地方志小组，并起草了新修方志体例草案，发到各地征求意见。同年，毛泽东同志倡议编修地方志。周恩来总理在一九五九年六月亲自询问地方志的编修情况。董必武同志还亲自指导和督促湖北省地方志的编修工作，提出了修志工作的三点意见，即先修省志，先修简志，重点放在经济方面。全国各地对编纂地方志的工作也很重视。一九五八年，陕西省委下达开展编写地方志的文件，成立了省地方志编纂委员会。湖南、湖北、四川、甘肃、青海、山东等省都分别成立方志纂修委员会，并且大都由省委或省人民政府主要负责人主持此项工作。广西壮族自治区也成立广西通志馆，负责修志工作。据不完全统计，到一九六〇年六月止，全国有二十多个省、市、自治区，五百三十多个县建立了方志编纂机构，进行地方志的编写工作。

为了加强领导，解决地方志编纂工作中提出的许多新问题，中国科学院哲学社会科学部和国家档案局在一九六三年七月二十三日，共同向中央宣传部提出了《关于编写地方志工作的几点意见》。文中回顾了自一九五八年以来各地修志的情况，针对新编地方志工作中存在的问题，提出了三点意见：（一）建立审阅制度，控制出版发行；（二）有计划有步骤地进行编修地方志工作；（三）加强组织领导，发挥档案馆的作用。这个文件由中宣部于同年八月十六日转发给各中央局宣传部，各省、市、自治区党委宣传部，要求各地"参照办理"。当时中国科学院地方志小组，还打算加强对各地编修地方志工作的调查研究，并且准备在适当的时候，召开一次会议研究和总结这方面的问题和经验。

从新中国的建立到一九六六年六月，地方志的编纂工作取得了一定的成绩。陕西省从一九五八年底到一九六一年初，收集整理了大量资料，先后抄录档案资料和整理访问记录约二千多万字，编写了《陕西地区近百年大事记》（草稿）。汉中地区和三十个县编写了地、县志。安徽省有二十九个县编出了县志。山东省自五八年到六二年，编辑出版了《山东省志资料》二十辑，《济南市志资料》二册，铅印、油印的县志稿本有四十四种。到一九六〇年六月底为止，据不完全统计：全国约有二百五十个县已编出初稿。其中公开出版的如山西省的《岚县新志》、《祁县志》（上册）和《陵川县志》等；湖北省出版了《浠水县志》和咸宁、孝感简志等；江西省出版了《奉新县志》；河北省出版了《怀来新志》；福建省出版了《莆田县志》等。尚未公开发行的，如山东省的《寿张县志》、《文登县志》等四十多种；广西自一九五八年以后，有二十余县油印了县志初稿；河南省也有十多种县志初稿在内部流传；山西省油印了《沁水县志》和《五寨县志》；江西省油印了《余干县志》；广东省的《惠阳县志》由当地新华书店内部发行。此外，省、市级方志的编写工作也有了一定的进展。《西宁市志》第一卷：西宁历代史记（初稿）二册于一九六二年油印成本；一九五八年十二月，中共北京市委决定纂修《北京志》，为此进行了规模空前的北京史料的搜集整理工作，并先行出版了《北京植物志》；湖南省公开出版了《湖南近百年大事纪述》和《湖南省地理志》二卷。这些都为新志的编修工作，打下了基础。

在十年内乱期间，全国各地编纂方志的机构几乎全部解散，有关人员惨遭迫害，资料损失严重，编志工作中断。

党的十一届三中全会以来，随着全党工作着重点的转移和四个现代化建设的开展，编纂新志的工作也陆续在各地兴起，改变了长期中断的状况。各地报刊发表了许多文章和群众来信，呼吁继续开展编写地方志的工作。一九八〇年四月，胡乔木在中国史学会代表大会上呼吁继续编写地方志。他说："地方志的编纂，也是迫切需要的工作，现在这方面的工作处于停顿状态，我们要大声疾呼，予以提倡，要用新的观点，新的方法，新的材料，继续编写地方志。"《红旗》、《人民日报》、《光明日报》等重要报刊也发表了有关专论多篇，呼吁各地积极动手编写地方志。一九八一年七月二十五日在太原召开了"中国地方史志协会成立大会暨首届地方史志学术讨论会",这是建国以来第一次全国性的地方史志工作者交流工作经验和讨论学术问题的大会,规模盛大,意义深远。大会对于新修方志的方针、方法、内容、体例、篇目、取材、审批、出版等问题,进行了研究和商讨,并提出了《新省志编纂方案》、《新市志编纂方案》、《新县志编纂方案》的草案,供各地区参考实施。

近几年来,地方志编纂工作取得了很大成绩,主要表现在以下几个方面:

第一,地方志编纂机构的普遍建立

近几年来,对编纂地方志重视的重要表现之一,是全国各省、市、地、县各级地方志编纂机构的成立,而且多数是当地党政主要领导人出面主持,以便工作。这是编纂地方志的重要保证。一九七九年八月,湖南省成立了地方志编纂委员会,组织了三百多人的专业队伍,聘请了七十多个老干部和专家,拟出了编写提纲,二年来已搜集了一亿多字的资料。一九八〇年五月山西省地方志编纂委员会也告成立。同年十月,湖北省地方志编纂委员会也告组成。其他如陕西、贵州、山东、安徽、黑龙江、河南、云南、四川等省的地方志编纂委员会也都相继建立。

在市级地方志编纂机构中,内蒙古自治区的包头市设有地方史志编修办公室;山东省济南、威海、烟台、枣庄等七市设有市志编纂办公室;安徽省合肥等六市设立了编志机构。此外,武汉、贵阳、沈阳、苏州、无锡、太原、郑州等市也设有市志编纂组织，负责新市志的编纂工作。

在全国地方志编纂机构中，以县志编纂机构的数量最多，几乎遍及全国各省、市、自治区。一些编修新志工作开展较好的省份，如黑龙江省，从省到县、市、地区，普遍成立了修志机构；山西省除省志编纂机构以外，七个地区、七个市、一百零一个县成立了地方志编修机构。山东省也有七个市、四个地区、七十个县建立了地方志编修机构；其他地区，如上海所属各县（区），广西、四川、湖北、河南、贵州、湖南等省所属县份，也有很多县志编纂机构，从事地方志的编修。据一九八二年四月底的不完全统计，全国共有六百二十四个县建立了编志机构，几乎占全国总县份的三分之一。各级修志机构纷纷建立，标志着全国地方志的编纂工作已进入了一个崭新的阶段，一个全国范围内的修志热潮正在兴起。

第二，编写人材的培养

为了培养训练有较高水平的编志人材，适应全国范围内大规模编写方志的需要，一些高等院校开设了方志学课程，各地根据本地情况开办了一些专门的培训班。如黑龙江省举办了各地、县、市方志编修主笔人员训练班；湖北省举办了地方志学习研究班；陕西省档案部门组织举办了"全省各地、县档案馆负责人训练班"，训练内容是方志编修工作，还编印了一本十四万字的《编史修志参考资料》，供学习研究。此外，黑龙江省档案局编印了《地方志参考材料》、安徽省地方志编纂委员会编印了《地方志资料选编》（第一辑），供各地研究参考。

为了满足全国各地修志工作者系统学习方志学知识的愿望，适应各地修志工作的需要，中国地方史志协会委托南开大学等有关单位，在一九八二年先后于苏州、武汉、太原、天津举办了四期地方志研究班，将华东、华北、西南、中南、东北、西北、京、津等地的部分修志干部，集中起来，系统学习方志学理论，交流各地编修方志的经验，这对建设一支有较高水平的修志队伍，起了很好的作用。

第三，全国地方志刊物的编辑出版

为了交流编纂方志的工作经验，互通情报，推动编志工作的进行，各地从省到市、县都编辑出版了一些地方志刊物。属于内部通讯式的占大多数，如《山西地方志通讯》、《山东史志通讯》、《湖北方志通讯》、《湖南地方志通讯》、《河南地方志通讯》、《贵州地方志编写通讯》等；市一级所办地方志刊物如《济南市志通讯》、《武汉志通讯》等；县一级方志刊物有浙江省萧山县志编纂领导小组办公室主编的《编史修志通讯》等。公开出版发行的方志刊物较少，目前省级只有《安徽史志通讯》。此外，中国地方史志协会将原来的内部刊物《中国地方史志通讯》从一九八二年起改为《中国地方史志》丛刊，公开发行。上述刊物，对于团结全国各地史志工作者和业余爱好者，创造性地研究和探索地方志领域的各种问题，不断提出新课题、新观点、新方法、新资料、新经验，用以指导工作，繁荣学术，为推动地方史志事业的发展，做出了一定的贡献。

第四，全国地方志书籍的编辑出版

在省志方面，《湖南省志》计划编写三十多卷，"文化大革命"前出版过第一卷《湖南近百年大事记述》，最近第二次修订出版。此卷记载自一八四〇年至一九四九年近百年来湖南的政治、经济、军事、文化等方面的历史事件。全书分上篇近代部分和下篇现代部分，共三百五十三事题，六十九万字，是建国以来用新观点、新材料、新方法编修的我国第一部省志，是编修新的地方志的一次探索。《湖南省志》中的《地理志》上下册也修订完毕，并已出版。《湖北省志》计划编写一两千万字，成立了二十九个专志班子。《青海省志·历史卷》正在排印出版。山西省拟出了比较详细的山西省志编写提纲，正在分头编纂，人物志中的《日伪山西省职官表》、《中华民国山西省职官表》，已经编印出来。其他如浙江、山东、安徽等地，也都在制定条例，编写新志。

全国市志的编纂工作正在逐步展开。较好的是《武汉通志》，已编好市志提纲。北京市在北京社会科学研究所的主持下，先编《北京市志长编》。北京大学已编出一部三卷本的《北京市志》，将由北京人民出版社出版。另外，还计划用八年到十年的时间，编写一部多卷本的北京市志。上海市正拟编写《上海市志》，上限从鸦片战争开始，重点放在五四运动。在上海所属十个县中，也已动手编写县志。山东威海市编写的《威海志》，已写完初稿。济南市已拟出《济南市志》

篇目提要，积极征集资料。其他如贵阳、哈尔滨、齐齐哈尔、沈阳、辽阳等七十多座城市，也都在积极编纂新志。

目前，全国各省编写县志的比较多，据不完全统计，已有七百种左右。但由于时间紧迫，已经编好的是少数，只有个别的已交付出版。辽宁省台安县从一九七九年六月开始，组织人力，经过一年的努力，写成了五编三十六章二十余万字的新县志，为全县政治、经济、文化、军事和自然地理等方面提供了有价值的资料。福建省编纂了《福州地方志》，庄为玑私修的《晋江新志》，正在修订中。《莆田县志》也已编出。湖北省《黄梅县志》也已脱稿送审。江苏省《如东县志》也已编成待印。其他县一级的方志编写提纲已有多种。

建国以来，地方志的编纂工作虽然取得了一定成绩，但仍存在着一些问题。主要表现为部分领导对编纂方志的重要性和迫切性认识不足，在一些地区和部门，这项工作开展缓慢；地方志编纂机构不健全，名称不统一，缺乏严密的组织系统，编纂机构的隶属关系也很混乱。这种状况，对于加强领导，组织力量，统筹规划，分工协作，是很不利的。在地方志编纂人材方面，也存在不够充足和整齐的问题。由于地方志理论研究落后于实际工作，因此，在编纂地方志工作中遇到的许多新问题，得不到相应的方志学理论的指导。此外，在编纂方志的体例上，各地还不统一；在地方志资料的搜集、保管，方志编写经验交流，新修方志的审查、出版等等方面，仍存在着一些需要加以解决的问题。

综上所述，可以看出，建国以来创编新志工作虽有起伏，但近年进展之速，区域之广，实为前所未有的崭新气象。展望未来，一个全国性的编纂新方志的热潮正在兴起，大好形势，体现了盛世修志的客观历史规律。新方志有助于我们掌握国情、地情、民情，能为我们确定方针政策，制订建设规划，实行科学管理等提供历史借鉴和现实依据，这对于建设有中国特色的社会主义，实现四个现代化，有巨大的促进作用。新方志又是研究各门社会科学和自然科学必不可少的资料源泉，是进行革命传统教育和爱国主义教育的宝贵教材。"睹乔木而思故家，考文献而爱旧邦。"[①] 方志是激发读者爱乡爱国思想的良师益友。特别在加强侨胞爱国情谊和促进台湾统一于祖国的事业方面，方志可起很大作用。开展乡土教育，兴办旅游事业，更不能没有方志。方志的作用，已远远超过了历史上所谓"治郡国以志为鉴"的为少数人服务的狭隘范围。新编方志活动的不断深入，又推动了整理旧志的工作，随着编纂新志和整理旧志工作的广泛开展，方志学理论研究将向更宽广的领域发展。可以预料，大量新方志的问世与整理方志和方志学理论研究的辉煌成果将不断涌现，全国方志事业必将取得与我国当代社会主义宏伟建设相称的巨大进展，它对社会主义建设大业所做出的贡献将越来越大。

---

① 张元济：《印行四部丛刊启》。

第四章 方志编纂的原则与体例

第一节　方志编纂的指导思想

如何用新观点、新方法、新材料编纂新方志，是摆在各级党政领导机关和广大社会科学工作者面前的一个新的课题。

编纂新方志，必须以马克思列宁主义和毛泽东思想为指导，坚持辩证唯物主义和历史唯物主义的基本原理，力求思想性、科学性和资料性的统一。

新方志的内容，包括自然和社会两个主要方面，科学地反映这两个方面的历史和现状，是一个复杂的过程。从调查访问、搜集资料，审核资料的价值、辨别资料的真伪、进行科学的分类，直至编纂成书，都需要正确的思想指导。"如果没有正确的立场、观点、方法作指导，必然要把修志工作引入歧途，或者回到旧志书的老路上去。"① 那种认为地方志反

---

① 梁寒冰：《整理旧方志与编辑新方志刍议》。《中国地方史志通讯》一九八一年五—六期合刊。

正是资料性的,不需要任何理论指导的观点,是错误的。即使是搜集资料,也有搜集哪些方面的资料,用什么样的立场、观点和方法去搜集资料的问题。尤其是对大量资料进行去粗取精、去伪存真、由此及彼、由表及里的整理和加工,更离不开理论的指导。只有在马克思列宁主义和毛泽东思想的指导下,才能透过现象,抓住本质,揭示事物的发展规律,总结出历史的经验和教训。特别是旧的地方文献材料大都出于地主和资产阶级的文人学者之手,难免渗透作者的思想和观点,更需要用正确的眼光去鉴别。

地方志是为一定的阶级利益服务的,我国历代封建统治阶级从巩固封建统治的需要出发,大力提倡编纂地方志,并把地方志誉为治政的"圭臬"和"鉴衡"。事实上,地方志是历代封建统治者加强封建统治的重要工具之一,对改革地方吏治、巩固封建统治曾经起过重要的作用。今天,我们编纂新方志是为无产阶级和人民群众的利益服务的,是为社会主义的现代化建设服务的。通过搜集、整理和研究地方的自然、社会和人文的资料,反映地方的历史和现状,可以为本地区社会主义建设提供历史的借鉴和现实的依据;通过反映本地区民主革命和社会主义革命的伟大胜利和人民群众的斗争业绩,可以对广大青少年进行爱国主义教育和革命传统教育。编纂新方志,有利于保存地方文献,积累历史资料,为研究、编写党史、国史和其他专门史打下基础,也有利于促进干部队伍的知识化和专业化,提高人民群众的科学文化水平。总之，编纂新的地方志，是建设社会主义的物质文明和精神文明的一个重要方法。因此，我们必须站在无产阶级的立场上，以马克思列宁主义、毛泽东思想为指导，运用辩证唯物主义和历史唯物主义的基本原理，努力编写出观点正确、思想新颖、内容详备、体例完善的新方志。

编纂新方志，要把社会经济放在首位。唯物史观认为，物质生产活动是人类最基本的实践活动，是决定其他一切历史活动的基础。要记述一地区的政权、司法、党派、兵役、宗教、学校和艺术等上层建筑各部门产生和发展的历史，不能离开对经济基础的研究。上层建筑发生变革的原因，不能仅仅从意识形态和政治斗争中去寻找，而应从经济基础的发展、变化中去探求。旧方志在内容上，往往反映社会意识多，记载地方经济少，尤其对社会生产力的发展变革，很少给以科学的说明。我们今天编纂新方志，必须把颠倒了的关系重新颠倒过来，认真研究地方的社会经济，仔细分析各个时期的社会经济形态，包括生产资料所有制，人们在生产、交换中的关系以及生产力的发展状况，对于工业、农业、手工业、商业、交通运输业和财政金融的历史和现状都要详细记载。只有认真研究国计民生，才能透彻地说明社会现象的发展变化。同时，在叙述当地各个时期的经济、政治、军事和思想文化的发展状况时，必须注意从经济基础和上层建筑之间的辩证统一的关系中，揭示它们之间的内部联系，不能习惯地把当地历史切成几大块，孤立地罗列一大堆历史现象。

编纂新方志，要有鲜明的阶级观点，用阶级分析的方法研究历史上阶级和阶级斗争赖以存在的经济关系，揭露隐藏在政治斗争、军事斗争背后的各阶级的物质利益。旧方志的作者大都用剥削阶级的观点去反映历史，例如把当地的农民暴动和起义污蔑为"盗"、"贼"，一概贬斥这些暴动、起义起了"破坏"作用。五十年代后期，有的地区在试编新方志时由于受极左思潮影响，没有分析阶级斗争赖以存在的经济关系和各阶级的物质利益，片面强调政治斗争、武装斗争的作用，把地方志写成单纯的阶级斗争史或地方的革命斗争史。今天，我们编纂新方志，必须在马克思主义学说的指导下，把阶级斗争和特定的生产方式、经济结构联系起来考察，正确阐明发展规律。

在阶级社会中，人们的思想和行动，体现了一定阶级的利益和要求。因此，研究历史必须学会运用阶级分析的方法，从任何一种有关道德、宗教、政治和社会的言论和声明中，揭示出它所反映的阶级利益。过去封建统治者所修的地方志，在名宦和人物卷内，记载了宦僚士绅的所谓"政绩"和"善行"，并把他们说成是代表全民利益的，从而掩盖了这些历史人物的阶级面目。今天，我们编纂新方志，必须牢牢掌握阶级分析的方法，从历史人物的言论和行动的总倾向中，弄清他们代表了哪个阶级的利益，为哪个阶级服务，从而揭示出历史人物的阶级属性，实事求是地反映他们的本来面目。

编纂新方志，要正确处理人民群众和个人在历史上的作用问题。唯物史观肯定人民群众是历史的创造者，同时承认个人在历史上的作用。旧方志往往不适当地夸大少数帝王将相和官僚士绅的个人作用，宣扬唯心主义的英雄史观，没有给人民群众以应有的历史地位。今天我们编纂新方志，必须充分反映人民群众在生产斗争和阶级斗争中的事迹，歌颂他们的聪明才智和首创精神，高度评价他们勤劳勇敢、艰苦奋斗、不怕牺牲的优良品德。要为农民领袖、能工巧匠、劳动模范、战斗英雄、革命烈士歌功颂德，树碑立传。

我们在肯定人民群众创造历史的同时，也要承认个人在历史上的作用。列宁指出："历史必然性的思想也丝毫不损害个人在历史上的作用，因为全部历史正是由那些无疑是活动家的个人的行动构成的。"① 这些活动家，包括无产阶级和革命领袖和老一代无产阶级革命家，也包括少数剥削阶级的代表人物。因此，我们要大书特书无产阶级革命领袖和老一代无产阶级革命家的光辉业绩，同时，还要正确评价少数剥削阶级代表人物的历史作用。对于剥削阶级人物，我们不能仅仅以有无剥削和镇压过人民群众的反抗为标准，更主要的是要看他们对于当时社会历史的发展，是起了促进的作用，还是起了阻碍的作用。少数剥削阶级的代表人物，从本阶级的利益出发，曾经对发展社会经济、抵御外来入侵和繁荣祖国

---

① 列宁：《什么是"人民之友"以及他们如何攻击社会民主主义者？》，《列宁选集》第一卷，人民出版社一九六〇版，第二六页。

文化做过某种贡献。对此，我们都应该实事求是地予以肯定。应该把这些历史人物摆在当时的历史条件下进行分析研究，不是看他们和其他剥削阶级人物同样做了哪些坏事，而主要是看他们比其他剥削阶级人物多做了哪些好事，有没有为历史提供新的东西。根据上述原则，凡是对地方建设有所作为，有所建树，在当地的历史上有积极影响的人物，即使是剥削阶级的代表人物，我们都应该给予他们一定的历史地位。

编写地方志，要详细地占有资料，进行具体的分析，从中引申出科学的结论。只有充分地掌握可靠的资料，才有可能弄清事实的真相，编纂出有质量，有水平的地方志。要弄清事实的真相，就必须掌握有关事实的全部资料的总和，把一般和个别、主流和支流，本质和现象，严格地加以区别，并且从各种事实的联系中去掌握事实，反对唯心主义和形而上学的臆断。必须尊重客观事实，反对主观主义，反对片面性。要如实地反映地方现状，有忧报忧，有喜报喜，不讲假话；要真实地叙述地方历史，光明就是光明，黑暗就是黑暗，不要把光明写成黑暗，也不要把黑暗写成光明；要正确地评价地方历史人物，坚持秉笔直书，功就是功，过就是过，要实事求是地估价地方工作，成绩就是成绩，错误就是错误，有几分成绩写几分成绩，有几分错误写几分错误。只有这样，才能编写出经得起历史考验的、高质量、高水平的地方志。

编纂新方志，必须深入实际，开展广泛的调查研究，认真地核实资料。要采取严肃的态度，运用多种形式，进行深入细致的调查研究和实地考察，反复核实资料。对于一些真伪莫辨，一时难以判断的人和事，不要轻易下结论，可以几说并列，采取存疑的办法。

编纂新方志，必须在掌握大量可靠资料的基础上，认真探索客观事物发展的规律。占有资料毕竟不是目的，更重要的是要在这基础上，运用马克思主义的立场、观点和方法，认真地进行分析研究，正确地反映地方的历史和现状，阐明地方历史发展的规律，总结历史的经验和教训。只有编纂出这样的地方志，才能为地方的社会主义现代化建设提供历史的借鉴和现实的依据。

第二节　方志编纂的原则

编纂新方志应该遵循以下几项原则：

（一）必须突出时代特点

地方志是一个地区某一时代历史横断面的真实反映，因此，编纂地方志必须突出时代的特点。

我们这个时代的特点是充满了人民的觉醒、人民的斗争、人民的战斗，也充满了人民的苦难与人民的欢乐。从鸦片战争算起一百多年，从"五四"算起六十多年，这是人民翻身做主人的时代；这是产生了伟大的中国共产党的时代；这是我们进行了翻天覆地的伟大改革，开辟了前进的道路，正在建设一个伟大的社会主义强国的新时代。我们编纂新方志，就是要写出这一个伟大时代的真实面貌，反映出人民群众推翻三座大山、艰苦创业的伟大场面与过程。如果从一八四〇年鸦片战争写起，到一九八〇年为止，这就需要反映出半殖民地半封建社会和社会主义社会两个不同的时代特点。

如何反映这一时代特点呢？首先必须掌握马列主义、毛泽东思想的基本观点。毛泽东思想是马克思列宁主义在中国的运用和发展，是被实践证明了的关于中国革命的正确的理论原则和经验总结，体现了时代的精神，特别是关于新民主主义革命、关于社会主义革命和社会主义建设、关于革命军队的建设和军事战略、关于政策和策略、关于思想政治工作和文化工作、关于党的建设等理论对编纂新方志具有十分重要的指导意义。

其次，必须吸收旧志的长处，采用各种先进的方法。图文并茂是旧志的一个优点。旧方志一般都绘有疆域图、分区图和山川图等等，冠于卷首，看图读史，便于查考地方建置的兴废，了解疆域大小、道路远近、形势险要和农田水利利弊所在。例如，清雍正八年纂修的《河南通志》卷二，全部是地图，计有《河南郡县图》、《河南省城图》、《河南八府七州总图》、各府州分图，还有《文王演周易图》、《周公营建洛邑图》、《中岳嵩山图》和《王屋山图》等等，卷末附有相当详细的《黄河图》。又如清乾隆五十三年纂修的《杞县志》，列有县城、学宫、县署、县境以及河渠诸图。但旧志的地图都凭直观描绘，精确度较差。今天我们编纂新方志，必须继承和发扬旧志的这一优点，运用现代最新的测绘技术绘制疆域图、地形图、分区图、气候图、水文图、土壤图、物产图和名胜图等等。旧志中星占、分野这类牵强附会的办法，应该废置不用，而采用现代科学方法，更准确地反映客观事物。诸如山的高度，可用海拔高度表示；地理位置可用经纬度表示；还可以附上各种照片，这样可以大大丰富图的内容，使地方志的面貌焕然一新，引人入胜。

比较系统、全面地记载一个地区的天文、气象、水利以及历年发生的水、旱、冰雹、地震等各种自然灾害的资料，是旧志的又一长处，尽管里面掺杂了很多神怪、迷信的谬说，但仍然为我们保留了大量有价值的材料。今天我们编纂新方志，必须学习这一长处，采用各种先进的科学方法，正确地记录各个地区自然现象的变化。例如气象，近年来，随着人造地球卫星、电子计算机等先进技术广泛应用于气象学领域，使天气预报越来越可靠，气象资料积累越来越多。因此，各地编纂新方志，可以根据气象台的气象记录写出气温变化和降雨量的具体数据，画出各种比较图表，从而真实地反映出当地气象变化的规律。又如对地震灾情的记载，不仅要如实地记述震前的各种预兆、震时的具体情形和震后的破坏程度，还要记下运用地震仪器测定的震级强度，这样可以使地震的资料更具有科学的价值。

再次，编纂新方志，还必须采用新的材料。

人类的历史是一个不断地从必然王国向自由王国发展的历史。就社会生产来说，科学上的重大发现和技术上的重大发明，往往在生产上引起划时代的革命。蒸汽机的发明，电力的使用，原子能的利用，电子工业的兴起，都不断地改变了整个社会生产的面貌。现代科学技术不断地提供新的能源、新的材料、新的设备、新的工艺和新的产品，为生产开辟新的途径，大大提高劳动生产率。因此，社会生产的领域不断扩大，门类不断增多，社会分工越来越细密，这一切变化，已使旧时代与今天不可同日而语。例如工业，我国封建时代只有生产规模狭小、技术落后的手工业，在社会经济中占统治地位的是自给自足的自然经济；到了近代半殖民地半封建社会，在外国资本主义侵入的刺激下，我国的民族资本主义虽然有了一定程度的发展，出现了一些近代的大工业，但大多数是棉纺织和食品加工等轻工业。建国以来，随着国家的社会主义工业化和对资本主义工商业社会主义改造的完成，我国目前不仅拥有冶金、机械、造船、汽车、煤炭、石油、电力等各种门类的重工业，还拥有纺织、食品、化工、造纸、印刷、橡胶等各种门类的轻工业，近几年来又出现了电子工业和石油化工等一批新兴的工业部门。这些众多的厂矿企业的状况，在新方志中不能不加以反映。又如交通运输业，古代的交通工具只有车、马和帆船，以及与此相适应的水、陆驿站网，今天已拥有汽车、火车、轮船和飞机等各种现代化的交通工具,与此相适应的是四通八达的公路运输网、铁路运输网、内河航运网和航空干线等。在交通运输部门所发生的变化,在新方志中同样必须有所反映。随着社会经济的迅速发展,文化、艺术、教育、科技、卫生、体育等各项事业,都有了巨大发展,社会生活和风俗习惯等各方面,也都发生了深刻的变化,这些同样是新方志不可缺少的组成部分。

总之,只有用新的观点、新的方法和新的材料编纂地方志,才能使新方志反映出时代的特点。

(二)必须反映出地方的特色

我国是一个幅员广阔、人口众多、物产丰富、文化发达和历史悠久的大国,由于历史沿革、地理位置、地形气候、物产资源、风土人情和工农业生产的发展状况不同,各地区的情况千差万别,因而形成了各个地区之间的不同特点。不仅城市与乡村不同,平原与山区、沿海与内地、内地与边疆也不同,尤其是少数民族聚居区又有自己的特点。地方志既然是反映一个地区政治、经济、军事和文化等各方面的历史和现状,为本地区的社会主义现代化建设服务的,因此,我们编纂新方志,既要注意各地区的共同性,又要注意各地区的特殊性;既要有全局观点,又要反映地方特点。《关于新市志编修方案的建议草案》说:"编纂城市志不能强求一律,应根据不同城市的不同情况,突出不同特点,体现各自历史与现状的面貌。"《关于新县志编修方案的建议草案》也说:"我国幅员辽阔，地区差异性大，经过深入调查研究，综合分析，抓住地方特点，努力反映本地区各种事物发展的特殊规律，防止一般化。"

为了处理好矛盾的普遍性和特殊性、共性和个性的关系，编纂新方志既要有一般的编写原则、要求和体例，又要认真地研究地方特点，既要看倒各个地区之间相同的一面，也要看到不同的一面。例如，虽然全国各地都有轻重工业，但有的是著名的钢铁基地，拥有现代化的大型联合企业，有的却是传统的手工艺品的产地，仍旧采用手工操作。虽然从鸦片战争以来，全国各地都受到了帝国主义的军事、政治、经济和文化的侵略，但沿海地区入侵的时间要早一些，受害要深一些；内地和山区入侵的时间要迟一些，受害要浅一些。虽然全国各地都经历了新民主主义革命，但在抗日战争时期，有的是抗日民主根据地，有的是国民党统治区，有的则是沦陷区；在解放战争时期，有的是老解放区，有的是新解放区，有的是晚解放区。虽然全国各地的民情风俗有着共同特点，但由于民族和传统的不同，又有着各地不同的特征。因此，只有通过分析比较，才能找出地方的不同特点。

同样，同一个地区的不同行业内，或者是同一个地区的相同行业内，也都存在着矛盾的普遍性和特殊性、共性和个性的关系问题。如安徽省的淮南市和马鞍山市，都是工业城市，但淮南市是由若干分散的矿井群所组成，而马鞍山市则由一个大钢铁厂和一批为它服务的厂矿所组成，呈现出不同的工业结构，因此，新方志除了反映出两个工业城市的共同点外，还必须反映出各自的特征。

要正确地反映出地方的特点，从制订体例、篇目，到资料的搜集、整理，以至撰写定稿，都必须有详有略，有所侧重，防止公式化和一般化。在拟订体例、篇目时，必须注意结合本地的实际，反映地方的特点，切忌照搬照套其他地区现成的东西。例如苏州的园林，历史悠久，举世闻名，宋范成大编修《吴郡志》，在篇目中就把"园亭"单独立为一卷，这就突出了苏州"池馆林泉之胜，号吴中第一"的地方特点，这种编修方法可供我们参考。篇目拟订后，在调查研究搜集资料的过程中，应该防止平均使用力量。凡是能反映地方特点的项目，应该作为调查研究的重点，认真搜集资料。在撰写过程中，详其所当详，略其所当略；既具有时代的特点，又具有鲜明的地方特色。

（三）必须坚持详今略古的原则

编纂新方志，在处理古今问题上，应该坚持详今略古，详近略远的原则，着重反映辛亥以来，特别是建国以后的历史和现状。凡历史沿革、行政区划、自然地理、自然资源、自然灾害等，可以向上延伸至该地建置开始的时候；但只需扼要地加以追叙，不必占用较多的篇幅。"古今关系，必须配置适当，不能轻重倒置。追叙历史，不论自然现象或社会活动，都要注意'古为今用'的原则。编纂新志书的出发点，应该是有助于社会主义现代化的建设事业，不论是物质文明还是精神文明的建设。"①

历代封建统治者编纂地方志,也都强调详今略古,也总是以近几十年的地方历史为重点。这样,不仅可以避免同旧志的内容重复,而且,更重要的是可以为后代留下更多的当地的新材料,从而体现出新方志的特色。衡量一部地方志价值的高低和质量的好坏,不仅看它的结构是否严谨、论述是否精当,更主要的是看它有没有如实地记载了当时当地的新材料。

当然,如果不写历史,只记现状,这也是不正确的。因为观察任何自然现象和社会现象,都不能离开它的历史发展过程,否则就不可能获得正确、完整的认识。但如果不分轻重主次,漫无边际地编写贯通古今的新方志,这不仅使成书遥遥无期,失去了地方志为现实斗争服务的意义,而且也决非一市一县的力量所能办到的。我国有文字记载的历史长达三四千年之久,追本溯源,从古到今,工程浩大。这只能留给有关科研单位花较长的时间去完成。

一般来说,历史的发展,离我们越近,和我们现实生活的关系就越密切,对我们当前的工作也就越有参考价值。近现代中国的历史与今天的中国社会,存在着千丝万缕的联系。这一时期中国以及世界发生的重大事变,无不与今天的中国社会息息相关。尤其是建国三十余年的历史,和我们当前的

---

① 梁寒冰:《整理旧方志与编辑新方志刍议》,《中国地方史志通讯》一九八一年第五—六期合刊。

社会主义现代化建设有着更为密切、更为直接的联系。因此，我们应该重点反映三十余年来地方面貌所发生的翻天覆地的变化，这是我们这一代人应尽的责任。

坚持详今略古的原则，这是确定无疑的。但新方志和旧方志具有一定的继承性，这就有一个新志和旧志之间的衔接问题。有些篇目应当新旧衔接，连续编写下去，某些篇目可以将旧志中具有科学意义和参考价值的内容，作为历史写进新志，并注明来源；对旧志中缺载或失实的重要内容，应在新志中予以补充和订正。

（四）必须有利于民族团结

我国自古以来就是一个统一的、多民族的国家。各族人民在长期的生产劳动中，共同开发了祖国的疆土，共同缔造了祖国悠久的历史和灿烂的文化。因此，编纂新方志，必须根据党的民族政策，以国内各民族一律平等的精神，正确地反映本地区各兄弟民族的历史和现状，以促进民族团结。

历代封建统治者编修的旧志，大都出于汉族封建文人之手，充满了封建正统观念和大汉族主义思想。他们对各兄弟民族采取歧视和敌对的态度，甚至污蔑为"夷"、"狄"、"寇"、"虏"，很少对兄弟民族中杰出的历史人物立传，进行正确的评价。因此，必须认真鉴别过去的史料，摒弃含有大汉族主义和地方民族主义的糟粕，这是编纂新志必须引起注意的一个重要问题。

由于历史的原因，长期以来，汉民族在国家的政治、经济、文化生活中起着主导的作用。在几千年的共同发展中，汉族先进的政治、经济和文化，对各兄弟民族的历史产生了极其深刻的影响。但汉族自身也是在不断吸收兄弟民族创造的优秀文化传统中发展起来的，很多兄弟民族人民和汉族人民一道，在抵御外国侵略者、保卫祖国疆土的斗争中，作出过重大贡献。各兄弟民族在历史上，曾经有过自己的农学家、建筑学家、航海家、天文学家、数学家、文学家、政治家和思想家，也产生过自己的领袖。新方志必须反映出各兄弟民族对于祖国历史发展所作出的贡献，实事求是地评价各兄弟民族中的杰出人物。既要反映历史上各族人民之间存在着的经济文化交流和共同进行革命斗争的友好关系，也要反映历史上曾经存在的民族歧视、民族压迫和民族斗争的史实，以便揭露产生这种历史的阶级根源，消除历史上遗留下来的民族隔阂和民族歧视的心理。新方志必须重点反映建国三十余年来各兄弟民族聚居地区在党的领导下所发生的翻天覆地的巨大变化，但也要实事求是地指出各地在执行党的民族政策中所存在的缺点和问题，从而正确地反映出各兄弟民族聚居地区的历史和现状。

第三节 方志编纂的体例

编纂地方志，如果没有一个比较完善的体例，就很难把千头万绪、内容广泛的自然和社会现象有条不紊地表述出来，也很难反映出地方历史和现状的真实面貌。因此，如何建立适合新方志需要的新体例，已成为目前各地修志工作中亟待解决的一个重要问题。

编纂新方志，不论是省志、市志和县志，都必须制订出一个大体一致的基本篇目和体例，否则就会出现五花八门、各行其是的混乱现象。因此，中国地方史志协会根据部分地区修志工作的经验，拟定了《关于新编地方志工作条例的建议》以供各地参考。

为了建立新方志的编纂体例，必须注意解决如下几个带有共同性的问题：

（一）新方志的编纂体例，必须在批判继承旧方志传统的基础上，有所创新。

我们今天编纂新方志，并不是旧方志的续修，而是一种新的创造。因此，对待旧方志的体例，既不能拘泥成法，照套照搬，也不能采取简单否定的态度，而是应该在批判继承旧方志体例优点和长处的基础上，有所创新。

我国的旧方志，经过两千余年的发展，逐渐从地记、图经中脱颖而出，形成了别具一格的体例：地理、人文和艺文三者具备。凡地方自然和社会的各方面的历史和现状，无不囊括于一书。因此，它历来以内容广泛、资料详备而受到人们的称赞。宋代史学家司马光称地方志为"博物之书"，清代方志学家章学诚说它是"一方之全史"，近代又有人把它称之为地方的"百科全书"。我们编纂新方志，应该继承旧方志的这一优良传统，把新方志编纂成地方的"百科全书"。旧志体例中有很多优点，如明疆域以定空间，明断限以定时间，运用志、表、图、记、传等一套综合性的体裁来表述各种不同的内容等，这些对于我们编纂新方志，仍然具有一定的参考价值。但由于时代发生了巨大的变化，有些旧事物废弃了，有些新事物出现了。这就决定了旧志体例中用以概括旧事物的门类已不再适用，而新事物又必须另创新的门类来加以概括。因此，我们必须从今天的需要出发，在对旧志体例进行慎重鉴别的基础上，有所继承，有所创新，制订出一套适合于反映时代特点的新体例。

例如《武汉地方志》的体例，就是在批判地继承旧志体例的基础上产生的。编纂者一方面，继承了旧志体例中的很多优点，如运用旧志中一套综合性的体裁来编写新志；另一方面，又针对旧志不重视社会经济基础、忽视人民群众的历史作用的两大缺点，重新拟订了篇目。在二十五个分志篇目中，除概述、地理、建置等志外，还有工业志、交通志、农业志、商业志、外贸志、市政志、金融志、财政志、劳动志等等，反映经济方面的篇目占总篇目三分之一以上。同时，除在政治志中充分反映人民群众的历史作用外，又在其余二十几个分志中，努力反映出人民群众创造历史的伟大作用。

又如山西省《新编兴县志提纲》，针对旧志抹煞人民群众的历史作用，为当地孙、康两家大地主续家谱的唯心史观，

第四章　方志编纂的原则与体例

在新志中自始至终地贯串了一条劳动人民创造历史的红线，记载了当地人民在创造社会财富过程中的先进事迹和发明创造，介绍了人民群众反抗封建剥削、抵御外来侵略的斗争史迹。如把清末民国初王牛儿攻打满洲城，赵怀虎起义，义和团运动概述，杨四林打富济贫，金双喜、邬班定起义和裴郭女的反霸斗争等材料，作为《政治编》的附录辑入了新志，把千百年来被颠倒的历史重新颠倒过来。

（二）新方志的编纂体例，必须在全局观点的指导下，从地方的实际出发。为了做到这一点，既要有一个全国统一的有关新省志、市志和县志的编纂体例，规定出基本的篇目和修志的一般要求，又要鼓励各地根据当地的实际情况，勇于探索，敢于创新，制订出符合本地实际的编纂体例。如果没有一个全国统一的体例和基本篇目，各地编纂新志，就必然会发生五花八门的混乱现象；但如果对各地新方志的编纂，规定得过死、过严，硬性要求各地服从统一的体例，就必然会出现千篇一律的弊病。

基于上述精神，《关于新编地方志工作条例的建议》，虽规定了统一体例，附录了基本篇目，但又强调指出：应根据各地的具体情况，进行增删，不能强求一致。因此，各地在确定篇目门类时，应在全国统一体例和篇目的指导下，从当地的实际情况出发，分清主次轻重，进行增删，以反映出地方特点。如少数民族多的省、区设民族志，河南设黄河志，山东设海洋志，闽粤设华侨志。再如有的地方经济发达文化教育较落后，应着重反映当地的经济状况；有的地方农业发达工业较落后，应以记载农业的发展情况为主，工业可摆在次要地位；有的边疆少数民族的聚居地区尚无机器工业，可与商业合并为工商志；有的地方语言复杂，又有丰富的方言资料，方言可以自成一志。总之，应根据地方的特殊情况，酌量增减门类，不必强求一律。

例如武汉地区的手工业较为发达，因此，在《武汉地方志》的篇目中专设《手工业志》。它首先概述了解放前武汉的手工业状况和解放三十年来的发展变化，接着，便分述日用五金制品、五金工具、灯业工具、家用电器、竹木制品、木器家具、塑料工业、皮革工业、鞋帽工业、工艺美术、日用百货和文体作品等各行各业的具体情况。而在上述栏目中，又列出了曹正兴菜刀的传统生产特点及其发展，武汉桅灯的质量特点及其在全国同行业中的地位，武汉的衡器的变迁和轨道衡，黄兴记棕床的特点及其发展，武汉皮鞋的质量及其在全国的地位，汉绣的艺术特点及其发展，朱锡记算盘的传统生产特点及其发展，苏恒太纸伞的发展，陈波涛的牙雕及其艺术特色等等细目。这样既包罗了全面，又突出了武汉手工业生产的特点。从篇目的排列中，就反映出武汉手工业产品的多样性。

又如山西省兴县是我党重要的革命根据地之一。在抗日战争和解放战争时期，这里是晋绥边区首府所在地，也是晋绥抗日根据地的中心、陕甘宁边区的门户和党中央通往各抗日根据地的走廊，毛泽东、周恩来、贺龙、关向应等老一辈无产阶级革命家都曾在这里居住和活动过。在这里，毛泽东同志制定了解放全中国、建立中华人民共和国的战略决策，发表了《在晋绥干部会议上的讲话》和《对〈晋绥日报〉编辑人员的谈话》两篇光辉的文献。无疑，这些都应该成为新方志的重要内容。在《新编兴县志提纲》中，以一章十节的篇幅来反映抗日战争和解放战争时期我党在兴县的活动事迹，列出了《晋绥边区行政公署的建立》、《晋绥边区劳模会》、《晋绥士绅赴延安参观》、《晋绥临时参议会的召开》、《晋绥地区的土地改革》、《毛主席来到了蔡家崖》、《晋绥干部支援大西北》等等的细目，这就充分反映了兴县作为老革命根据地的特点。

新方志篇目的编排次序，应先自然，后社会，因为自然条件是人类活动的基础。自然方面，应分为地貌、气候、水文、土壤、植物、动物、资源等门类，而自然资源，应包括土地资源、生物资源、森林资源、水利资源和矿产资源等内容。社会方面，应先经济，后政治、军事和文化，因为经济是基础，政治、军事和文化都属于上层建筑。而在经济栏内，应先农、林、牧、副、渔，后工业、手工业、交通运输业、商业和金融财政，因为农业是国民经济的基础。一般说来，这样的编排次序，比较科学。

（三）新方志的编纂体例，宜采用志、记、图、表、传相结合的形式。

旧方志的体例，虽然多种多样，但绝大多数沿袭司马迁

《史记》和班固《汉书》的记、表、书、志、传等史体，只是稍加变通而已。这套综合性的体裁，可以灵活地记载不同题材的内容，反映复杂的社会历史面貌，因此，在我国流传了二千余年之久。旧方志一般都用本纪体记载大事，用列传体记载人物，用书志体记载地理、政治、经济、文化各类专题，并佐以图、表。今天我们编纂新方志，在还没有创造出更适合于表述新志内容的新的体裁之前，不妨仍沿用这套综合性的体裁。其中"记"，就是历史大事记，记载当地历史上的重大事件和重要人物的活动。"志"，是地方志的主体，它用文字叙述各方面的情况，可以按照比较宽的范围（内容）来立志，如地理志、艺术志等，但要尽量避免写成工作总结。"传"则指人物传记。当然，这种体裁，是否适用于新方志的编纂，还需要经过实践的检验，还需要不断地加以发展和完善。应该在能够保存完整、系统、可靠的文献资料的前提下，对于体裁的运用，提倡勇于探索，敢于创新。

关于新方志的结构，省志一般可按册、篇、章、节、目五层排列，如门类繁多、篇幅宏大者，还可以在册前增设"卷"。但要求纲目相宜，归属得体；时类并举，经纬结合；排列有序，层次分明。市志，一般大城市可设篇、门、目三层；中小城市可设篇、目两层。县志，一般以三层为宜，类目不宜分得过细过繁。为编写方便，在文中可以添加若干小标题作为细目。各省、市、县志层次的安排，应根据各类目的具体内容而定，不必强求一律。

从目前各地拟订的新方志编写纲目来看，一般都采用了记、志、图、表、传相结合的综合性体裁。如《济南市志篇目提要初稿》，首列概述，大事年表，次列地理、政治、军事、工业、交通、农业、商业、财政、金融、城建、教育、文化、卫生、体育、文物、宗教、学术、人物等十八个专志，最后加上杂志和附录。在上述各志中，都按照时间顺序和不同门类，另立细目。又如四川省《新修什邡县志纲目初稿》，首列什邡县全图和县城全图，并附有详细说明和历代所修县志各种版本、文物、古迹等照片，次列建置沿革、自然地理、政法军事、农业生产、林业园艺、畜牧副渔、水利电力、工业生产、交通邮电、商业贸易、财政金融、教科文化、卫生体育、社会风土、历代人物等十五个专志，最后列古今大事记、杂记和附录。在各专志中，又按编、章、节三层编排。再如江苏省《常熟县新志纲目草稿》，分列建置沿革、自然地理、政治军事、农业水利、工业交通、财政贸易、教科体卫、文化美术、社会风土和知名人物等十个专志，最后列大事记和志余，在各专志中，都按章、节、目三层编排。

值得引起注意的是四川省《邛崃县新志编写提纲初稿》，对传统的史体只吸取其精神而不拘泥其形式，也不沿用其名称，全部按编、章、节通史形式编写。全志分概述、建置沿革、大事记、政治、军事、农业、工矿、交通运输、邮电、财政金融、商业贸易、文化教育、科学技术、民政劳动、人物、杂记和文存等十七编，每编中又分若干章、节。

上述两种编纂方法，哪一种更科学，还有待于实践检验。

（四）新方志的编纂应以时为经，以事为纬，处理好纵、横之间的关系。

历史科学必须正确反映时间和空间的观念。时间又称之为"经"，空间又称之为"纬"；或者称之为"纵"和"横"。地方志是一个地区、一个时代的横断面，必须处理好经和纬、纵和横之间的关系。清代章学诚说："史体纵看，志体横看。"他强调了地方志的横断面，这样才能反映出"一方之全"。近人黄炎培在主纂《川沙县志》时却说："一般方志，偏于横剖，而缺乏纵贯，则因果之效不彰。"① 金毓黻说："兹以方志记载一地方之全貌及其发展，实具一纵一横之用，横者为地方，纵者为时间，其体应以地方与时间二者交织为用。例如记载疆域、山川，宜于排比铺陈，则属于横；记载地方大事，必须按时顺序，则属于纵；其他门类记载政事、人文，又宜于纵横并用。兹修新志，拟取二者之长，灵活运用，不拘一格。"② 地方志应该以时为经，以事为纬，既要反映历史沿革的纵剖面，又要反映出时代的横断面。但从"一方之全史"和地方"百科全书"的要求出发，从总的方面来看，应以横为主，以纵为副，而在分述各个门类的专题内容时，有的是

---

① 黄炎培：《民国川沙县志·序》。
② 金毓黻：《普修新地方志的拟议》，《新建设》一九五六年第五期。

第四章 方志编纂的原则与体例

以纵为主，有的则是以横为主，有的是纵横交替并用，应根据各专题的具体内容而定。

《关于新编地方志工作条例的建议》对地方志的上下断限问题提出了如下的建议：

"第一批新编方志的上限，不宜硬性规定，各地可从实际出发，自由浮动。下限一般断至一九八一年中国共产党中央委员会《关于建国以来党的若干历史问题的决议》通过时止，以便下一次续修新志时能求得统一的上限。从一九八二年起，建议各省、市编纂地方年鉴，各县逐年编辑《县志资料汇编》，为今后修志储备资料。"

这个建议对新志的断限仅作了大致的规定，至于上下限的具体时间，由各省、市、县根据本地的实际情况和修志队伍的力量自行确定。如果从一八四〇年鸦片战争修起，到一九八一年为止，就包括了当地一百五十年的历史；如果从一九一一年辛亥革命开始，到一九八一年为止，也有七十年的历史。所以说地方志是一个地区历史和现状的横断面，这是因为它从一个地区自然、经济、政治、军事、文化、社会和人物等各个方面分门别类地加以叙述，因此，从总体上来看，它是以横为主，以纵为副。如按省志卷次，一般首卷为总述（或称概述），系提纲挈领综合叙述一省今昔之轮廓、各业之全貌及其发展的总过程，为省志之纲；次为大事记述（或大事记），即以编年体与记事本末体相结合，辑录一省政治、经济、文化等方面的大事，为省志之经；再次为地理志，系社会与自然相结合的综合志，从地理角度记叙一省全貌；再次为若干专志，即按事分类，类为一志，分别编纂各项事业，各个方面从历史到现状的面貌及发展过程，一般是以横断面为主体的专题记述，为省志之纬，是构成省志的主体部分。从省志的编纂体例来看，除概述和大事记外，都是按不同的门类和专题分设专志，构成省志的主体部分。但从各个专志来看，它对经济、政治、军事和文化等方面各个具体部门历史和现状的叙述，又必须条分缕析，按照时间的顺序反映出各种具体事物发生、发展和衰亡的过程。因此，就多数专志的具体项目来说，它又是以纵为主，以横为副，或者是纵横交替并用。

虽然按照断限，地方志一般反映一百五十年或七十年的历史和现状，但也并不尽然。有些门类，如建置沿革，要大大越过断限，追溯到遥远的古代；而有些门类项目的历史是很短暂的，如工业志中电子、石油化工等新兴工业，只有几年的历史。这就构成了部门林立、纵横交错的复杂画面，尤其是经历了两个截然不同的新旧社会。因此，如何处理好纵横之间的关系，有条不紊地把地方各方面的历史和现状囊括无遗地表述出来，这确是一个值得探索的问题。《关于新省志编修方案的建议草案》提出了如下办法："一些前后时期具有本质区别，辑录内容差异又大的专志，也可以时代或朝代分篇，如分晚清、民国、建国以来三篇，或分建国以前和建国以后两篇，然后再以事类分章节。"这就是说，在各专志中，又按时代分篇，按事类分章节，即以纵为主，先纵后横，反映一省某一门类的历史和现状。《关于新县志编修方案的建议草案》则提出了两种编纂方法："每一个县在新旧社会制度下有着截然不同的面貌。因此在编写上可以采取横写和竖写两种不同的编纂方法。横写就是把一部县志分为上下两篇，以一九四九年为界线，上篇写解放前，下篇写解放后，每篇中的基本类目大体相同。竖写就是先不横切为上下两篇，按照基本类目竖向来写，在每一卷的专志中分为上下两篇。新修县志，以采取竖写的办法为宜。"前一种编纂方法实际上就是把整部地方志以一九四九年为界线，切成两个横断面加以叙述。后一种编纂方法和上述省志的办法相同，即在各专志中划分不同的时期，分类叙述。江苏省《无锡志》和《常熟县新志》，就是分别采用了上述两种不同的编纂方法。如《无锡志》以一八八一年为上限，这是因为原《金匮县志》只修到一八八〇年，新修《无锡志》必须续下去。但无锡地区在解放前只设县，解放后才分置市、县。为了反映历史的真实面貌，因此，解放前近六十年历史，由市、县联合编纂《无锡县志》作为《无锡志》的上编；解放后市、县分开，因此，这三十余年的历史，由市、县分别纂修无锡市志和县志，作为《无锡志》的下编。《常熟县新志》以一九一一年辛亥革命为上限，在各有关专志中分成民国时期和建国以来两个时期，然后按事类分章节叙述。上述两种不同的编纂方法，究竟采用哪一种为好，同样有待于实践的检验。

（五）新方志的编纂体例，应合理安排著述和资料部分的比例，以保持地方志资料性的特色。

地方志起着保存地方文献，积累历史资料的作用，具有资料性强的特色，但并不是资料汇编。就体裁而论，地方志大都包括两大部分，一部分是编纂者根据资料撰写的著述，另一部分是原始资料。如何合理地安排著述和资料的比例，这是一个值得研究的问题。如果全部是编纂者的著述，则很多珍贵的原始资料无法保存；如果全部采集原始资料，又变成了一部资料汇编。宋以来历代所修的旧方志，有些是将著述和资料综合在一起，由编纂者用自己的语言，把各种资料分门别类的加以转述，从而使资料间接地保存了下来。但由于是转述，不免使有些珍贵的资料或遭节略，或遭割裂，或经修改而失其真。有些方志则很少著述，只是抄录官署案牍、公文奏疏之类，或记载历年户口、钱粮和赋役等各项数字，内容繁琐、芜杂。正如柳亚子所说："中国方志之书，汗牛充栋，撰作者绝少能手。上焉者，仅得如此史料，又多半生不熟，未经烹炼；下焉者，断烂朝报而已。"

清代方志学家章学诚提出的《方志立三书议》，确为一大创见，其用意无非是为了妥善解决著述和资料的关系问题。章氏主张把方志分成志、掌故和文征三大部分，以掌故和文征来保存原始资料。

今天我们编纂新方志，虽然没有必要全盘照搬章学诚的这套办法，但应从今天的需要出发，吸取其精神，创造出一套新的方法。首先应该考虑的是如何加强著述部分。如果我们仍然按照旧志的编纂方法，仅仅满足于对本地区各种历史资料的排比和罗列，显然是不够的，为了说明问题，更好地反映事物的本质，必须在广征博采的基础上，在马克思、列宁主义和毛泽东思想的指导下，对资料进行认真的鉴别、选择、整理和概括，即进行去粗取精、去伪存真，并由此及彼、由表及里，透过纷纭复杂的现象，抓住事物的本质，从中找出规律性的东西来。只有这样，才能编纂出一部科学地反映本地区历史和现状真实面貌的地方志，以帮助我们认识和利用客观规律，为社会主义的现代化建设服务。但这并不是说新方志不需要保存原始资料，而应该是在写好各个专志的基础上，把各种完整的、有价值的原始资料作为附录，分别附在著述之后，这样不仅可以充实著述的内容，也能将较多的原始资料完整地保存下来，从而使著述和资料能得到较为妥善的安排。

第四节　方志编纂中的人物立传问题

人物立传问题，本属方志编纂体例范围，由于这个问题讨论较多，意见也不一致，故作专门论述。

人物志是地方志的一个重要组成部分。各个时代的历史，总是由各种人物的活动构成的。因此，人物的历史必然在整个社会历史中占有相当重要的地位。一部廿四史，人物列传就占有三分之二的篇幅，成为研究各个时代政治、经济、军事和文化的重要依据。在封建社会里，纪传体的史书被皇帝"钦定"，视为"正史"，其主要原因之一，就是因为这种以记述人物为主的体裁，便于表彰帝王将相，为统治者树碑立传，适合封建统治者的需要。

封建时代的地方志，特别是宋元以后，在体裁和内容上，都深受纪传体史书的影响。从现存的大量明清时代的方志来看，差不多都是以人物为其主要内容。如明代嘉靖《永康县志》，共八卷四十六目，其中关于人物的有三卷十六目。清乾隆年间编修的《闻喜县志》，也以记述人物为主要内容，记述田赋、户口、仓储等类的内容，总共不足六页纸，还不如书中宋代赵鼎一个人的传记多。因此，某些县志被后人称为权势人家的"家谱"。辛亥革命以后，一些志书的编者，比较注意反映社会经济方面的内容，但是，人物的记述，仍然是志书的一项重要内容。

今天，我们编纂新方志，人物在整个志书中所占的比重虽不能像旧志那样（一般说来，志书应以记述经济文化方面的内容为主），但仍应占有重要的地位。社会上也往往注重地方志书中的人物。因此，必须在新编方志中写好人物传。但在地方志中如何为人物立传，历来争议颇多，分歧也较大。我们应该在认真研究旧志得失的基础上，正确地解决这个问题，以利于修志工作的展开。

首先是为人物立传的范围和取舍标准的问题。旧方志的人物志，所占篇幅很大，但绝大多数都是为地主官僚歌功颂德，冗滥、芜杂、虚假失实，这当然是不可取法的。一般说来，凡属近百年来对本地区社会历史发展具有影响的已故人物，不论正面人物或反面人物，都可编写传记入志。根据山西省修志工作的经验，编写人物志应该坚持"略古详今"的原则。凡属我国古代历史上的著名人物，在过去旧史书和旧方志中多有记载，没有必要重复，应该把重点放在近代，特别是现代和当代。当然，旧志有传的人物，如条件许可，列历史人物表备查，也是可行的。旧志无传的人物如农民起义领袖，不为旧志重视的各类人物，如有足够资料，也应补立传记。方志人物传，应遵循我国史学"生不立传"的惯例，不为在世人立传。对生人可以编写事迹介绍，述录于有关的类目中，或作资料保存，以备后用。我国历代旧史和旧志，都采取"盖棺论定"的原则，这是因为生人事迹未完，是善是恶，很难定论。如果仅根据其前半生的功绩立传，一旦晚节不终，影响很难挽回，而且为生人立传，往往碍于情面，容易产生虚假失实的弊病。因此，新方志坚持这一原则，无疑是正确的。

关于收录人物的范围，应包括如下几种人：

（1）凡籍属本地，或虽籍属外地而在本地工作过的，经正式论定的革命烈士；

（2）凡籍属本地，或虽籍属外地而在本地工作过的，已去世的著名的劳动模范、先进工作者和战斗英雄；

（3）在社会主义革命和建设中，对改变地方落后面貌作出较大贡献而目前已去世的地方党政领导同志；

（4）凡籍属本地，或虽籍属外地而在本地工作过的、已去世的著名的科学家、教育家、文学家、艺术家和医学家，包括对地方文化教育事业作出贡献的知名人物；

（5）凡籍属本地，或虽籍属外地而在本地工作的、对本地历史发展起过一定促进作用的已故实业家、资本家、宗教家和国民党军政人员；

（6）凡籍属本地，或虽籍属外地而在本地工作的、对本地建设作出过贡献的已故爱国侨胞、外籍华裔。

除了为上述六种人立传外，也应该为反面人物立传。旧志在"以彰一邑之盛"的原则下，大多"隐恶扬善"，不为反面人物立传。其结果是使部分人物的史料湮没无闻。我们今天编纂新方志，应该尽量做到善恶并列，对那些劣迹昭著、恶贯满盈的反面人物，也应立传谴责，使后人引以为戒。当然，应该坚持以正面人物为主、反面人物为辅的原则，正面人物应多于反面人物。

总之，凡是曾推动或阻碍历史发展、促进或延缓社会进步、有过重大影响和作用的已故人物，都应考虑为之立传，次要的人物可列入人物表。

其次，为历史人物立传，必须运用历史唯物主义原理，坚持实事求是的原则。评价历史人物，尤其是剥削阶级的代表人物，必须把他们放到当时的历史环境中，置于一定的历史条件下，力求切合实际、恰如其分；不拔高溢美，不贬低苛求；不为尊者讳、亲者讳、贤者讳。凡是对地方历史的发展有所建树、有所贡献的人，即使有严重过错，甚至是罪恶，我们也应该实事求是进行一分为二的分析，功就是功，过就是过，功不掩过，过不害功。

编写人物传记时，还应注意下列问题：

方志中的人物传应具有相当的广泛性，注意记述各方面有代表性的人物，如医生、艺人、工商业者、劳动模范、优秀的教育工作者等等，不能全以官职为凭。由于各个人物所处的社会地位及其对社会的影响不同。因此，在选择这些历史人物时，最好把同类型的人物排队加以比较，这样才能较好地确定立传的对象。立传对象的确定，可以先宽一些，后严一些（先收集资料、再研究确定）。对于各类型人物，最好能有一个基本的估量，做到心中有数，便于掌握。

写方志中的人物传，不能没有褒贬，应慎重从事，寓褒贬于叙事之中。关于我党历史上的人物，包括革命烈士在内，一般说来，应以扬善为主。如果有缺点和过失，当然也应当写出来，但不应影响立传人物的主流。个别人物早期是革命的，后期跑到敌人营垒中去，对于这样的人物也应实事求是地处理。人物传应避免写成简历表，防止一般化。有些人物传没有具体的人物活动事迹，却任意地加上"品学兼优"、"誉满全县"、"罪恶昭彰"之类的评语，使人觉得空洞、生硬。对于反动人物，有的仅仅交代其职务、简历，而不述及具体事实，这样就很难发挥志书扬善惩恶的作用。

方志中的人物传，不仅要注意人物事迹的准确、可靠，还应讲究写法。人物传记的写法，目前大致有三种：

简历式。即仅记某人一生任职的情况，不及其事迹，有如简历。

悼词式。除记述立传人职务外，末尾加写评语，比简历较详，评语又自悼词来，立论较稳妥。

传记式。不仅写人物的简历，还写出人物的事迹言行，反映人物的个性和特点，这就是《史记》、《汉书》撰写人物传的方法。

三种方法，可以根据传主的事迹与影响灵活使用。一部志书中的人物，各种类型都有，不要平均用力。有些重要的历史人物可以撰写较为详细的传记；有些次要人物可以编写人物简历；还可以运用人物表、英名录等形式，补充文字资料的不足。《山西省志·人物志》采用了五种人物表，如《清末山西职官表》、《中华民国山西省职官表》、《日伪山西省职官表》、《抗日根据地主要党政领导人名录》和《建国以来山西省党政主要领导人名录》等。这种形式可供各地参考。

关于人物传的排列方法，旧志基本上是分类（按性质）排列。省志中的人物传，仍多采用这种方法。县志中的人物，由于各地的情况不同，各种类型的人物所占的比重不同，有的采取分类排列方法，有的按姓氏笔画排列，有的按生年或卒年顺序排列，如何排列为好，各地可以自由选择。

方志中的人物传，还应注意文字问题。人物传的文字要求严格，需再三斟酌，恰如其分，适合于人物的身份、特点、个性，防止一般化。为了体现历史的特点和人物的特点，引用一些传主的原话（原文）是可以的。但清末、北洋时期多为文言文，如大段引用，可能写成半文半白，应注意引文少而精，恰到好处。另外，编志人员写人物传时，用来说明传主思想的文字（语言），最好是其本人的，要少用编志人员分析、推论的语言。因为这种分析、推论出来的东西可能不准确。

又如写学者的传记，不仅要写其生平、著作，也要写出本人的学术主张以及在学术界的影响。有的志书上的学术界人物传，只著录他的学术著作名称（这是应该的），但一字不提他的主要学术思想和主张，使读者不得要领。《清史稿》中的《章学诚传》，文字并不多（二百多字），写的也并不好，但对章氏的学术贡献还有所评介。如果对学者的思想、学术主张，难以简要介绍，也可以仿照《史记》、《汉书》的办法，在学者传中，摘录他的某些原著，借以说明他的思想、学术主张。这种方法也同样适用于写其他各类人物。

立人物传时，地方志还有个很重要的任务，就是要努力发掘人物。因为每个人的情况不同，有的人在有生之年发挥作用，得到了社会的重视与评论；有的人在他生前并没有得到重视，死后影响却越来越大。编写地方志人物传的宗旨，就是要评论人物、衡量人物、发掘人物、识别人物。在大人物与小人物的立传问题上，大人物固然重要，但小人物也不应忽视。一般说来，大人物不容易漏掉，你不写，别人也会写；这里不写，那里也会写。小人物却易被遗忘，如果地方志再不给予反映，那就很容易被埋没。而那些声名不显的人，其有关资料往往在身后为人所重视。总之，我们从前人手中继承了地方志这一丰富遗产，利用了其中宝贵的资料，我们同样也有义务为后人积累和保存资料，造福于后世，不应该在方志编纂中留下空白。

第五章 方志编纂的方法与步骤

编纂新方志，应包括建立编志机构、培训编志人员、搜集编志资料以及撰写志稿等几个步骤，现就这几个步骤分述如下。

第一节 编志机构的建立

编纂新方志是一项牵涉面很广、十分艰巨的工作。时代在前进，现在的社会结构较旧时代要复杂得多，社会分工也细密得多。编纂新方志，要研究本地区的自然、社会、人文各个方面的历史和现状，涉及社会科学和自然科学以及各个实际工作部门的业务知识，决非个别单位和少数人所能胜任。旧时代那种独力"私修"和延聘少数文人学者"官修"的做法，在今天是行不通了。因此，必须在当地党和政府的领导和支持下，坚持群策群力的原则，把行政力量、学术力量和社会力量结合起来，建立相应的得力机构，专司其责，才能完成这项时代赋予的光荣任务。

一九八一年七、八月间在山西省太原市举行的中国地方史志协会成立大会暨首届地方史志学术讨论会，曾就建立编志机构的问题提出过建议。这里，我们根据大会的建议和我们的看法谈谈以下几个问题。

（一）关于建立全国性编修地方志领导机构问题。

我们的党和国家对地方志的编修工作，历来是很重视的。早在一九五六年，原科学规划委员会十二年哲学社会科学规划草案中，便提出了编写地方志的任务，并在国务院科学规划委员会成立了地方志小组。后来科委的社会科学部分并入中国科学院，地方志小组也转到中国科学院，成为"中国科学院地方志小组"。一九六二年，经中宣部同意，中国地方志小组由哲学社会科学部直接领导。直到一九六六年"文化大革命"开始后，地方志小组才被迫停止工作，全国的地方志工作也因而中断了。在一九五六年至一九六六年"文化大革命"开始前的十年间，不论在旧方志的收集整理方面，还是在新方志的编修方面，都做了大量的工作，取得了一定的成绩。情况表明，建立全国统一的地方志机构，对于领导、推动全国的修志工作至为重要，也深具意义。

一九七六年十月粉碎江青反革命集团以后，特别是党的十一届三中全会之后，随着党和国家的历史的伟大转折，编纂地方志的工作又出现了新的生机，地方史志事业呈现出蓬勃发展的新形势。在这个形势下，经过较长时间的讨论和酝酿,一九八一年八月,中国地方史志协会宣告成立。但它毕竟是一个群众性的学术团体,不可能、也无法发挥全国编修地方志工作的领导作用。相反,它从自身开展活动的实际经历中,日益感觉到建立全国地方志领导机构的紧迫性和必要性。

有了全国性的地方志领导机构,就可具体领导地方志工作,对全国的旧志收藏、整理和编纂新志及地方志编纂、研究人员的培养等工作,进行规划、研究,并帮助建立各级修志工作的领导体制,调动各方面的力量,把编纂新志的工作做细做好。

(二)关于建立省(市)、区地方志编纂机构问题。

"文化大革命"前,我国部分省(市)曾建立过省(市)地方志编纂机构。今后,各省(市)、区地方志编纂工作,应在中共省(市)、区党委、人大常委会、人民政府的领导下,设立省(市)、区地方志编纂委员会(下设办公室或编辑室)和各分志或专志的编纂领导小组(下设编写组)负责组织进行。省(市)、区地方志编纂委员会应由分管省(市)、区地方志编纂工作的党政负责人,承担各分志编纂任务的各部、委、办或厅、局、军区负责人,党史、文史资料、地名研究单位、有关高校、社科院(所)、图书馆、档案馆、博物馆等部门负责人以及当地有关的著名专家组成,委员人数多寡不拘。省(市)、区地方志编纂委员会可设主任委员一名和副主任委员若干名。主任委员最好能由省(市)、区主要负责人领衔兼任，而副主任委员中又必须有一二名系实际分管此项工作的省级领导人。其他参加委员会的各部、委、办或厅、局、军区负责人以及当地有关的著名专家，可视各人情况分别担任副主任委员或委员。委员会人数多的，可设常委会。各承担编纂分志任务的单位均须成立该分志的编纂领导小组，其组长应由该承担单位负责人兼任。如果有几个厅局联合编纂一个分志，其领导小组则应由主管的部、委的领导人兼任组长，以便加强协调。各分志编纂领导小组成员人数可视需要而定。

省（市）、区地方志编纂委员会下设办公室或编辑室，作为日常办事机构，负责处理编纂委员会的日常工作，组织整个省志（包括各个分志）的编纂工作，并指导州、县（市）志的编纂工作。办公室应设主任一名、副主任若干名。主任可由编纂委员会的一名副主任委员兼任或另配专人担任，副主任人数可视工作需要而定，必要时亦可请全部或部分方志编写工作的负责人兼任。在办公室正副主任下面应配备二三十名得力的专职干部分别组成行政组与编写组两个工作班子，可各由一名办公室副主任分管。行政组负责协助领导处理整个地方志编纂工作的组织领导事务。编写组负责审查修改各分志，统编整个省志并承担整个省志中难以分头编纂的部分如总志人物志的编写任务。在开展地方志编纂工作期间，最好能编印《工作通讯》，借以交流工作情况和经验，并建立一个资料室。至于整个编志办公室的后勤事务，可视情况，或单独组织专门班子负责，或将整个办公室设在省（市）、区人大常委会或省（市）、区政协内，而把后勤事务委托所在单位代办。当然，所需财、物应由省（市）、区政府作为专项开支拨给。

各分志编纂领导小组下设编写组，负责本分志的编写工作。编写组组长，最好由承担编纂任务单位的办公室主任或副主任兼任，以利组织协调、解放实际问题；副组长则须挑选熟悉业务，擅长写作，又有组织能力和热心修志的同志担任。编写组成员人数可视实际工作需要而定，其主干力量应是具有一定政治水平、专业水平和写作能力的同志，其人员可从现职干部中抽调。另外，还需聘请一些具有行政能力的干部参加，以便与上、下、左、右联系工作。当然还可聘请适当人员兼职撰稿。

以上省（市）、区编纂委员会的建立及其办公机构负责人的任命，均应由省（市）、区党委或省（市）、区人民政府发文通知全省（市）、区各单位，以便于与各单位建立工作联系。省（市）、区志编纂委员会及其办公机构建立之后，可用地方志工作会议或座谈会的形式召集有关部、委、办、厅、局、军区，党史、文史资料、地名研究单位，有关高校、社科院（所）、图书馆、档案馆、博物馆等部门实际负责修志工作的同志开会，讨论确定编纂工作规则、编纂体例原则，合理分配编纂任务，确定协作办法和工作进度要求等，以便各承担任务单位开展工作。

（三）关于建立州、县（市）志编纂机构问题。

编纂州、县（市）志，也需建立州、县（市）志编纂委员会及其办事机构。州、县（市）志编纂委员会，一般应由州、县（市）的主要行政负责人兼任主任委员，由一两位实际负责修志工作的州、县（市）领导人任副主任委员，并吸收各有关部门负责同志参加。州、县（市）志编纂委员会下面可设一办事机构，称州、县（市）志办公室或称州、县（市）志馆。州、县（市）志馆且可与州、县（市）档案馆合署办公，但须由人民政府增拨给一定的经费与人员编制。

州、县（市）志编纂委员会及其办事机构，负责筹划组织志书的编纂工作，负责指导社、镇志（史）的编写工作，并应支持私人修志。州、县（市）档案馆负责州、县（市）资料的调查征集、整理汇编，州、县（市）志馆在此基础上编修新县志。新州、县（市）志编好后，应将用过的资料立卷归档，由州、县（市）档案馆负责统一保管并提供使用。州、县（市）志编纂机构可视工作需要，聘请兼职或特约人员撰稿。

州、县（市）志的编纂工作最好能与省（市）、区志的编纂工作同时进行，因为编纂省（市）、区志需要吸收参考州、县（市）志的材料，而编纂州、县（市）志又需参考省（市）、区志对某些带共同性的问题的分析与估价，省（市）、区、州、县（市）同时开展编志工作，可收相辅相成的功效。

地方志的特征之一是"连续性"，旧时修志，往往有某一种志书创修后，每隔一个时期续修一次的情况。我们编纂地方志也不是一劳永逸的，为了反映各方面的新成就、新情况，也要每隔若干年再编修一次。这就需要在平时做好地方志资料的调查、征集、整理、汇编和立卷归档的工作，以备编纂新志时采择使用。

（四）关于创办地方史志学术团体问题。

鉴于地方史志研究，特别是编纂新型地方志的工作，任务艰巨，牵涉面广，思想性学术性较强，必须充分发动和组织各方面的人员，集思广益，通力协作，始能奏效。因此，各级新方志编纂机构建立后，除应与革命斗争史、党史、文史资料、地名研究等同级单位，以及档案馆、图书馆、博物馆等部门加强联系，相互支持，相互协作之外，还需创办各种地方史志学术团体，以团结广大有关专业工作者与业余爱好者，共同赞助此项事业。一九八一年七、八月间在山西省太原市成立的中国地方史志协会*，就是我国第一个全国性研究地方史志的群众性学术团体。

根据中国地方史志协会成立大会通过的章程，该协会的宗旨是："在马克思主义、毛泽东思想的指导下，促进中国地方史志研究、编修、教学、出版事业的发展，不断提高我国地方史志工作的水平，为社会主义现代化建设服务。"其基本

---

* 编按，一九八五年八月，在包头的会议上改名为"中国地方志协会"。

任务是："一、团结广大地方史志研究、编修、教学、出版工作者，协助有关领导部门制订统筹规划，组织分工协作；二、提倡中国地方史的研究、编写和教学，努力提高地方史理论，普及地方史知识；三、推动对历代地方志及方志学的整理、研究和出版工作；四、开展宣传工作，协助有关部门，广泛深入持久地征集地方史志资料；五、积极倡导用新的观点、新的方法、新的资料编修新的地方志；六、加强国内外学术交流，引进外国研究中国地方史志的成果和资料；七、编辑出版《中国地方史志》杂志，作为全国地方史工作进行联络和交流学术的中心。"各地均可参照该会章程，创办本地区的地方史志协会，以协助本地地方志编纂机构开展地方志的编纂和研究工作。

此外，各地也可根据可能与需要创办其他地方史志学术团体，如本地区某时期历史研究会、本地区党史研究会、本地区某专题史研究会、本地区的方志编纂学研究会等等。这些学术团体及其所组织的学术活动对地方史志的事业都大有裨益，因为对地方史志学术问题的深入探讨和对地方史志资料的搜集研究，都有助于提高地方史志的编纂质量。

第二节　专业人员的培训

编志机构的建立，只是修志工作的一个起点。要编写出志书来，还必须经过修志人员的艰苦努力，辛勤耕耘。所以，修志人员的数量众寡、水平高下，直接关系到志书的质量，这是必须认真对待的重大问题。

培养人才，可以采用"两条腿走路"的办法。一方面，综合性大学和师范院校的历史系科开设方志学课程或讲座，用专门知识武装学生，并让学生经过短期修志见习，初步接触修志实践，从而培养学生编修地方志的志趣和能力。这个办法，周期较长，是一种从长远需要出发，长期培养修志生力军的根本措施。另一方面，可用短期培训的办法培训修志人员。这种办法，时间短，见效快，可说是合宜之举。不论省（市）区、州县（市）都可以选拔一批具有高中以上文化程度，有一定历史地理和自然科学基础知识的专业人员，把他们集中起来，聘请一些对地方志与方志编纂学有研究的专家、学者进行短期培训。如全省集中培训有困难，可以分期分批地进行。一些地方的经验证明，如果不抓培训工作，即使初步建立了编纂机构，由于承担此项工作的同志不熟悉业务，工作起来也会困难重重，进展缓慢。经过培训，初步熟悉业务，工作便会取得较快的进展。

举办短期培训班（或称学习班、讨论班、研究班）必须注意以下几个方面：

1. 要有必要的时间，少则一两个月，多则半年都可以。如果只用三五天时间，草率过场，那是徒有其名，无补于事的。

2. 要有明确的目的：既要提高学员对修志意义的认识，又要培养和提高他们修志的业务能力。目的不明确，就会影响到教学计划的安排和具体的教学进程，造成损失。

3. 要有切合实际的教学计划和内容。一般讲，教学计划应当按照"虚实结合，分段进行"的原则来安排。前半段，主要以讲课为主，即以理论知识武装学员；后半段，提供有关新省（区）志、市志、县志的编修方案，让学员联系本地或本部门编志任务，进行深入的讨论、研究，结合修订或拟订学员自身参加编纂的地方志编修方案，即以研究理论知识、处理实际问题，进行训练活动。

关于培训班的教学内容，要根据从实际出发、"量体裁衣"的精神，视培训时间的长短，斟酌安排。大体上可包括以下内容：（1）党和国家有关修志的指示；（2）中国近百年历史的基本知识；（3）方志学基本知识；（4）有关政治、经济、文化各门专业的基本理论、方针政策；（5）本地历史和现状的基本情况。

4. 要注意积累和总结办培训班的经验，学习外地的经验。

坚持抓好修志人员的在职学习，也是提高他们业务能力的一种有效方式。关于这一点，各地修志机构都有不少成功的经验和深刻的体会，应当加以总结与交流。

第三节　资料的搜集、鉴别与整理

地方志之所以被称为地方之"百科全书"，是因为它是在收集大量地方资料的基础上编纂的,资料性很强。因此,收集充足的资料是编修新方志的先决条件,特别是在编志机构已经建立、修志队伍基本组成、体例篇目基本确定之后,资料工作就成为一段时期里的中心任务。

(一)关于搜集资料的范围问题

地方志既是全面记录一个地区自然、社会、人文的历史(一定时期的)和现状的地方百科全书。那么,为编写方志所要搜集的资料,在范围上便具有地区性、时间性和全面性的特点。地区性系指以搜集本地区即所要编写的志书的地区疆域的材料为主。前人修志就极重视这点,认为弄清志书所要包括的地区疆域乃修志的前提。地区疆域明确了,则所要搜集的材料即以此疆域范围为限,此疆域范围以外的固然也可收集,但那不过是为了参考或提供对比材料,不要不分本地区、外地区而漫无边际地进行搜集。时间性系指以搜集修志体例所规定时限以内的材料为主,并本着"详今略古"的原则对这些材料进行取舍,但有关历史沿革、行政区划、自然地理、自然资源、自然灾害等方面,则可以向上延伸至该地区建置开始的时候。全面性则指所要搜集的资料必须包括本地区自然、社会、人文各个方面。只有各方面的材料收全了,才能合而编写总志(或称总述、概述)以综合叙述本地区今昔之轮廓、各业之全貌及发展的总过程,以为全志之纲;分而事以类从、分门别类,分别编写各个方面、各项事业、从历史到现状的面貌和发展过程。各方面、各门类之间的主次详略比例关系，则应根据修志体例的要求而定。

至于具体的搜集资料范围，可以采取拟定搜集资料纲要的办法加以提示。以县志为例，湖北省地方志编纂委员会办公室即曾草拟了《县志资料采访纲要》。该纲要规定搜集县志资料必须包括基本情况、政治、军事、农林牧副渔、水利、工矿企业、交通运输与通讯、商业、财政、金融、教育、文化、医疗卫生等十四个方面。每个方面又分许多项目，例如基本情况又分：建置沿革、疆域位置与面积、行政区划、地质地貌、水文、土壤、气象、物产与资源、灾害、人口、民族、宗教、侨务、文物胜迹、风俗习惯以及人物事迹等等。总计共十四个方面所列不下三四百个项目，每目之下实际还可再分小点小节，足见搜集修志资料范围之广泛。

（二）关于编志资料的来源问题

地方志资料不仅范围非常广泛，而且形式又是极其复杂多样的。前人曾经对此作了多种分类。我们为了便于说明问题，不妨先将它分为两大类：已有文字或图表记载的各种地方文献（即所谓"死资料"）和尚无文字图表记载，而需要我们调查访问的"活资料"（主要是所谓"口碑"资料，此外还包括其他实际景物等）。这两类资料都很重要，都要搜集，不可偏废。

文字和图表记载资料大体包括如下几个方面：

1. 档案资料。档案资料多是历史活动的原始记录，可靠性大，具有不同于一般文字资料的特殊性质，特别是近现代的档案，更具有权威性。古代的"盟府"、"秘阁"之类机构，兼具国家档案馆和图书馆的职能，历代史官就是利用这里的资料写成许多历史名著的。孔子"得百二十国宝书"，修定《春秋》。司马迁"代为史官，亲掌图籍"，遂"紬史记石室金匮之书"。班固任兰台令史，得以"选择前书，缀集所闻，以为《汉书》"。隋唐以后，历代全国性的图经史志无不是在官方秘阁所藏的档案图书资料基础上编纂完成的。由此可见，取得当地档案馆的大力支持与合作，是做好收集方志资料工作的一个重要条件。当地档案部门应为编志人员开方便之门，提供借阅、查看档案资料的便利条件，并编制资料目录索引、专题资料汇编、数字统计等，以供参考使用。

2. 报刊资料。报刊资料也多是历史活动的真实记录，所记时间、地点、人名等多较准确。应查阅各时期"官报"、"公报"，并选择与报导当地历史活动有关的几种历史悠久的重要报刊，参照其他报刊的报导、记载，从中搜集修志资料。

3. 旧史志、族谱资料。旧史志（实录、史稿、方志等等）是历史资料的仓库，保存着极丰富的自然、社会、人文各方面史料，特别如气象、地震、灾异、赋役、关税、物产、户口、农业与手工业生产，以及风俗、文艺等等，旧史志中常有较详细的记载，应本着批判地继承的态度，从中搜集对修新志有用的资料。

4. 金石碑刻资料。刻石记事是我国优良的文化传统之一，全国各地普遍保存有历代遗留下来的大量碑铭，其中许多碑文已成为重要研究资料，引起各方面的注意。例如清朝官员曹廷杰于光绪十一年（1885年）从特林带回来的当地的明代永宁寺碑拓本，就是一件极重要的历史文献，它无可辩驳地证明了今日为苏联所占领的黑龙江以北、外兴安岭以南的广大地区原是属于明朝奴儿干都司直接管辖的领土。这一实例足以证明某些碑刻的重要史料价值。

5. 私人著述资料，包括笔记、诗文集、日记、书札、回忆录、调查记等。这类资料不论已刊未刊，往往有很高的史料价值，其中不乏真实记载，可补档案、报刊资料之不足，应注意搜集，加以应用。

6. 工商实业资料，如各行各业年鉴、同行业会刊、同乡会刊、行名簿、工商职工名册、表格、票据等等。特别是历史悠久的企事业单位、机关团体、学校等，均可发动他们自行整理，以供应用。

7. 图像照片资料。图像本为方志的重要组成部分之一，如街道变革地图、各种建设图片、古迹图片及近代大厦图、新闻图片、人物图像等等，都应注意搜集。

8. 其他图书文字资料，凡可供修志参考者均在搜集查阅之列。

此外，分散于各地的零星的残篇断简，也是我们应当注意挖掘搜集的对象。这项工作的难度更大，但有时可以从中发现有很高价值的资料。例如，山西省外贸志编写组的同志在太谷县，从堆积在一个生产大队库房里的旧麻袋中，找到一家富商当年经营国内外贸易的残旧账簿和一本这个富商自己编写的用汉语注音的《蒙古语言》，这些材料很能说明历史状况。后来他们又从国家第一历史档案馆（明清馆）的理藩院档案中找到一张"龙票"，即清朝政府颁发的准许外出经商的执照（三尺多宽，四尺多长，蒙汉文对照），为研究我国古代外贸史提供了可贵的第一手资料。

"活资料"大体包括如下几个方面：

1. 口碑记录。历史见证人的回忆材料较为可靠，具有较高的史料价值。实地采访是我国古代史学家的一个优良传统。司马迁在《史记》中就多处采用访问所得的"口碑"。在《史记·魏世家》中，他写道："吾适故大梁之墟，墟中人曰：'秦之破梁，引河沟而灌大梁，三月城坏，王请降，遂灭魏。'"此外，《史记》中还有"余适丰、沛，问其遗老……"、"吾闻之周生曰……"等等，这些都是司马迁实地采访的生动记录。今天，我们更应利用多种机会，采用多种形式，如登门拜访、开座谈会、发函征询等等，向本地区历史的知情者、事件的当事人进行调查。不但要访问老干部、老红军、老党员、老农民、老工人、老商人、老知识分子，也要访问旧官吏、旧商人、旧职员、旧书吏，乃至神职人员，要把他们所知道的材料统统记录下来，以备分析研究，整理使用。在一定意义上说，调查访问工作比收集文献更为急迫，它带有抢救活材料的性质。访问的录音要及时整理成文，以便于核对和保管。

2. 实地、实物的考察测绘。对本地区的山川、景物、道路、关隘、名胜、古迹、文物、特产等等要进行实地考察，用现代科学方法加以观测记录，除文字描述外，必要时还须测绘地图或摄影录像。对重要的考古地点更应如此。对于方言民歌，还要录音保存。

3. 搜集民间传说。民间传说，不论有无文字记载，均应注意搜集，但这些传说有的可信，有的不可信，必须加以辨别考证，其中编造的部分应该全部剔除，或仅列入"丛谈"一类，存疑待考。

至于搜集资料的方法和步骤，有人主张先内查、后外调。即先查阅当地档案部门和各机关、团体的档案资料，以及在当地所能找到的报刊、图书和其他文字记载资料，记载不全或有疑问的，再进行实地、实物考察和向有关部门和当事人、知情者作调查。当地搜集不到的，再到外地搜集。同时应该边搜集边整理边补充。也有的同志鉴于老一辈的当事人和知情者年事已高，甚至朝不保夕，主张应该根据情况的缓急灵活处理。对于那些明显缺乏文字记载的史实，应抢时间，赶速度，趁有关的耄耋老人尚健在的时候，将其所知道的情况及时采集到手，至于是否准确和可取，可留待下一步鉴别和核实。采访的顺序应先古后今、由远到近，即以近代为主，结合现代，当代放在最后。因当代历史的知情者较多，可以推后一步。这些意见都有可取之处,如果条件许可,查阅档案(包括搜集各种文字记载资料)与收集"活资料"可以同时并举,交叉进行。有时为了弄清一个问题,往往需要反复查访,因此要坚持实事求是的原则,不要先入为主,执一而是。

为了保证资料搜集整理工作的顺利进行,有必要事先制定《资料征集办法》、《采访条例》以及《资料整理和保管使用办法》等内部规章制度,作为统一行动的依据。

(三)关于修志资料的鉴别和整理

一般说来,搜集资料和整理资料,是一先一后的两个阶段。但这两个阶段又不可截然分开。资料收集到一定程度,就有必要抽出一定力量进行整理研究,通过整理发现问题,提出继续收集资料的要求。严格地说,收集资料工作一直要延续到地方志编修定稿之时才可告一段落。在此之前,根据编修需要,须随时补充或核对资料。

对所搜集到的资料,不论是文献资料、口碑资料,或者实物资料,都要进行鉴别筛选,去伪存真。

使用旧地方志中的资料,需要慎重考核。《四库全书》曾指出历代地方志的一些问题:"参互考校,唐宋之志不甚谬,至明而谬始极;当代通都大邑之志不甚谬,至僻邑而谬益甚。其体例谨严,考证详确者,千百之一二耳。"例如明代隆庆《长洲县志》(长洲今属苏州)记载,当时本地有男二十二万余口,女七万余口。男子数为女子数的三倍。这只能说明当时户口统计完全是为了征收赋税，重男不重女，因而这个数字是不可靠的。又如清代乾隆福建《邵武府志》记载："康熙六十年，光（泽）、泰（宁）旱，建宁地震。"但后来的修志者粗枝大叶，修志时看丢了一个"旱"字，于是在光绪《邵武府志》中的光泽、泰宁和建宁三个县下都分别记载"康熙六十年地震"。这样就将原来是一个县的地震，错记为三个县的地震了。这些都说明使用文献资料，要追本求源，务求事事准确。

对于各种回忆录、访问记录和民间传说，也都应该认真审核，不可人云亦云，有口皆"碑"。例如古代花木兰代父从军的故事，从来为群众所习闻乐道，其实并非历史事实。但河北定县东关有花木兰祠，立有碑文；而新河县有奉祀棉花神的花神庙，当地人因此便说花木兰是新河县人，这些都是不可信的。又如宋代杨家将的故事流传很广，北方几省有不少杨家将的遗迹和传说，但大多和历史记载不符。对于此类"口碑"，我们都要认真分析，慎重选用。

对待实物也应如此。例如我国近代史研究中，就曾发现有人伪造"三元里"抗英旗帜和太平天国文书，此类事情不可不注意。

对于所搜集到的种种资料（包括印刷品、手稿、图片、实物等等），必须及时建卡编目，分类归档。要建立一套科学合理的资料管理制度，确定专人管理。这既有利于妥善保管，又方便于整理使用。

可以事先印好统一格式的资料提要卡片（或表），卡片中包括资料名称、分类编号、内容要点、资料来源、抄写人姓名、登卡时间以及备注等项目。每收到一份资料，及时填写资料提要卡片，及时分类编号。原始资料分类归档，资料提要卡片分类集中（可按资料的内容、年代、事件、人物、地区等分类，也可同一资料填写几个卡片，分别归入几类），这是一项非常必要的工序，必须及时做好。否则，资料积累很多，漫无头绪，很容易造成混乱、返工，甚至丢失。

资料及时建卡归档，既便于掌握资料搜集工作的进程，有利于修订搜集计划，进一步开展工作；也便于及时编制资料目录，有利于互相交流。

怎样制作资料提要卡片呢？

1. 制卡。要严格根据一事一卡的原则，按照规定项目及格式填写卡片（其样张见下页）。

2. 编列代号。根据各种需要编制各种号码，通常是编列"编目分类号"、"主题年代号"、"资料种类号"以及"登卡流水号"；

（1）"编目分类号"，系根据方志编写提纲或资料调查提纲的编、章、节、目编列，即将每张卡片按其所摘资料的内容，用代号（例如第一章为 A、第二章为 B、第三章为 C……第一节为 1、第二节为 2……第一目为（1）、第二目为（2）……）于卡片的规定位置（可以取左上角）标明其所应归属的章、节、目；

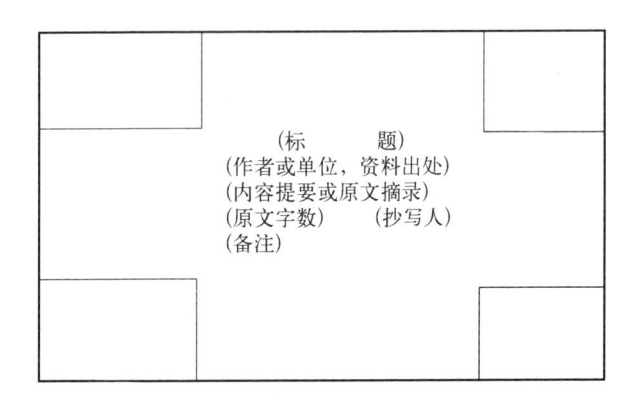

```
          (标    题)
(作者或单位，资料出处)
(内容提要或原文摘录)
(原文字数)    (抄写人)
(备注)
```

（2）"主题年代号"，即将每张卡片，按其主题所反映的事件或人物的年代（如某年或某年某月某日），标明于卡片的规定位置（可以取右上角）；

（3）"资料种类号"，即将每张卡片，按其资料种类和形式，用代号（例如以汉语拼音的第一个音符为代号，即图书为T、报纸为B、期刊为Q、档案为D、口碑为K……）标明于卡片的规定位置（可以取左下角）；

（4）"登卡流水号"，即将制卡先后顺序号并制卡年、月、日标注于卡片的规定位置（可以取右下角）。

此外，尚可利用卡片左右两边的空白处编列其他代号，例如反映资料性质（人物或事件）和地区性的代号等。

下页样张中左上角"A1（4）"表明此片资料可用于编写提纲第一章第一节第四目；右上角"1939.8"表明此片资料所记系一九三九年八月发生的事；左下角"B"表明此片资

料系摘自报刊；右下角"362 82.4.7"表明此片资料为第362号卡片，制作于一九八二年四月七日。

以上四种编制代号的样张如下：

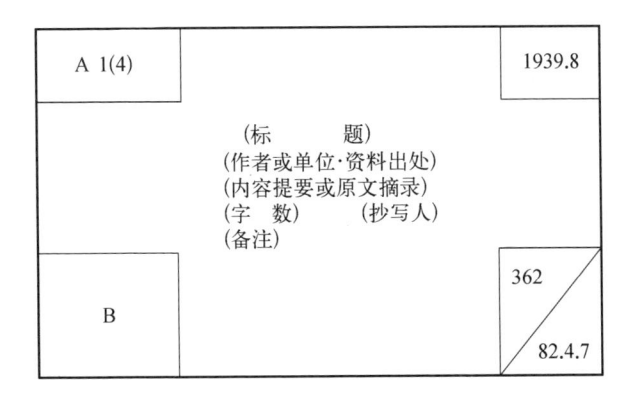

```
┌─────────┬──────────────────────────┬────────┐
│ A 1(4)  │                          │ 1939.8 │
├─────────┤                          ├────────┤
│         │      （标    题）        │        │
│         │ （作者或单位·资料出处）  │        │
│         │ （内容提要或原文摘录）   │        │
│         │ （字  数）   （抄写人）  │        │
│         │ （备注）                 │        │
│         │                          ├────────┤
│         │                          │  362   │
│    B    │                          ├────────┤
│         │                          │ 82.4.7 │
└─────────┴──────────────────────────┴────────┘
```

为简易起见，也可以只编列"篇目分类号"，其他代号可不著录，这样也能起到索引的作用。基层单位，资料积累不多的，可以采用此办法。

第四节　分撰志稿与总纂定稿

撰写志稿是编纂新方志的最后阶段。能否完美地体现修志工作人员长时期辛勤劳动的成绩，很大程度上取决于实际撰写者的水平和努力的程度。因此，参加撰写工作的同志应充分认识到责任的重大，努力学习，加强研究，写出高质量的新方志。

一、拟定志稿编写提纲

修志工作是在党的领导下，在马克思主义、列宁主义、毛泽东思想的指导下进行的，既有统一的领导，又有共同的思想理论基础，可以做到体例大体一致，篇目略见统一。体例篇目确定之后，就要考虑拟定志稿的编写提纲。不论哪一级或哪一种新志，在着手编写之前，都必须先拟定编写提纲，没有提纲而贸然下笔，极易出现章节安排不当，顾此失彼，颠三倒四，前后重复，矛盾百出等毛病。因此拟定编写提纲是极为重要的一环。拟定编写提纲的工作，最好能进行几遍。有人主张在搜集资料之前即拟个粗纲，这也并无不可，不过此时所拟的，多出主观推测，难免挂一漏万，轻重详略失当。因此这种粗纲只能供作搜集资料以及日后再拟提纲之参考，不宜把它视为一成不变的东西。比较正式的编写提纲，应在搜集到相当数量的资料并加初步整理研究之后进行。提纲可随着资料搜集工作的进展而反复加以充实、修订和最后确定。

拟定编写提纲，一应根据统一的体例要求，二应根据自身（即本志的）特点。一部专志（总志亦同），需要辑录的事项很多，内容非常繁杂，一般都要分两三个层次，梯级列目，方能囊括史料，达到繁而不乱。这种层次，现在一般采用章节、目（亦即大目、子目、细目等）的结构加以体现。至于如何确定层次，拟定篇目，则要根据各志的不同特点，采取不同划分方法。有人研究了旧志的篇目，提出以下四种划分方法：

1. 以事分目，由粗到细。凡属事类繁多，而又着重叙述现状的专志，如建筑、物产、风土、礼俗等专志，一般多采用此法。如民国《贵州通志·风土志》分为风俗、气候、方物、方言四大目；大目之下分子目，如方物一目分为矿物、植物、动物、人造物四个子目；子目之下分细目，如矿物子目分为金类、非金类、石类三个细目；细目之下又分为条目，如金类细目分为金、银、铜、铁等条目。这样逐级化细，各有所归，既包罗万象，又层次分明。

2. 以时分目，由长到短。记载纵贯古今的人和事，如编年体的大事记和沿革、职官、选举、赋税、灾祥等专志，一般采用此法，划时期为大目，分阶段为子目，按时间先后依次叙述。如大事记、职官等志，大多以朝代为大目，以年号为子目，以年月为细目。这样以时为目，按年纪事，查检起来十分方便。

3. 以地分目，由大到小。凡属内容单一而范围广泛，需要辑录一方各地史料的专志，如建置、地理等专志，一般采用此法，按地方大小、隶属关系分列大目、子目、细目。如民国《贵州通志·建置志》的公署、关隘、津梁、驿传等篇，均以府、州为大目，以县、厅为子目。民国《吴县志》中的乡镇篇，以乡镇为大目，以都里为子目，以村庄为细目，这样以地分目，各得其所，既无遗漏，又便查检，还能比较各地的兴衰。

4. 经纬结合，纵横穿插。多数专志所记的事实繁多，范围宽广，首尾远长。既要有以事为目、以地分目的横断面，又要有以时分目的纵切面，纵横穿插，经纬结合，才能网罗一方各地的各项事业，反映出各方面的历史与现状。光绪《湖南通志·食货志》的篇目，就较好地处理了纵横关系，使经纬得到有机结合。这个专志的第一层次是以事为目，分为积储、盐法、钱法、矿厂、榷税，物产六大目。其中的盐法以时分目，分为唐代之盐法、宋代之盐法、元代之盐法、明代之盐法、国朝之盐法五个子目；物产以地分目，分为长沙府之物产、衡州府之物产、永州府之物产、宝庆府之物产等十个子目。这样因事制宜地采用各种分目方法，宜纵则纵，宜横则横，纵中有横，横中有纵，既能反映湖南各地食货的整个面貌，又能反映湖南各种食货的发展过程。由此可见，经纬结合，纵横穿插，是拟定具有广泛性、连贯性、便于编纂、便于检索的方志提纲的基本方法。

以上方法，仅供参考。拟定新志编写提纲，固可吸收旧志篇目中可取之处，古为今用，但还要推陈出新，创造出适应社会发展、具有时代特色的新方法，为编纂新的方志搭好框架。

二、分工撰写、反复审核、修改定稿

集体撰写通常采取这样的步骤：统一要求、分工写稿、共同审核、总纂定稿。

在分头撰写之前，有必要先集中所有参加撰写工作的同

第五章　方志编纂的方法与步骤

志共同学习研究一个阶段。除了理解前章所述的指导思想、编纂原则、编纂体例等问题之外，还要明确规定关系全书的一系列的编写要求。例如，新方志的文体、文风和叙述方法的问题，全书各篇章之间的门目、内容、资料的安排问题，统一观点的问题，各篇之间和各篇内部各章节之间的主次、详略和字数分配的问题，各专题之间的史志纵横问题，以及各章节内部的门目层次的顺序标码问题，甚至注解、引文、图表、标点符号等编写上的技术性问题，究竟如何处理，都应当经过讨论，明确规定。

关于修志的文体问题。地方志的文体应当是科学的、客观的记述体。地方志的宗旨是记述本地区的自然环境、历史过程和各项事业的发展现状，以备读者查考利用，而对本地历史或时事的直接议论，不是地方志的任务。因此，我们对人物事件的是非、功过、得失和成败盛衰的经验教训等思想上的倾向性，是在叙述中自然反映出来的，并不是以执笔者直接议论的方式表达出来的。这是地方志在体裁上区别于一般议论文之处。地方志也不可能像《史记》中的《伯夷列传》那样"以论带史"，也不可能像《史记》中的《屈原列传》那样"夹叙夹议"。这是地方志在文体上区别于一般历史著作之处。

当然，要做到科学地、客观地记述历史，在撰写志稿阶段，仍必须十分重视选材（以及进一步的剪裁）工作。对待我们所要引用的资料，除了要进行前述的"去伪存真"的鉴别之外，还要下一番功夫进行"去粗存精"的筛选工作，不能不加选择、不分主次地堆砌材料。

撰写史志时，人们经常提到"秉笔直书"。在我国封建社会里，不少历史著作家"威武不能屈，富贵不能淫"，以正直不阿的史笔勇敢地揭露权贵的腐败和暴虐。对他们所坚持的封建政治标准应另作讨论，但秉笔直书确是非常可贵的"史德"。我们今日撰写新方志，也应当勇于排除来自各方面的干扰，不迎合任何错误思潮和歪风邪气，在坚持四项基本原则的前提下，秉笔直书。不能把违反四项基本原则，不利于社会主义事业，不利于各族人民团结的不良现象，不加分析地有闻必录。

我们在撰写地方志时，还常遇到一些未有定论的问题，有些还是学术界热烈争论的问题。例如在明末农民起义史中，李岩是否实有其人的问题，李自成是否牺牲于湖北通山县九宫山的问题，等等。撰写新方志遇到这类问题时要认真进行研究，不可草率从事。轻率地抄袭或者推翻旧方志和其他材料的某些论断，是不妥当的。要多请教专家学者，一时不能得出结论的，可采取暂缺、存疑或附注等慎重的做法，以免以讹传讹。

地方志应该有什么样的文风？这也是人们重视的问题。地方志的文体既然是科学的、客观的记述体，那么它的文风就应当严谨、朴实、简洁、流畅。严谨，就是要求内容有周密的逻辑性和完整的系统性，事皆有据，不附臆说。朴实，就是要摒弃浮词，切忌说空话、大话、套话，更不能说假话。简洁、流畅则要求文字精练，没有冗辞，不堆砌辞藻，不故弄玄虚，不用艰深的字眼。当然，我们强调方志文风的严谨、朴实、简洁、流畅，这绝不是排斥生动的语言和鲜明的爱憎。地方志正是通过对本地区的风物、民情、掌故、建树的充满感情的生动叙述，来激发读者爱国、爱乡、爱党、爱人民的真切感情。

方志中的引文要忠实于原意，不可任意删取，并要注明出处（包括外文资料），必要时须加简要解释。凡属记叙的人物称谓，一般直书姓名，不加虚衔或褒贬之词。彻底清除对劳动人民或少数民族的带诬蔑性的称谓和叙述。属于引文中的人物称谓之类，应一仍其旧，不加更改。

历代称号沿用通称，如明、清、中华民国等，不另加定语。用朝代纪年时，要在括号内注明公元纪年。地名的运用根据行文的需要而定，记述历史事实和建置沿革时用古地名，并在括号中注明今地名；其余一般用今地名，必要时在括号中注明古地名。

文字采用国务院明文规定的简体字。对少见的难读字或者方言，可在括号中注明汉语拼音。标点符号要规范化，防止误解。少数民族地区的地方志，最好能用少数民族的文字，同时印行汉文版本。

在撰写志稿具体方法上，如果人力和时间许可，不妨学习古人著史的经验，先编集各类资料长编，作为撰写的准备。

长编就是将经过初选的资料按各专题，或按事件、人物、地区分类排队，汇辑成册。在这基础上进行删削加工，再撰写志稿，自然方便得多。资料长编可以说是从资料到草稿之间的桥梁。北宋司马光的《资治通鉴》，二百九十四卷，叙述上下一千三百多年历史，费时十九年，就是采用这个方法过渡成书的。（除正式的编著成果之外，一些质量较高的资料长编也有作为副产品出版的价值。）

许多地方还仿照编写辞书先选择某些词条进行试写的办法，选择新志编写提纲中的某些颇具代表性的章、节、目进行试写，然后召集其他编写人员和有关专家、学者进行讨论研究，从中总结经验教训，求得写法上合乎规范，并选择一些写得比较成功的章节作为范例，供其他编写人员参考。这种做法好处很多，值得推广。

初稿分别撰写出来之后，总纂单位应即根据实际情况进行反复审核修改。应首先审核修改内容的思想性、科学性和逻辑性，即在观点、资料和章节上进行调整统一，其次要求文体和文风的统一，最后检查其他技术性问题。审核修改应先在撰写者内部进行，然后请本地区或本地区以外有关的干部群众和专家学者参加。审核的方式可以开座谈会、登门请教以及函寄稿样（全书或者部分篇章）征求意见等多种方式进行。

当然，分撰志稿和总纂定稿这两个阶段不是截然分开的。许多工作要交错进行。在分工撰写阶段，要互通情报，以便彼此配合，协调步伐；在总纂定稿阶段，又需要一定的分工，全书的各个方面，如观点、资料、文字等，都应有专人负责审核订正。对书中要用的地图、照片、表格、附录，以及序跋、凡例、目录、版式、装帧等编辑出版方面的问题，在最后阶段都要作出妥善安排。

全书经过地方志编纂委员会审核定稿之后，报请本地区党政领导最后审查通过。如果各篇（或各卷）定稿日期先后相距很长的话，可考虑以分册方式先出版某些部分。

在地方志出版之前，应当尽一切努力，精益求精，争取以最完善的成果贡献给读者。而地方志出版之后，应当不满足已经取得的成绩，主动虚心地征集意见，总结经验，并整理成文存档，以求若干年后编纂出更完美的新地方志来。

第五节　方志编纂中的几个关系问题

编志书是一项复杂的工作，在编纂过程中会遇到许多问题。有些问题不仅关系到编志实践，而且涉及方志学的理论，因而有必要加以论述。

1. 史与志的关系

史志关系问题是当前地方史志领域中讨论的重要课题之一，也是实际工作同志希望弄清的问题。究竟史的标准如何，志的标准又如何？目前的意见尚不一致，主要有下面几种说法：

（1）有的认为史是纵的，志是横的。即所谓"史纵志横"；

（2）有的认为史是发挥观点的，志是铺陈事实的，即所谓"史为史观，志为志实"；

（3）有的认为史是讲究褒贬的，而志是没有褒贬的，即所谓"史有褒贬，志无褒贬"。

以上说法，众说纷纭，莫衷一是，但都不够全面。即以所谓有无褒贬而论，人们对任何事物都有不同的看法，都有褒贬，没有褒贬是不可能的。本地人士纂修本乡本土的地方志，总希望把自己的家乡写得美好一点——山清水秀、人文荟萃。这是人之常情，无足为怪。其实方志在是非问题上也是有褒贬的。如封建社会的地方志表彰"义士"、"烈女"，就是褒。反之，对危及封建统治的反抗活动，都诬称"匪"、"乱"，这就是贬。地方志的褒贬还突出反映在材料的取舍上，对所证史实，欲褒的则取其正面材料而舍其反面材料，欲贬的则取其反面材料而舍其正面材料。此外，在探索地方志的起源与形成时，我们已认识到，史与志的关系是同源异体、殊途同归和相辅相成的关系。因而在方志编纂中，史、志的写法必须并用。比如我们现在编写一部县志，在写该县的建置沿革时，究竟是写成志呢，还是写成史？如说志只是一个横断面的解剖，那么，这部县志只能讲现代了。不管这个县是秦置，还是汉置，经过学术上的探讨论证，最终要从上到下把沿革讲清楚，这就是史的进程。任何一个部门或行业，都有个历史发展的过程，同样，人物本身也有一个历史的发展，写人物传就要写青年时做什么，中年时又做什么，老年晚节如何，这也是史的叙述。可见，志书中包含了史裁。反之，史裁中也包含着志体，中国历史上有不少史书容纳了志体，二十四史就有职官志、艺文志、食货志等等专志。所以，要把志和史截然分开，既不可能，也无必要。关于史志关系问题，作为学术探讨的课题尽可以争论下去，暂不作结论；但在实际修志工作中，对此不应过多纠缠，以免造成束缚。为了全面地准确地反映本地区情况，我们在编志过程中应本着"志经史纬"的观点，把史、志的特点结合起来，诸体并用，集众之长。

2. 分志与总志的关系

分志与总志的关系，实际上就是分志与总志如何分头编写并熔铸成一体的问题。为了解决好这一问题，应坚持总体规划、分头进行的做法。参加修志的人员很多，因此一定要先从整体上规划一下，然后大家分头进行。每个成员都要有一个全局观点，尤其是主持总志的机构和人员，应该统筹全局，保持主动。总志对分志要提出规划，这个规划要比较细，比较严，甚至文字、格式等方面都要考虑周全。比如图表如何处理、资料如何汇编、分志向下摸底摸到什么程度等等，都需一一讲明。不然的话，将来下面拿来的分志五花八门，风格不一，结果不好收拾。那么，分志应当写到什么程度呢？分志应当达到长编的水平。所谓长编，按历史学家的习惯来说，就是初稿。这就是说，写分志、行业志主要是为修总志"备料"，提供"坯子"，而不是搞最后的成品，不是"结果"，这个"果"要由总志来结。因此，分志编写者如果头脑里没有一个总体规划，就不好着笔。事物都是牵连相关的，如果每一个人都想把自己承担的那部分编写得全面一点，那么，写农业志的就会讲到林、牧、副、渔，甚至讲到财政、工交，其他分志也复如此。到时候一汇总，就会出现多层重复的现象，就要花费大力气。总之，分志与总志的关系是：分志为总志的基础，分志为总志备料；总志是在分志初稿的基础上完成统一体系的成果。

现阶段各省的通志编纂工作分量较重，一时难以完成，而社会需要又很急切，在这种情况下，不妨采取统一规划、分册出版的办法，冠以《××通志·××志》的名称。至于县志，因规模较小，无分册出版的必要，仍宜进行汇总统编。

3. 全面与重点的关系

地方志应以资料为根据，全面地反映地方情况。所谓全面，是指一部志书要包括自然和社会各方面的基本情况，资料要尽量搜集齐全。但这不等于面面俱到，还要有所侧重。有重点才有特色。中国地方史志协会制定的省、市、县志的参考篇目，类目比较全面，可供各地参考。但中国地大物博，各地发展也不平衡，若都按统一条例和篇目去写，则反映不出地方特色。因此，各地在编写工作中应参考全国条例，并从当地实际情况出发，分清主次轻重，以反映地方特点为主。

凡能反映地方特点的条目，就应作为调查研究的重点，不能把所有的条目都当作重点。

4. 资料与论述的关系

方志反映地方情况，重在记载各类地方资料。但地方志不是资料汇编，不是不加任何论述的资料堆积。当然，地方志与历史专著不同，历史专著可以发表个人见解，地方志则不允许这样，它应该寓论断于叙事之中，在讲清事实的情况下，把论点自然地渗透进去，使材料与观点融成一体。

有人认为，地方志既然是资料的全面反映，那就应该有闻必录，不加选择。这种看法是不对的。社会现象是错综复杂的，有主流与支流、本质与非本质的区别，从社会现象中找任何方面的资料或例证都有可能。所谓有闻必录，实际上是对历史的不负责任，是历史自然主义。例如，社会主义社会有许多新人新事新风尚，有欣欣向荣的社会风貌，这是主流、本质的东西。但是，社会上仍然有不法分子的种种犯罪活动，假如对这些现象都有闻必录，那么，社会主义的真实面貌就得不到体现。因此，反映资料不能有闻必录，而要发掘和叙述历史的真实面目。反映资料也有观点问题，而观点不只是发一通议论。比如某一人物在地方上做了很多好事，但他又有许多不足之处，这些都有事实根据，对此我们就要经过研究加以选择。叙述中不作空洞的论述，而以事实作出评论。如果只用某人进步、某人反动的说法，那实际上不叫议论，不成观点，而只是扣帽子。我们要提倡多研究资料，根据翔实的资料，作出可信的论述。

此外，如果可能，还应该附一个资料汇编，就是把修志用的资料，经过筛选汇编起来，作为附录，既便用者，又备征信。章学诚在《方志立三书议》里，提出方志设立"文征"，认为有一部分东西应该作为资料保存起来备考。这个意见在今天仍可借鉴。一部志书在资料方面应该"全面反映、储料备征"，"储料备征"就是把得到的资料择要储存在志书里，等待别人来考证、取信。

5. 新志与旧志的关系

新志与旧志的关系实质上是批判与继承的问题。对于旧志，过去已有不少研究，但仍没有得到足够的重视。自从中央提出整理古籍的要求后，如何对待旧志书的问题便提到日程上来了。近来国内外有些书商以营利为目的，大量翻印我国地方志，卖给外国人。外国人很重视我国地方志，我国现有八千余种方志，美国犹他州的家谱协会就藏有五千余种。今天，我们应当加强对旧志的研究，采取最有效的方法，把其中的好东西挖掘出来，作为借鉴。

旧志有哪些东西可供借鉴呢？至少有以下两方面：

一是旧志的体例、篇目可供参考。旧志几乎都有一篇凡例和篇目。凡例，对编志的意义、目的、步骤和方法都有说明，值得参考。篇目则反映该志的类例。虽然观点是旧的，但是其中技术性的部分却可供借鉴。除了粗制滥造的劣品，有些旧志还是编得比较认真的。我们编新志时应该研究旧志的凡例纲目，取其精华，去其糟粕，这比空无依傍显然要有利得多。

另一方面，旧志中许多资料目前看来仍有参考价值。在编修新志以前，对旧志资料要做到心中有数。资料先要进行核实。辨别资料质量的唯一办法，就是比较，不比较就没有是非，难以取舍。编成的新志要经得起两个比较：一个是纵的比较，就是与旧志比较，究竟优点在哪里？所谓优点，主要有两点：一是纠正了过去的错误，二是增补了过去的缺陷，也就是过去没有的现在有了，过去错了的现在纠正了。另一个是横的比较，就是与同类地区修志情况比较，是不是别人没有想到的，我们想到了，别人搞得不够完整的，我们搞完整了。有了这两个比较，就可以做出评价。在编写新志的时候，有时为了某个问题查阅资料，访问调查，花费了许多精力，结果却发现，旧志中早已有所记载。所以在编新志前首先要摸旧志的底，把有关资料都辑录出来以备修新志和其他学术研究参考之用。但是，旧志终究是封建时代的志书，局限性比较大，所以不能盲目崇拜和迷信，而要以批判的眼光去看待它。对旧志的材料，要有"明足以决去取"的能力，判别哪些要，哪些不要；哪些过去被蒙上一层神秘外衣，但确有价值，有待于发掘和重加解释。总之，要剔除旧志的糟粕，把旧志的精华都吸收过来，反映到新志中去。能做到这一点，我们的新志就是成功之作。反之，如果读者看了新志还要去查旧志，那就说明我们的工作没有做好。应当指出，今天编纂方志，是用新的观点、新的方法和新的材料组成的，不是旧志的继续。我们是编新志，不是修续志。

6. **领导与群众的关系**

编修志书要发动群众，这是做好修志工作的基本保证。问题在于如何看待群众，如何发动群众。一个有百十来万人的县，提倡人人关心修志是对的，但提倡的目的是要大家支持这项工作，而不是要百十来万人都来动笔。曾经出现过这样的情况：有一个地方编轻工业志，接受编写任务后，便把任务下达到所属的五百多个工厂，结果数百个工厂都把厂志送了上来。如果平均每份厂志一万字，就有几百万字汇总了。其实，整个轻工业志在市志中不过占一二十万字，在这一二十万字中，不可能把几百个工厂都提到。同时，在这些厂志中，都大同小异地写了各厂的发展史，这作为厂史、厂志是可以的，但对编修专门史和省市志则未必合用。所以，所谓领导与群众的关系，是指修志工作要求教于群众，发动群众提供材料，给予支持，而作为修志领导者，一定要有主见。调查时要有一个调查提纲，调查来的情况如何处理，则由编写者根据修志要求而定。总之，不要对群众搞层层发动，否则收效不大，群众反映也不好。做实际编写工作的同志不能不注意这个问题。

附录一

关于新编地方志工作条例的建议

(征求意见稿)

总　则

第一条　批判地继承我国修志传统,以新观点、新方法和新资料编修新型省志、市志、县志,以掌握省情、市情、县情,为社会主义现代化建设服务,是新编地方志的主要目的。

第二条　新编地方志是建设社会主义精神文明和物质文明的一个部分,具有一定的历史意义和现实意义。

新编地方志要系统地记载地方的自然与社会的历史和现状,为本地区的建设事业提供历史借鉴和现实依据,并为进行爱国主义教育和革命传统教育提供乡土教材的资料。

新编地方志有利于积累和保存地方文献,为研究我国历史和现状提供翔实的资料。

新编地方志对于提高干部的专业知识水平和群众的科学文化水平，也具有一定的作用。

第一章 指导原则

第三条 马克思主义、毛泽东思想是编纂社会主义时代新方志的指导思想。

新方志的编纂工作，必须在各级党和政府的领导下进行。

第四条 坚持党的四项基本原则，坚持实事求是的工作作风，以《关于建国以来党的若干历史问题的决议》为准则，力求思想性、科学性、资料性的统一。

第五条 新编地方志，要详近略远，详今略古，古为今用；要立足当代，总结历史和现实经验，反映客观规律性。

新方志要突出地方特点和民族特点，以利发挥地方优势和加强民族团结。

新编地方志，必须严格遵守国家保密条例，慎重处理有关边界问题。

地方志工作要勤俭节约，力争以较少的人力物力财力，在不长的时间内取得成效。

第二章 编纂体例

第六条 类型。新编地方志书的三种类型：(一)省志——"省级地方志"的略称，包括省、直辖市、自治区的志书；(二)市志——"市级地方志"的略称，包括省辖市、地辖市的志书；(三)县志——"县级地方志"的略称，包括县、自治县、旗、自治旗、特区等志书。地区行政单位（专区、自治州、行政区、盟）和县级以下的行政单位是否编志，由各地自行决定。

第七条 书名。新编方志的名称：省级地方志定名为《××通志》；市级地方志定名为《××市志》；县级地方志定名为《××县志》，余可类推。

第八条 断限。第一批新编方志的上限，不宜硬性规定，各地可从实际出发，自由浮动。下限一般断至1981年《关于建国以来党的若干历史问题的决议》通过时止，以便下一届续修新志时能求得统一的上限。从1982年起，建议各省、市编纂地方年鉴，各县逐年编辑《县志资料汇编》，为今后修志储备资料。

第九条 体裁。志书的体裁，应有记、志、传、图、表、录等体，可按志书内容和编辑要求分别运用；以志为主体，图表分别附在各类之中。

第十条 篇目。新编方志的篇目，既要继承旧志优良传统，更要有所创新，以符合科学性和现代性的原则。从现代社会分工和科学分类的实际出发，适当考虑各级行政单位的业务范围。

篇目的排列，要条理清楚，层次分明。其结构形式或层次名称，可以采用编、章、节、目体，也可以采用其他方式。

新编省志、市志、县志的基本篇目，参见附件，仅供参考。各地可进行增删、分合。

第十一条 记事。新方志中的大事记述，可贯通古今。略古详今。关于建国以来的若干历史问题，应以《决议》为准绳，一般放在大事记中概括陈述，宜粗不宜细。

第十二条 立传。人物立传，以原籍（出生地区）为主，兼顾主要活动地区。

凡对本地社会历史发展具有推进或阻碍作用的已故人物，均可立传入志。不以地位、等级为立传标准。

生不立传。要注意收集和保存在世人物的有关资料，对于有贡献的人物，应根据传事不传人的原则，记入有关篇章。

对立传人物的记述，要实事求是，资料务必真实可靠，寓褒贬于叙事之中，不发空论。

外籍华裔，一般不立传；对于我国革命和建设事业有贡献的，其事迹可记入有关章节。

有些人物的事迹或资料不足以立传，但又有必要记载的，可编制人物表或英名录。

第十三条 文体。新编方志的文体，一律用语体文，记述体。文风要求谨严、朴实、简明、通俗。杜绝假话、大话、空话。少数民族聚居区，可同时采用当地主体民族的民族文字。

第十四条　称谓。新编方志中的称谓，如历史纪年、地理名称以及各历史时期的政权和官职等，均依当时的历史习惯称呼。必要时可注明，如公元、今地名等。

第三章　工作步骤

第十五条　组织队伍。编修新地方志，涉及各个行业和各门学科，必须在党的统一领导下，群策群力，调动地方的行政力量和学术力量，尤其是离休、退休干部和知识分子的社会力量，组成一支精干的修志队伍，统筹规划，分工协作。

省、市、县各级行政单位，根据需要和可能，在当地党委和政府领导下，遴选有关领导干部、专家学者和修志人员组成地方志编纂委员会，加强对本地区修志工作的领导。

第十六条　编纂志书。新编方志的首要工作，是制订纲目。各地可参照本条例及所附基本篇目，制订本地区的新编方志工作大纲和志书篇目，并按编、章、节、目组织编写班子。

资料是编纂志书的基础，方志资料征集工作应当先行。各地可制定适合本地情况的方志资料征集、整理、保管、使用规定。要广泛征集文字资料、实物资料和口碑资料，尤其要抓紧抢救活资料，重视收集基层的第一手资料。经过整理、汇编的方志资料，应列为各级行政单位的政府档案，由有关单位长期妥善保存。

在志书篇目修改完善，方志资料征集齐备，经过试写取得经验的条件下，即可开始编撰工作。先按编、章、节、目分配任务，定人定题，分头编写，反复修改；然后集中总纂，连贯全篇，以求体例、文风的统一。

新编方志书稿必须严格审查，一般可制订三级审稿制度。先后由编写组、编委会审查，由有关党政领导机关定稿。各级党委和政府审查志稿，主要是在政治上和保密工作上把关，认为确无问题后方可签印发稿。

新编方志从拟订纲目到审查定稿，应有一定期限。一届修志，一般要求县志三至五年编完，以三五十万字为度；市志五至七年编完，以三五百万字为宜；省志七至十年编完，不超过一千万字。

第十七条 安排出版。新编方志的出版工作，应由修志部门会同出版部门，进行统筹规划。全国省、市、县各级新编地方志，一律采用十六开本的规格，封面和版式统一进行装帧设计，扉页由各地自行设计，可突出地方特色和民族特点。总书名定为《中华人民共和国地方志丛书》。初稿完成后，以内部发行为宜。

编纂、出版新地方志，是一项意义重大的文化出版事业，出版部门应积极配合，组织力量，精心编辑，精心设计，精心印制，力争缩短周期，使这套内容丰富的新方志丛书早日问世，为祖国社会主义现代化建设服务。

中国地方史志协会

一九八二年八月一日于太原

〔附件一〕

新编省志基本篇目

总序

大事记（或大事记述）编年记述省、市、自治区断限内政治、军事、经济、文化等大事。

地理志　疆域、政区、人口、建置沿革、地质、地貌、水文、气候、土壤、植物、动物、矿物等。

党政群团志　党团、参议会、人大、政协、政府、工农青妇各群众团体等。

军事志　军事体制、军事斗争、兵役制度、军民军政和官兵关系、民兵、防空等。

民政志　优抚、福利、救济、侨务等。

司法志　公安、法院、检察院、司法行政、律师、公证等。

经济综述　关于一省宏观经济历史与现状的全貌，包括生产、分配、消费、计划、经营管理、人口、物资、物价、工资、劳动就业、劳动保护等等。

冶金工业志　地质、勘探、采掘、冶炼等。

煤炭电力志　煤炭、电力的建设、生产及经营管理。

机械工业志　通用机械、专业机械、电子工业等等。

化学工业志　各种化工、石化产品的沿革与现状等。

建材工业志　各种建筑材料生产的沿革、发展、现状及经营。

轻工业志　轻、手工业的行业及主要产品的生产及经营。

纺织工业志　棉、麻、丝、化纤等纺织工业及产品之今昔。

交通邮电志　陆运、水运、铁路、民航、邮政电讯等。

城乡建设志　城市规划、市政建设、农村住宅建设、建工、测绘、环境保护、环境卫生、房地产等等。

农业志　所有制及管理体制变革、种植业、养殖业、社队企业、农业机械、植物保护、农业科研等。

林业志　森林资源、营林、森林工业、经营管理等。

水利志　水利资源、水文、水利建设、管水用水等。

财政金融志　机构、制度、收支、各种金融事业、保险等等。

商业志　内贸、外贸、工商管理等等。

教育志　教育制度、各项教育事业的历史与现状。

文化艺术志　文学、艺术、图书、博物、出版、新闻、广播、电视等等。

文物志　考古发掘、历史文物、革命文物、名胜古迹、纪念地等等。

科学技术志　自然科学和技术在一省发展的历史与现状、

科技成果、科技事业管理及队伍状况等等。

学术志　社会科学各学科、学派从历史到现在在一省的源流及成果、各学会组织及主要活动等等。

医药卫生志　医事制度、卫生防疫、爱国卫生运动、中医、西医、中西药及医疗器械、计划生育等等。

民族志　各少数民族族源及历史变迁、语言文字、风俗习惯、民族区域自治及民族地区各项建设等。

宗教志　佛教、道教、伊斯兰教、基督教、天主教等。

方言民俗志　方言、方音、方字、旧俗、新风等。

人物志　人物传、人物表、英名录。

杂记

省志编修始末

〔附件二〕

新编市志基本篇目

序言

凡例

图（全市地图、行政区划图……）

总类　概述（或大事记）、地理（自然地理、人文地理）、建制（沿革）。

城建类　城市规划、市政建设、园林绿化、环境卫生、环境保护、公用事业、房地产、建筑工程、街巷录、其他。

政治类　政治大事纪略（含建国后历次政治运动本末）、中国共产党、政权建设（含市、区人大，市、区人民政府）、政协、党派（含民主党派、其他党派）、社团、政法、军事、外事（含租界）、其他。

工业类　工业经济（全市宏观经济综述）、机械、轻纺、手工（含工艺美术）、化工、食品、电力。

交通类　水运、公路（含短途运输）、铁路、民航、邮政、电讯。

财贸类　商业（含外贸）、金融、财政、税务、工商管理、其他。

农业类　农林牧、蔬菜、水产、水利、农机、社队企业、其他。

教科文类　教育、科技、文化（含文学艺术）、新闻出版（含广播电视）、体育、卫生（含计划生育）、文物胜迹、其他。

社会类　民政（含禁烟禁毒、妓女改造……）、劳动、侨务、民族、宗教、民俗、帮会、会道门、其他。

人物类　烈士传、人物传、英名录、名人录、劳模表、华侨录（附：外籍邑人）。

杂类

修志本末

跋

〔附件三〕

新编县志基本篇目

序言

第一编　历史大事记述

第二编　概述

　　一　地理位置

　　二　行政区划

　　三　建置沿革

　　四　人口

　　五　县城、乡镇

第三编　自然志

　　一　地貌、地质

　　二　山脉、水系

　　三　土壤

　　四　气候、物候

　　五　自然资源

　　六　自然灾害

第四编　经济志

　　一　农业、林业、牧业

二　水利

三　工业、手工业、社队企业

四　商业（包括粮食、外贸、工商管理等）

五　财政、金融

六　交通、邮电

七　城乡建设

八　物产

第五编　政治志

一　中国共产党

二　行政设置

三　政法

四　民政

五　党派、社团

第六编　军事志

一　机构

二　兵役

三　民兵

四　重大兵事记述

第七编　文化志

一　文化、艺术

二　教育

三　科技

四　医药卫生

五　计划生育

　　六　新闻、广播

　　七　体育

　　八　文物、胜迹

第八编　社会志

　　一　民族、华侨

　　二　社会福利

　　三　风俗习惯

　　四　宗教信仰

　　五　方言、谣谚、民间传说

　　六　衣、食、住、行

第九编　人物志

　　一　人物传

　　二　人物表

　　三　革命烈士英名录

第十编　附录

　　一　县志编修始末

　　二　重要文献辑存

　　三　地方文献要目

(《中国地方史志》一九八二年第五期)

附录二

中国地方志的史料价值及其利用

来新夏

中国在两千多年前就对文献有所认定，在儒家经典著作《论语》中就开始探讨文献足征与否的问题。地方文献是文献总类中的一支，据今人的考订，认为地方文献最早受到重视，是一九四一年图书馆界前辈杜定友先生在韶关任广东图书馆馆长时。他规定地方文献应包括史料、人物、出版三方面，这一说法不太准确，因为这三方面的文献不一定都具有地方文献的内容与性质。所以我认为，只要是反映本地区的历史、地理、社会、政治、经济、军事、物产、资源以及碑帖、手迹、学术著作等，即使是零篇散页，都应归入地方文献。所以地方文献包罗宏富，门类众多，如地方志、宗谱、私人笔记、名人手稿墨迹、铺户账簿等皆是，其中以地方志为大宗。

中国地方志以起源早、持续久、类型全、数量多而享誉于世界，据《中国地方志联合目录》的统计，仅保存至今的宋至民国时期的方志就有八千二百六十四种，十一万余卷，占中国古籍的十分之一左右，而实际数字尚不止于此，除原未计入的山水寺院志外，在历年编修新志过程中和普查后所知，尚有不少遗漏。粗略了解，旧志的总数已达万种。近半个世纪的首届新志编修事业，可称成绩斐然，成果丰硕。据一种官方数字宣布，截至二〇〇〇年十一月，已出版面世的新编三级志书，有四千余部[①]。如果加上近四年陆续出版的首届新志和第二届续志的成书以及三级志以外的一些部门志、行业志、山水志等，估计也在万种左右。合新、旧志的总量，当在两万种以上。因此中国地方志无疑是地方文献中的大宗，它既具有丰富坚实的史料基础，更具备取之不尽，足资参证的史料价值。

一、旧志的史料价值

旧志是指中华人民共和国建国以前各个历史时期所编纂的地方志书。旧志中记载着大量的有关当地的历史沿革、生态环境、社会经济、景物资源、风土人情、文化艺术等方面的资料，可以发掘出无穷尽的有价值的史料。对旧志史料给以极大重视并因之撰著传世名著的是明清之际的顾炎武。顾炎武在整理研究地方志的基础上。撰著了《天下郡国利病书》

---

① 《中国地方志年鉴（2002）》。

和《肇域志》两大名著。其中，《天下郡国利病书》一百二十卷是顾炎武呕心沥血，博览群书，花费了二十年心血，收集了全国各地有关地形、关隘、赋役、水利、交通、物产、农业、手工业、倭寇等与国计民生有关的资料，于康熙元年（1662年）汇编而成的。该书考证精详，征引浩繁，共征引了千余部地方志，占全部资料来源的三分之一，给后世留下了一部非常有价值的经世致用之作。旧志中可供采撷的史料，俯拾皆是。如从《上元县志》中可以了解南京丝织业的生产组织、生产概况以及丝织品种。在浙江《桐庐县志》中曾有一段描写瑶琳洞的景象说："洞口阔二丈许，梯级而下五丈余，有崖、有地、有潭、有穴。壁有五彩，状若云霞锦绮；泉有八音，声若金、鼓、笙、琴。人语犬声，可惊可怪。……唐宋以来，题词尚存。元末，乡人徐舫避住于此，有《瑶琳杂咏》一卷。"可惜这段珍贵史料未能早为后人所用，致使"瑶琳仙洞"胜景沉睡多年，令人遗憾。旧志中的某些史料往往又会转变一地的经济生活，如山东枣庄市齐村区，相传有一种能"咬人"（一触碰就能中毒伤人）的怪树，被人们视为"不祥之物"，砍伐殆尽。后从志书中查知，这是当地古来就有的一种优质漆树，于是受到重视。经过精心培养，到二十世纪八十年代中期已有二十多万株，成为该地重要财源[①]。

[①] 《地方志与信息——全国地方志整理侧记》，《人民日报》一九八四年六月十五日。

有些中外学者感到难以确认的史实往往从地方志中求得答案。如宋代是否在上海设立过市舶司，这是中国对外贸易史上的一个重要研究课题。日本著名经济史学家藤田丰八的论文《宋代之市舶司与市舶条例》，根据《宋史》和《宋会要》而对宋代是否在上海设市舶司表示存疑。藤田丰八在这里犯了一个史源学方面的错误，因为《宋会要》只修到南宋宁宗朝为止，而《宋史》的主要根据《宋实录》则对宁宗以后的理宗、度宗二朝事多缺略。所以只能说宋代南宋宁宗以前上海未设市舶司，而宁宗以后是否设，尚需求证。十年前，谭其骧教授在一篇文章中，曾据明弘治《上海县志》所载的两篇文章，驳斥了藤田的说法。这两篇文章是宋度宗咸淳年间管理上海市舶司的主要官员——监镇董楷所撰，一篇名《古修堂记》，有云："前分司缪君司之。"另一篇名《受福亭记》，篇首即云："咸淳五年八月，楷忝市舶司，既逾二载……"这两条史料就肯定了宋末上海确有市舶司的设置[①]。一九八二年华东师大张天麟教授曾据上海地区十几种地方志所记地震资料，从时间和空间研究了该地区地震活动和移动的规律，对掌握该地区地震状况有重要参考价值，从而使他认识到"方志史料不但内容丰富，而且记录年代基本联贯，是探讨自然现象演变规律，具有优越性的一种历史文献。"[②]

[①] 《中国地方史志论丛》，中华书局一九八四年版。
[②] 《运用志书史料探讨地震活动规律》，《中国地方志通讯》一九八二年第一期。

日人加藤繁是最早开发方志史源的学者，他在其名著《中国经济史考证》一书的第三卷中引用中国文献达三百余种，其中引用中国地方志有二百零四种，占全部引用文献的百分之六十，方志的史料价值由此可见。加藤繁在该书中又曾利用山东省四十六部志书中所记载的村镇定期集市的史料，测算出历城、齐东、临邑等十七个县，平均每一村镇定期集市拥有七千八百九十五人的数字。另一位日本学者清水泰次在其有关明代的论文，如《明代的漕运》、《明代户口册（黄册）的研究》、《明代庄田考》等，以及专著《中国近代社会经济史》中都引用了大量方志史料，考证周详，论述谨严，颇受日本史学界的好评[①]。西方学者也多在自己的著作中利用方志史料。如美国的农林学家施永格在二十世纪二十年代起就参考闽、粤方志研究福桔、广柑的生产规律，成绩显著。英国的著名学者李约瑟主编的多卷本《中国科技史》就征引了大量的地方志资料，撰成举世闻名的学术巨著。

二、新编地方志的史料价值

自二十世纪五十年代以来，由于政治更新，文化建设也随之开始。由官方领导的新编方志事业便在全国范围内普遍展开，特别是八十年代历史进入改革开放新时期，修志事业也有计划地迅猛发展，取得很大成绩。二〇〇一年三月十二

---

① 《中国地方志通讯》一九八五年第三期。

日，中国地方志指导小组宣布的官方文件《新编中国地方志工作概况》中做了简要的回顾说：

"全国性有计划编写新地方志工作是八十年代初开始的。当时计划编纂省、市、县三级志书五千八百八十一部，要求在二十世纪末或稍长一些时间内完成。到二〇〇〇年十一月已经出版四千二百八十部，完成计划的百分之七十三，约四十亿字。此外有关部门和地区，自己还编辑出版了相当数量的部门志、专业志、乡镇志、名山名水志、地方综合年鉴等，如煤炭志、森林志、水利志、黄河志、长江志、黄山志等等，约六千部，三十亿字。"[①]

如此巨量的成果，置之世界文化之巅，当可无愧。之所以有此成就，端在新编地方志自创编开始即注重史料之搜集，其积累数量之巨，前所未有。如一九八四年吉林省搜集到的资料即达六亿四千多万字，全国县一级亦在千万字左右。成为新编志书的坚实基础。兹摘引一二例，以见一斑。

1.《大藏经》是人类文化史上罕见的巍峨丰碑，自北宋以来，即刻有十余部，而浙江余杭一地就刻过两部，历来于此所记简略，新编《余杭县志》则将元、明时代所刻两部《大藏经》的刊刻情况详记入志。《径山藏》是我国所刻十余部《大藏经》中的一种，传统的说法是"径山藏"于明万历十七年刻于山西五台山清凉寺，后于明万历二十年迁余杭径山寂

---

① 《中国地方志年鉴（2002）》。

照庵续刻。现经修志人员考证，万历七年紫柏禅师真可初倡缘刊刻时，即在径山，纠正了旧志谬误①。

2. 少数民族史料一般较少入志，新编志书多有补充。云南《潞西县志》对傣族土司集团及其成员的服饰、饮食、居住、行走等，系列地作了生动具体的记述。可以了解到芒市土司喝专门烧制的纯米酒和糯米酒，也喝威士忌、三星白兰地和茅台酒。抗战时期土司住屋内也有沙发、时钟、花瓶和软席双人床等。又如记土司统治阿昌族的基层政权称"撮"（相当于乡），撮下设"档"，每档由一个较大或几个较小的村寨组成。撮设"岳尊"一人，由土司委派从番象山等寨的汉人轮流充当，代土司催收官租杂派②。又《陆良县志》收录了"爨文化"的有关碑文和考跋，为研究"爨文化"提供了翔实的史料③。

三、地方志人文价值的再衍生

中国地方志数量如此之多，而又具有极高的史料价值，但人们对它的重视和利用尚不足，因此怎样认识地方志的价值和发挥其效用，应是一种当务之急。首先，最根本的问题是要把地方志由被动提供变为主动参与。要改变地方志的静态存在为信息化的动态配合与服务。过去学术界曾经做过不

---

① 《余杭县志》，浙江人民出版社一九九〇年版。
② 《潞西县志》，云南教育出版社一九九三年版。
③ 《陆良县志》，上海科学普及出版社一九九一年版。

少类似的工作，如一九五六年由中国科学院地震工作委员会历史组所编《中国地震史料年表》，就是在有关单位的合作下，利用五千六百余种旧志史料编成的，对地震科学提供了国际上唯一可靠而连续的历史资料。其他专题类编资料尚有多种，如《中国古今铜矿录》、《五百年来我国旱、水、涝史料》等等。无论旧志或新编志书进行史料类编的原则，是"全面取材，重点类编，求训致用"。只有这种动态服务，才能使人们加深对地方志的认识，改变地方志仅仅入藏的状态。

其次，鉴于人们对地方志书缺乏足够的认识，特别是面对市场经济的现状，无论是修志者或收藏者，都应向社会、向市场推销自己，用典型利用效果大力开展宣传工作。如浙江上虞古代有很发达的陶瓷业，称为"越瓷"，唐陆羽曾在《茶经》中称赞"越瓷"类玉类冰。但在二十世纪四十年代末，就已衰落以至绝灭。五十年代初，根据《上虞县志》所记的线索，在小仙坊古青瓷窑址，发掘出东汉时期的青瓷器。其胎质细腻，制作精细，造型优美，线条明丽，釉色光润，而吸水率、抗弯强度、胎釉结合等，均符合现代瓷器的标准要求。后又陆续发掘到几处商代龙窑，不仅提前了中国陶瓷史的年代，而且还由此恢复和发展了上虞这一名牌工艺品[①]。这样就诱发人们对地方志的利用。此外，还可以组织各种以

---

① 《方志出信息，越瓷开新花》，《中国地方志通讯》一九八五年第六期。

志书内容为依据的知识竞赛、演讲会和展览会等活动，使志书立体化、全方位地普及到群众，使更多的人能读志用志，则志书自可不胫而走。

第三，要积极开展志书二次文献的编纂工作。志书数量较大，不可能人人通读，而且志书本身性质就是一种备参翻检之书，所以急需编制一些检索工具和参考用书。一九八三年四月，在洛阳召开的中国地方志规划会议上曾拟定过《中国旧方志整理规划实施方案》，要求编撰方志目录、方志提要、方志索引和地方志分类资料等。历年虽有些成绩，但远远不能满足需用，而大量新编志书则尤待尽力开展二次文献的工作。如能大致完备这类参考用书，则手此一册，设有所需，即可按图索骥，翻检而得，并能借此使人们能更多地了解志书的价值和进一步求读与利用。

第四，尽快尽多地应用高新技术来利用方志资源，值得特别推荐的是国家图书馆已于二〇〇〇年下半年启动了数字方志的项目，采用数字图书馆的技术与方法，整理和加工六千余种一九一一年以前的馆藏方志资源。这一数字方志主要由资源建设和用户服务系统构成，形成一种有意识地主动提供利用的行为，一改长期以来储料备征的静态。资源建设的内容，由全文影像库、全文文本库、书目库、专题库和相关文献库等五部分构成。其中专题库文分地名、人物、作品、景点、插图和事件等六个子库。其用户服务系统主要包括检索途径、版本校勘、跨库连接和个性编辑等内容，为需用者提供多种利用渠道，尽量发挥方志资源的史料价值。目前，各地也多有省情资料中心等类似机构，分类输入地方志资料，颇能快捷地为有关部门提供所需地情资料。

我期待我的几点意见对更深层地开发利用中国地方志这一无穷宝藏，能有一点参考作用，使中国地方志这一地方文献中的大宗矿藏资源，能再衍生对人类物质文明和精神文明产生更大的人文价值。

(《国家图书馆学刊》二〇〇五年第一期)

论新编方志的人文价值

来新夏

地方志记述着各个地区历史与现状的社会文化现象，即一般所谓的"地情"记述。它既不是自然科学性质的，也不完全单纯是社会科学的，而是有机地结合社会科学与自然科学的知识精髓，体现出人类社会各种文化活动，为人类的发展提供依据。中国历代方志学者无不为方志确立其"资治、教化、存史"的重要意义。这正指明了方志旨在推动人类发展，保存和汇集人类文化成果的人文价值。近年来，随着新编地方志的大量成书，其浓厚的人文色彩引起了世人的注目，但从笔者对其论述体例与内容所作的初步考察，也尚难越出资政、教化与存史的概括。

一、资治

地方志书的资治价值是中国地方志事业的优良传统。宋儒朱熹莅任南康索读志书的故事，早已啧啧人口。清代官颁的《吏治悬镜》第二十三条即有莅官读志的规定。旧志若干名序也多以资治为言，新志映现之资料可供资治之需者颇多。所谓治者，治国也；资者，借助也。资治者，言治国者可借以为助也。

政策为治国之所据，新志载例甚多，撷拾二三，以见一斑：

（1）四川《营山县志》因其为各方面领导提供第一手真实可信的资料，以备研究县情、决策工作之需而深受欢迎。该县搞"撤区并乡"，即以县志《政区篇》及《人大政府篇》为主要依据，本着立足现实，照顾历史的原则，综合考虑建置沿革，经济流向，地理位置，群众习惯等诸因素后，才决定撤销十个区，将原来的六十八个乡（镇）并为三十一个乡（镇），使各乡镇都基本具备市场、交通、通讯等基础设施的现实条件的发展潜力。

（2）广西容县为广西著名侨乡，它不仅人数多，活动内容亦丰富多彩。《容县志》记华侨出国原因颇具典型，编纂者既立足于容县，又远远超出于容县；既立足于当代，又远远超出于当代。编纂者站在历史的制高点上，甚至结合中外近代史仰视俯瞰，归纳分析，才论据十足地写出华侨出国的政治原因、经济原因，以及远见卓识之士放眼世界，欲展鸿图等多种因素。

（3）河南南阳市于一九八七年编制一九八八至二〇〇〇年的《南阳市经济社会发展战略规划》时，参考了《南阳市志》所提供的确切而宏博的历史资料和现实信息，乃使其规划建立在比较科学的基础上，对现状作出比较客观的评价，提出可能的发展途径和对策，使人们能明确地捕捉到和把握住本世纪的未来。

经济建设为治国之本，工农业建设尤为核心。新编县志去旧志轻经济之弊，而有较多经济资料可备采择，如：

（1）广西上林盛产煤炭，为发展工业，谋建一万两千千瓦火力电厂，选址于王马庄山谷，一切条件都较好，但对大用水量的水源无把握，经查新编《上林县志》载称："（汇水河）全长三十六点三公里，河面平均宽度十七米，流域面积五百九十九点五平方公里，年平均流量十六点二立方/秒。"据此，汇水河水源完全能满足一万两千千瓦火电厂的用水需要，于是决定在王马庄附近建厂，投资两千万元，这将对各项生产起很大的促进作用。湖北老河口市的锦纶丝厂扩建选址时，颇有争议，影响了进度，后据市志资料，充分论证，很快便确定了厂址。

（2）安徽《马鞍山市志》农业篇第五章蔬菜生产第四节

分析种植面积与产量对蔬菜生产供不应求的矛盾说："除菜地持续不断地减少等原因之外，与蔬菜基地设置不够科学有关。已形成的蔬菜生产基地，除慈湖、雨山、冯桥等乡土壤适宜种植蔬菜之外，霍里、杜塘等地，土质黏重通透性能差，灌溉不便，种植蔬菜费工费力，产量不高，而小黄洲江心洲及沿江冲积地带，土质肥沃，通透性能好，灌溉方便，适宜蔬菜生长。如能调整蔬菜产地布局，开辟新的蔬菜基地，将会大大提高单位面积产量，缓解城市居民吃菜难的矛盾。"

旅游是一种无烟工业，在国民经济总收入中占有相当比重。我国有若干旅游重点省县，如陕西是历史上十三个王朝建都之地，人文古迹星罗棋布，自然景观别具风姿。名山有华岳、终南、太白、骊山和桥山；名水有泾、渭、汉、洛；名城有全国唯一完整保存至今的古城西安；名陵有黄陵、周陵、秦陵、汉陵以及唐十八陵；名寺有法门寺；名塔有大雁塔；名碑有大小碑林；均见记于各地志书。四川乐山、峨眉江油、都江堰等地都是旅游资源丰富之所。《峨眉县志》记峨眉十景中"圣积晚钟"之钟声说："铮铮然回响于山林之间"，使巴蜀钟王之雄姿，得形神俱见之妙。万方游客当争来一游，而财源亦随之滚滚而来。

吸引外资亦为经济建设之要务，投资者多不信人言，而往往钟情于方志，设志书载投资环境则一览可得，事将促成。欧洲共同体拟来华投资，特往荷兰一汉学中心查阅中国的新编地方志了解投资环境，确定投资项目，因为他们认为地方志是可靠的。《马鞍山志·大事记》记"八五"期间,"马钢将进行大规模的改造和扩建,形成年产值四百万吨铁,三百二十万吨钢的生产规模,同时形成线材、车轮轮箍、板材、型钢、五氧化二钒煤焦化工等六大系列的名优产品结构",寥寥百余字,对投资者将产生何等重大的吸引力,其社会效益和经济效益,实难估量。台商郑氏因读《渭南县志》,获得了全面了解,遂向渭南投资五千万元,建设"世界奇观"景点。

二、教化

教化是历来编志的主要目的之一,晋人常璩在其所撰《华阳国志》序中标举出著书的"五善"要求,即达道义、章法戒、通古今、表功勋、旌贤能,基本上是要求发挥教化职能。元修《一统志》,其目的是为了"垂之万世,知祖宗创业之艰难;播之臣庶,知生长一统之世",教育臣民,"各尽其力",以求"上下相维,以持一统"。清代方志学家章学诚说:"史志之书,有裨风教者,原因传述忠孝节义,懔懔烈烈,有声有色,使百世而下,怯者勇生,贪者廉立。"当然,他们限于封建立场和道德规范,只能适用于他们所处的时代。新编地方志同样具有教化的价值,只是教化的内容有了根本性的变化而已。新方志承担着对干部和人民进行国情教育的社会职能。国情包括社会与环境,历史与现状各方面。在地方志之外也还有便览、手册、年鉴、大全和百科等方式,但他们不是失之于简,便是失之于杂,或局限于年代,只有新方志才是提供国情及省、市、县情的最重要的手段。所以,有人认为:(1)新方志较为详尽地记述了各地的经济建设的情况;(2)新方志详尽记述一地一域文化、教育、卫生、体育……各项事业发展的情况;(3)新方志融天、地、人、事物于一体;(4)一部近现代的发展史在志书中均有所记述与表现。这四个方面与国情教育的要求正相吻合。

但是,新方志的篇幅一般偏大,动辄百余万字,要求人人通读,势所难能。所以有些地方为了进行教化而以志书为依据,另编教材。浙江青田县在《青田县志》出版后,在志书的基础上,编写了《青田乡土教材》,把近百万字的县志浓缩成一本一万八千字的教材,包括插图与作业,现已经浙江省中小学教材审定委员会审查通过,由浙江少儿出版社出版,从一九九一年开始使用。这部教材共有二十二课五单元,完全取材于县志,题目也非常吸引人,如《九山半水半分田》、《人才辈出》、《明天更美好》等等。陈桥驿教授曾将此教材与县志作过一番对照,认为"材料都出自县志",但他认为"这并不是一件轻而易举的事,必须下一番很大的功夫",而肯定了青田县志办所获得的成就。其他有些地方也有类似办法,如吉林农安县志办根据新编《农安县志》,编写了《农安历史》、《农安地理》,受到干部群众和学校师生的欢迎。河北省丰南县志办利用新编《丰南县志》的资料编写出一套县情知识讲稿,先后在八所中学进行了讲授,听讲师生达四千八百多人。当县广播电台广播此讲稿内容时,全县收听者达二十余万次，既传播了知识，又进行了教育。安徽萧县也据县志编写了多种乡土教材，达八十余万字，对全县进行了宣传、教育。其中《爱我萧县》一书已定为中学生教材，每年印发两万余册。

三、存史

方志以资料为基础，所以储存史料亦为其要务之一。章学诚曾论志对史的作用是可以"补史之缺，参史之错，详史之略，续史之无"。往往今日信志，即可备他日信史之需。新编地方志于创编之始即注重资料搜集，数量之巨，前所未有，如一九八四年吉林省搜集资料已达六亿四千多万字，全国县一级亦在千万字左右，成为新编县志的坚实基础。新编方志以一当十地选用，增高了志书存史的价值。

（1）北宋以后，浙江为全国刻书重点地区，但旧志或失载，或语焉不详，致使此文化史实有所缺憾。《大藏经》是人类文化史上极为罕见的巍峨丰碑，自北宋以来刻有十余部，而余杭一地就刻过两部。余杭县志办将元明时代两部《大藏经》的刊刻情况详记入志，提高了志书的存史价值。《径山藏》是我国所刻十余部《大藏经》中的重要一种，传统的说法是《径山藏》明万历十七年（1589）初刻于山西五台山清凉寺，后于明万历二十年（1592）迁余杭径山寂照庵续刻。余杭县志办人员经过考证，万历七年（1579）紫柏禅师真可初倡缘刊刻时，其地即在径山，即以此入志，纠正了旧志的谬误，提高了新志的学术价值。

（2）历来史志多不注重艺文著述，仅列其人名书目而已。宋施宿所撰《嘉泰会稽志》卷十六即有藏书专篇，《四库提要》誉之"为他志所弗详"，清庞鸿文撰《常昭合志稿》卷三十二即录藏书家三十二人。新编方志以重经济而轻人文，能为藏书立专篇者很少。江苏《常熟市志》特立第二十二篇"藏书·著述"，下分四章：（一）《历代藏书》，为常熟私家藏书史，记清至民国一百四十三人（清占据一百零一人），除记其字号生卒外，尚立简况一栏记其藏书特点，立室名一栏记其室名以明藏书处所，旁行斜上，一览可得。（二）《藏书家简介》，自百余家中择其荦荦大者十五家，详其始末。（三）《今存善本书目》，按四部分类著录常熟市现藏善本书。（四）《邑人著作书目》著录乡人著述，为乡邦储文献之目。有此一编，足补中国藏书文化史之缺。

地区文化的研究是文化史研究中的重要领域，但其资料比较散落，而地方志中往往保存一些足资参考的史料，如：

（1）云南《陆良县志》在《概述》和《文化》编中记述了蜀汉爨民入迁陆良与当地民族文化相结合而开创的"爨文化"，并收录有关碑文和考跋，为研究"爨文化"提供了翔实的资料，使人们对"爨文化"有较清楚的了解。

（2）安徽《马鞍山市志》记一九八四年在基建施工中偶然发现三国东吴左大司马、右军师朱然墓，是八十年代中国考古的十大发现之一。它所记有发掘、墓制和出土文物的资料，在新志中是少有的最新考古全录。又所记一九八五年发掘的邓家山商周古遗址具有三千年前湖熟吴文化特征。志书还设有"湮没文物"专章，不仅记历代毁弃的古建筑，亦记有民国时曾存在于安徽图书馆或民间的已佚的珍贵文物藏品，使志书成为研究我国江南文化，特别是吴文化的一部重要参考书。

另外，有的志书还保存着一些原始文献和珍贵照片，如《青田县志》附录中就全文辑存了宋郑汝谐的《易瓦记》、清吴楚椿的《畲民考》和民初叶正度的《查灾日记》等。志书收录了占全志照片三分之一的一百二十四帧历史照片，其中如"古县道"、"抗日时期碉堡遗迹"等，都有存史价值。

四、如何更好地认识志书的价值

地方志虽然有上述资治、教化、存史等重要的人文价值，但是要想引起社会足够的重视和发挥应有的作用，还需要方志界人士认真转变观念，重新认识如何发挥地方志的两种效益，变被动提供为主动参与。

首先，应当改变地方志的静态存在，不能只等待别人来使用，原封不动地提供，任人采录；而是要使地方志资料变成信息化的动态。认真研究和参与各地区的地情研究，把志书中的资料结合现实，适时地发布各类信息，引起领导关注，诱发群众兴趣。

其次，要改变志书完成即大功告成的思想。志书完成至多是大功的百分之八十，还需要面向经济大潮，使志书这一典籍商品化，向社会市场推销自己，用典型效果大力开展宣传工作，组织各种以志书内容为依据的知识竞赛、演讲会和展览会，使志书立体化、全方位地普及于群众，使其从懂得读志书到用志书，则志书自可不胫而走。

第三，要积极开展志书二次文献的编纂工作。各地志书一般篇幅偏大，动辄百数十万，不可能人人通读，而且志书本是一种备参翻检之书。所以急需编制一些检索工具和参考用书，即像整理旧志那样，以新志为依据，以地区为单位，汇集所属各县、各行业部门的志书资料编制各种专题汇编和索引目录等。则手此一编，设有所需，即可按图索骥，翻检而得，并能引起人们了解志书和进一步的求读与利用。

第四，编写志书所搜集的史料不可能全部采用，但余料不等于废料，有的是我们限于认识水平，尚未能了解其真实价值，有的是目前尚不需要，而难定日后是否需要。据悉有的县已在考虑修续志的问题，那么对储料备征的问题亦应有所注意，而力求增强我们对余料价值的认识。要积极整理余料，并向社会提供应用，使其更好地发挥社会效用。

如能作上述的努力，则志书的价值可能会被更好地认识。

从对新志利用的探讨中，也认识到今后续编志书时应注意的问题，特识于文末，以备后来者借鉴。

（1）严格选用入志资料，认真进行校订、考证，尽可能系统、完整，具有可征性。做到事事有来源，字字有出处。

（2）特别注意数字文献，一是要全志数字无矛盾；二是不要出现离奇的数字，如有部志书相连两年的人口数有几万字的出入，使人难以置信；三是不要迷信文献记载中已有的数字。天津汉沽区得到一份地震伤亡人数的文字记载而不盲目信任，又组织专人作实地调查，结果伤亡人数多出几万人，大大地提高了志书的可信度。湖南沅陵县曾编《沅陵县方志数据集》达十万字，为编写志书提供了一致而可信的基本数据，给后人留下了信而可征的依据。

（3）认真编好附录：附录不是蛇尾而是凤尾。有许多有价值的史料和文献，但是，本文一时难以写入，那就应把一些比较系统、完整的资料保存在附录中，尤其要注意金石碑刻文字和遗物的照片。

（《河北学刊》一九九六年第六期）

新世纪的修志思考

——写在第二届修志之前

来新夏

一、首届修志成绩的总估计

送旧迎新，本是历史的必然。但是在旧世纪做了些什么，到新世纪又将做些什么，却是每个人应该思考的重要问题。当我们已进入新世纪时，修志领域也随之进入第二届修志时期，当此之际，不仅要回头看过去，更要向前看未来。过去近半个世纪的首届新志编修事业，可以说成绩斐然，成果丰硕。这是有目共睹的事实，绝非任何人所能否定。数千部新志，数百部方志学专著和数万篇论文，使中外学者无不叹服：这是当代中国最宏伟的文字工程。据一种官方数字宣布，截至五十年国庆，已出版面世的新志约四千部左右，完成了预期目标六千部的三分之二。它体现了第一届修志事业的空前繁荣，达到了历代修志的新高度。

第一届修志有三点值得注意，一是总体规划，分头进行；二是反映全面，突出特色；三是具备时代气息。但也存在一些不足，如体例不划一，断限过于参差，字数过多，成稿与出版间距过长。中国地方志指导小组有位领导人曾说："已经出版的志书质量很不整齐，一些志书存在的缺点和问题还比较突出，如史实不准，取舍不当，语言不精，校对粗疏，甚至对某些历史事件和历史人物记述不够客观，等等。"这些问题都可以逐一解剖，但决不应如某些自以为是的权威那样对第一届修志事业大加指责，而应客观认真地对第一届志书进行全面、系统地研究，总结其经验教训，用以指导即将来临的第二届修志工作可能遇到的具体问题。这是新世纪给我们的第一大任务。

首届修志的起步是正的，它既有传统的修志经验作依靠，又有代表先进思想的理论作指导。它还有半个多世纪的酝酿、摸索与探讨的过程，积累了若干有益的经验，如：

1. 工作程序的规范化：先行试点，交流学习，全面培训，组织队伍，搜寻资料，拟定篇目，投入撰写，层层审读，反复修订，批准印行；

2. 继承传统：开展对旧志及旧志理论的研究，总结旧志，取其精华，全面吸取修志传统的有用经验，甚至篇章节目都有所借鉴，起步时颇有帮助；

3. 明确方向：首批修志从一开始，就明确是在正确的先进理论指导下的社会主义方志，是一部官修志书；

4. 创编新志：新志编写立足于"创"字，如重经济，立概述，大事记为编年与记事本末相结合体，增议外文目录，编制综合索引等。

这些经验在第二届修志工作中仍有参考意义。

二、对第二届修志的种种认识

新世纪等待我们的更大任务是如何修好第二届志书。官方和不少修志人士都在说这是"续修"，这种提法虽然有历史的依据，但既不准确，也不便运作，因为在一九九八年所制定的《关于地方志编纂工作的规定》中曾规定"各地地方志每二十年续修一次"，如此一续、再续、三续以至无穷的续，将给后来造成某些麻烦。我认为第二届修志既不是只与前一届志书时间衔接的"志续"。也不是全盘否定前者的"重修"，而是一次有修订、有继承、有创意的新一届修志,所以不宜称"续修"而应定名为"第二届修志",才是比较切合实际、便于运作的。不过,目前对这一问题尚有多种不同的理解与意见,如:

1. 有人认为"续修"就是"新修",这在某种意义上说有一定道理,因为第二届修志必然有其创新的一面,但也不能完全抹杀对前届修志继承的另一面。用新修来代替续修似乎易于混淆概念。因为当年首届修志时,最初有一个口号是"总结旧志,创编新志",而且新与旧是一个相对概念,如第二届称"新志",则今后"续修",是否都以"新志"名之?

2. 有人认为第一届修志的理论准备和资料准备都不足,体例设计陈旧,很多志书没有达到新编志书的要求,所以"续志"应当通贯古今地重修。这显然是没有充分了解第一届新修志书的基本情况,是对前届修志的全盘否定。

3. 有人认为第一届志书经过多年的资料搜集和积累,已达到一定的饱和点,重修不可能有更大的突破,因此只能以前后的时间相衔接。这适用于大部分第一届志书,但第一届志书也绝非不容侵犯,而应实事求是地纠谬补缺。

4. 有人认为第一届志书从八十年代以来陆续出版,十一届三中全会后的改革开放与市场经济等状况,尚在逐步认识,有许多地方记述得比较简略粗放,没有完全达到存史的要求,所以第二届修志应从三中全会写起。这应视各志的具体状况而定,不能都这么办。最好是在第二届修志过程中适当增订而不要重叠。

5. 有人认为"文革"是现代史划阶段的界标,从"文革"到三中全会召开的两年中,是为从计划经济过渡到市场经济做理论和舆论准备的两年。为了完整地记述市场经济的由来应以一九七七年为第二届志书的上限,以便把国民经济的恢复、真理标准的讨论等与市场经济体制关系密切的内容都能包容进去。这一主张有一定道理,预料第二届修志将会对这些内容有所增补,但不宜以一九七七年为第二届志书的上限,那样几乎就是实质上的重修。

6. 有人认为中华人民共和国的成立是重要的历史分期界标。第一届志书在资料剪辑和体例布局等方面都有不足。所以第二届修志应从建国起,或从当地解放时起,以使中国共产党的执政史完整。这是混淆史志体例界限的说法。如照此办理,没有什么新内容可写,只能是把第一届志书中史的那部分内容重新摘抄一遍而已。

7. 有人认为,第一届修志上下限很不统一,有的相差二十年。第二届志书的上下限不可能一刀切,所以不要强求一致,仍应从实际出发各自运作为好。这个建议应该受到重视。

8. 有人把续与修分开,续就是把改革开放的二十年补写清楚,修就是把上届志书进行修正。把续与修截然分开似有新意,但其诠释却难令人接受。这一意见让人有一种"重修"的感觉,甚至会误解为第二届修志就是修"改革开放志"。这个意见是不论第一届志书的下限在何年,第二届志书一律先修一九八〇至二〇〇〇年这二十年，然后大家都齐步走，再也不用考虑志书的上下限，每二十年一起步。这对领导修志者来说可收统一规划和指挥若定之效，而在实际工作中将会呈现重修与半重修状态，似与续修本意难合。

三、第二届修志的难点

上述这些意见还不能说已包罗殆尽，但已使人难于决策，而更大的难题还在面临的困境。我估计有两大难题：

一是两届修志的间隔为二十年，似乎太匆迫而不切实际，我曾参加这次讨论，表示过反对意见。清六十年一修，民国三十年一修，都没有显著成效，一般来说，志书与所写内容需要一定的时间差距，才能反映社会发展较为清晰的曲线。二十年似乎时间不短，但从历史和社会发展看只是弹指一挥间。再说，首届修志的下限很不一致，若都按二十年一修的规定，则会出现忙闲不一的弊病——下限早的，眼看二十年续修之期已到，遂不顾一切地匆匆上马；下限晚的，离二十年续修之期尚远，无所事事地等待。第二届修志既没有事先准备好的现成文献，也没有已经总结好的定论，因为修志者与所写内容在同步行进。因此修志者只有站在时代的风口浪尖上，参与现实建设的拼搏，又要用冷静的眼光和公平、公正、公开的态度准确地记述这一瞬间的具体内容。这不能不说是一大难题。

二是第二届修志所面临的问题有许多是第一届修志所未

接触过的新领域,是一个几乎完全陌生的世界。其中如国民经济与社会发展的运行,突破传统的产业、行业与事业的界限,新的跨行业、跨区域的横向联合实体和高科技的发展与应用等等。所以不能墨守成规照方抓药。

四、第二届志书内容与体例的设想

我认为第二届修志的覆盖面至少包含着这三方面:1. 记好重大经济与社会专项事类的始末,如国民经济的治理、整顿与"软着陆",短缺经济的结束及后遗问题,精神文明在市场经济条件下的转折性变化等方面都要以新视角记述好。2. 依法治国所产生的政治生活变化,及其在经济与社会发展诸领域中所产生的重要影响。政党与政权职能的转变,都应做出具有权威性与定论性的记述。3. 人和人构成的社会群体都应全面展开记述。要将当代人物的典型性活动都记入志中,不再拘泥于"生不入传"的陈规。

第二届修志不仅在内容上要解决上述难题,而且也要改变原来的志书编纂体例与方法。首先力争与第一届志书保持相对的衔接和平稳过渡,不要让读者无法将前后志书联合使用,如前志基础较好不妨移步而不变形。其次体例应有所创新,但这种创新不是简单地增减门类或更换标题,而是一次相对独立的设计与组合,如:1. 在传统的横排竖写基础上强化整体性和综合性的新思路。不要层层设综述,行文要明确有力,让社会实践中新的综合事类突出来,要采取修志者与志书内容同步表现的手法。2. 全面刷新体例、体裁、结构、章法，不再纠缠大编小编之争。制定全新的设计蓝图，要采用以志为主诸体融合的体裁，并从社会实践和社会结构的特点中寻求篇目，对旧有篇目可以有取有舍，但以创新为主。3. 要增强志书的学术性，容许对专用名词和行业用语加简要注释，对异议有论辩，对疑问有考证。前届修志有个别志书对这方面曾有所试行，效果颇佳。4. 为适应信息网络化处理的发展态势，应建立对应的处理程序，做好进入信息网络的准备。这是前届修志没有遇到的新事务，应给予最大的重视。

五、第二届志书由谁来修

首届修志发动群众之广，参与部门之多，是前所未有的。修志界的共识称之为"众手成志"。众手成志的背景是计划经济时代。由于修志传统中断百数十年，资料严重分散，许多人对修志问题已很陌生，所以有可能和必要以行政手段层层建立修志机构，调集一定数量人员，开展修志工作，反正都是在一口锅里吃皇粮的。所以耗费人力、物力、财力和时间较多。而临时抽调组成的队伍，文化素质不齐，缺乏修志的基础知识，临时培训相当吃力，进入角色的周期较长，往往事倍而功半，不利于保证质量。明知有弊端，但许多矛盾不易解决，只能无奈地做下去。

第二届修志，条件大为改观，背景已是市场经济时代，工作讲究效率，机关人员精简难以抽调，但有一批积有修志经验的专业人员可以竞争上岗，所以第二届修志可以说是依靠专家修志。

所谓的专家修志是一个群体概念。这个专家群体大致包括三方面人员：一是熟悉方志理论，有一定修志经验的专业修志人员；二是掌握各行业情况的行家里手，要具备高科技的基础知识；三是了解社会经济发展的人员。

这些人员都应共同具有"三会"的技能，即会写作、会用电脑、会调查研究。这个修志专家群体可在开始修志时，公开招聘，约定年限（一般要求三年成志），由组建部门进行目标管理，到期验收。

我所说的修志专家群体在某种意义上看仍是众手成志，但这是专家之众手，削去了冗员的弊病。这些专家群体中的人既能高瞻远瞩地观察形势，又能鞭辟入里地分析问题。既能从纷至叠来的资料中撷取珍珠，又善于删繁就简画龙点睛，足能收到既快又好的效果。较之第一届修志定有新的成绩。

新世纪的来临是百年一遇的盛事，百业维新，修志何得例外？作为方志界的老兵，谨贡浅见，与有意参与第二届修志同道商榷，并祈指正。

（《福建省社会主义学院学报》二〇〇一年第二期）

附录三

方志学重要书目论文索引

说明：本资料收录了自民国以来至一九八二年七月为止的有关方志学的重要书目与部分论文索引，分《方志书目》、《解放前论文索引》和《解放后论文索引》三部分编排，以供参考。

〔一〕方志书目

《方志学》，李泰棻撰，商务印书馆 1935 年版。

《中国方志学通论》，傅振伦撰，商务印书馆 1935 年版。

《方志今议》，黎锦熙撰，商务印书馆 1940 年版。

《方志考稿》，瞿兑之撰，大公报社 1930 年版。

《方志考证》，张国淦撰，中华书局出版。

《章实斋方志论文集》，张树棻撰，1934 年出版。

《中国地方志综录》（三册），朱士嘉编著，商务印书馆 1935 年版。

《中国地方志综录》（增订本），朱士嘉，商务印书馆1958年版。

《天一阁方志目》，冯贞群编，1936年出版的《鄞县文献展览会出品目录》。

《故宫方志目》，故宫博物院图书馆编，1931年铅印本。

《故宫方志目续编》，故宫博物院图书馆编，1932年铅印本。

《中国科学院藏方志目录》，中国科学院图书馆编，1956年9月油印本。

《中国地方志联合书目》，中国天文台编，1980年油印本。

《方志艺文志汇目》，李濂堂编，中华图书馆协会印。

《上海图书馆藏方志目》，上海图书馆编，1957年油印本。

《徐家汇藏书楼所藏地方志目录初稿》，上海图书馆，1957年油印本。

《天津市人民图书馆藏方志目录》，天津市人民图书馆编，1955年油印本。

《天津市图书馆藏方志联合书目》（第一册），天津图书馆编，1980年铅印。

《中南图书馆方志目》，中南图书馆编，1954年铅印本。

《广东省中山图书馆藏全国方志目录》，中山图书馆编，1957年油印本。

《福建省图书馆藏外省方志目录》，福建省图书馆编，1957年油印本。

《四川省图书馆藏方志目录》，四川省图书馆编，1956年石印本。

《甘肃省图书馆藏全国方志书目》，甘肃省图书馆编，1956年油印本。

《馆藏浙江地方志目录》，朱中翰编，见《浙江图书馆文刊》1954年第四期。

《南京大学图书馆藏方志目录》，南京大学图书馆编，1955年草稿本。

《浙江师范学院图书馆藏方志目》，浙江师院图书馆编，1957年油印。

《浙江地方志考录》，洪焕椿编著，科学出版社1958年版。

《地方志与方志学》，邹身城、林正秋撰，杭州师范学院学报丛书1981年印。

《温州市图书馆中国方志书目录》浙江温州市图书馆编，1953年油印本。

《宁波府属各县方志目》，冯贞群编，见《鄞县文献展览会出品目录》，1936年铅印本。

《嘉兴市图书馆方志目录》，浙江嘉兴市图书馆编，1956年油印本。

《安徽文献书目》，安徽省图书馆编，安徽人民出版社1961年版。

《宋元方志传记索引》，朱士嘉编，中华书局1963年版。

《南京掌故书目》，南京博物院编，1957年油印本。

《兰州各图书馆馆藏西北文献联合书目》，甘肃图书馆编，1957年印。

《北京地方文献联合书目》，北京图书馆、首都图书馆等编，1959年出版。

《国会图书馆藏中国方志目录》，朱士嘉编，1942年美国国会图书馆出版。

《东洋文库地方志目录》，东洋文库编，昭和十年（1935年）出版。

《国外稀见方志目录》（第一辑、日本之部），中国科学院图书馆编，1956年油印本。

〔二〕解放前论文索引

题　目	作译者	期刊名称	卷　　期
方志学发微	王葆心	安雅	1卷4、5、6、8、12期连载
中国地方志考	张国淦	禹贡	4卷3、4、7、9期连载
中国方志考		国闻周报	10卷1—25期
宋元方志考	朱士嘉	地学杂志总177—178	24卷2—4期，25卷1、2期
方志学略述	于乃仁	建国学术	1期（21—24）
论修志三要及其他	罗元鲲	东方杂志	42卷20期
方志今议	黎锦熙	图书季刊	新1卷2期
方志今议序	黎锦熙	读书通讯	8期3卷4、6—9期
方志余记	瞿兑之	中和	11、12期4卷2—12期
方志本义管窥	寿鹏飞	国学丛刊	14期
志例丛谈	楚金	中和	4卷2—5期

方志今议续编	黎锦熙	文教丛刊	7期
清代学者整理旧学之总成绩——方志学	梁启超	东方杂志	21卷18期
清代方志学撰著派与纂辑派争持论评	青驼山人	北平世界日报图书馆周刊	56、58、60、61期
章实斋之方志学说	张树棻	禹贡	2卷9期
最近三年来之方志学界	张鉴	图书展望	1卷4期
李泰棻方志学评	季钦	浙江省立图书馆馆刊	4卷2期
李泰棻方志学	高迈	出版周刊	新128卷
读李氏方志学	瞿兑之	禹贡	3卷6期
论方志的编辑	胡行之	文化建设	2卷12期
志例丛话	兑之	东方杂志	31卷1期
历代地志平议	姚士鳌	地学杂志	12卷1—3期
方志之名称与种类	朱士嘉	禹贡	1卷2期
方志之性质	傅振伦	禹贡	1卷10期
方志体例偶识	万国鼎	金陵学报	5卷2期
中国方志编目条例草案	毛裕良 毛裕芳	图书馆学季刊	10卷2期
方志研究刍议（附泉州志综）	庄为玑	厦门大学学报	6期
与江彤侯先生论修通志书	凌潜夫	学风	1卷3期
覆潜夫书论志书性质	彤侯	学风	1卷4期
答余季豫论通志体例书	陈锐	中大国学丛编	1卷4期
各省新修通志体例之商榷	金天翮	国学丛选	9期
方志与政治之关系及与修志书应行注意事件		云南半月刊	9期
拟编辑乡土志序例	刘光汉	国粹学报	2卷9—12期
民国廿年以来所修刻方志简目	徐家楣	禹贡	1卷3期
中国地方志统计表	朱士嘉	史学年报	1卷4期
天一阁方志目跋	朱士嘉	燕京大学图书馆报	103期
编辑故宫方志考略例	傅振伦	禹贡	3卷12期
北平图书馆方志目录序	袁同礼	图书馆学季刊	7卷2期
续补馆藏方志目录		北平图书馆刊	8卷2期

本校所藏中国地方志简目	李一非	中大图书馆周刊	4卷5、6期 5卷1、2期
金陵大学图书馆所藏两广方志录	王齐宣	广州大学图书馆季刊	2卷1期
朱士嘉编中国地方志备征目	罗香林	文史学研究所月刊	1卷4期
中国地方志综录初稿	朱士嘉	地学杂志	20卷1、2期
中国地方志综录例目	朱士嘉	禹贡	1卷5期
中国地方志综录序	朱士嘉	禹贡	2卷4期
中国地方志综录序	顾颉刚	大公报图书副刊	80期
"中国地方志综录"(朱士嘉撰)	潘光旦	清华学报	11卷1期
中国地方志综录校勘记	朱士嘉	禹贡	5卷12期
朱士嘉"中国地方志综录"正误	沈炼之	禹贡	5卷1期
沈炼之"中国地方志综录正误"之正误	朱士嘉	禹贡	5卷1期
补朱氏中国地方志综录(浙江之部)	许振东	大公报图书副刊	174期
中国地方志综录质疑	黎光明	禹贡	4卷8期
方志珍本所见录	潘承弼	考文学会杂志	1卷
读方志琐记	瞿兑之	食货	1卷5期
九峰旧庐方志目(浙江省)		浙江图书馆馆报	3卷6期
九峰旧庐方志目录序	顾颉刚	燕京大学图书馆报	72期
翻刻孤本方志刍议	朱士嘉	大公报史地周刊	81期
搜读地方志的提议	陶希圣	食货	1卷2期
与县志局总纂书	韩鲁瞻	学术世界	1卷4期
县志拟目	张其昀	方志月刊	7卷7期
唐光启元年书写沙州伊州地志残卷	羽田亨(日)著 张其春译	方志月刊	9卷2期
燕京大学图书馆善本方志题记	朱士嘉	史学年报	2卷5期
国立北平图书馆西南各省方志目录	万斯年	图书季刊	新4卷3、4期 新3卷3、4期

四库全书之方志与本院图书馆所藏方志考略	周之风	国立沈阳博物院汇刊	1期
方志珍本所见录	潘承游	考文学会杂报	2本
纂修"河北通志"闻见录	于鹤年	禹贡	4卷10期 5卷10期 7卷5期
关于河北通志县沿革表通讯	于鹤年	文史学研究所月刊	3卷1期
河北省通志馆近况续纪		河北月刊	1卷12期
河北省县名次序之衍成	陈铁卿	河北月刊	3卷8期
河北省通志馆近况纪（附傅振伦孙楷第王重民往复商榷函）		河北月刊	1卷4期
河北省志料财政编目录草案	齐之融	河北月刊	1卷7期
"河北乡谈"叙例	万福曾	禹贡	6卷10期
河北省县志调查	邓汉材	河北月刊	4卷8期
题目藏明昌黎县志后	高子珍	大公报史地周刊	117期
清苑县东高家庄志	杨仲衡	河北月刊	4卷5期
评"蔚县编修县志纲目初草"	傅振伦	禹贡	3卷12期
一个小型方志（北平宛平县属"齐家司"的地方志）	徐一士	逸经	4卷
香河小志	张璹	禹贡	5卷2期
天津卫考初稿	于鹤年	河北月刊	2卷3、4期
李泰棻之"阳原县志"评述	刘熹亭	西北论衡	4卷8期
复孙麟阁庞少炎商榷嵩县续志稿函	王幼侨	河南博物馆馆刊	7、8期
汲县新志序	刘盼遂	北平图书馆刊	10卷4期
天启文水县志跋	朱士嘉	燕京大学图书馆报	90
请省会提修江南通志并各县志案书	高燮	国学丛书	4卷
江苏通志增辑族望志议	潘光旦	东方杂志	27卷6期
首都志略序	柳诒征	国风月刊	7卷4期

首都志略序录	王焕镳	国风月刊	7卷4期
金山县修志体例商榷书	高燮	国学丛书	11卷
朱彬《宝应邑乘志余》手稿跋	刘文兴	禹贡	6卷11期
太仓志稿序	唐文治	学术世界	1卷12期
续修盐城县志叙	陈钟凡	学术世界	1卷10期
无锡县新志目说明书	钱基博	东方杂志	15卷9期
川沙县志导言	黄炎培	人文	7卷1期
月浦里志序	滕固	国光半月刊	5卷8、9期
江苏艺文志	金鉽	江苏省立国学图书馆年刊	6、7、8期
金陵艺文志	陈诒绂	国风半月刊	4卷5期，5卷11、12期 6卷5、6期
娄东周氏艺文志略	周悫	江苏省立国学图书馆年刊	9卷
浙江通志纂修源流考	洪焕椿	浙江通志馆馆刊	创刊号
雍正《浙江通志》两浙志乘篇考异	洪焕椿	文汇报史地周刊	22、24期
浙江郡邑丛书与总集		文澜学报（浙江省文献展览会专号上册）	2卷3、4期
浙江文献录		浙江潮	10卷
晚近浙江省文献概述	陈训慈	文澜学报	1卷
浙江省文献展览会缘起及各项章则	浙江教育厅	文澜学报	2卷2期
浙江文献展览珍品述要	慕骞	大公报浙江文献展览会特刊	
浙江文献展览会	简又文	逸经	19卷
浙江文献展览会之回顾	陈训慈	图书展望	2卷2期
越中文献杂录	周作人	越风	6期
四库著录浙江先哲遗书目	毛春翔	文澜学报	2卷1、2期
浙江省地方志统计	周行保	西湖博物馆馆刊	2—4卷
续修浙江省志提案	蒋梦麟	语历所周刊	7卷81期
拟杭县县志序例	孙延钊	浙江图书馆馆刊	4卷2期
记武林坊巷志稿	张崟	史地杂志	1卷

暂定绍兴县志采访类目及编纂大意	绍兴修志委员会	浙江图书馆馆刊	4卷5期
瑞安县志问题之过去及将来	孙延钊	浙江图书馆馆刊	3卷5期
衢县志稿序例	郑永禧	浙江省立图书馆馆刊	3卷2期
衢县新志序	余绍宋	浙江图书馆馆刊	3卷2期
释衢志源流考	郑永禧	浙江图书馆馆刊	3卷4期
定海县志序例目	陈训正	浙江图书馆馆刊	3卷4期
镇海县志序例	杨敏曾	浙江图书馆馆刊	2卷1期
龙游县志序例	余绍宋	浙江图书馆馆刊	2卷4、5期
余姚志略	毛健爽	禹贡	6卷1期
鄞县通志序	柳诒征	制言	18卷
浙江乡贤遗书		文澜学报（浙江省文献展览会专号上册）	2卷3、4期
温州经籍志叙例	孙诒让	国粹学报	5卷5期
温州经籍志校勘记	孙延钊	瓯风杂志	2卷1期
温州文献述概	孙延钊	文澜学报	3卷1期
瑞安孙氏玉海楼藏温州乡贤遗书目并跋	孙延钊	浙江图书馆馆刊	4卷2期
鄞志人物类表诸序目辑录	陈训正	文澜学报	2卷1期
寒石草堂所藏台州书目	项士元	浙江图书馆馆刊	4卷1期
梦选楼所藏金华书目	胡宗林	浙江图书馆馆刊	4卷6期
瑞安经籍目	陈谧	浙江图书馆馆刊	4卷4期
民国以来今人整理浙江文献之总成绩		胜流	5卷7期
四库著录浙江先哲遗书目序	张慕骞	浙江通志馆馆刊	1卷2期
庐江著述人物考（自三国东吴至清代）	蒋元卿	学风	3卷3期
无为县著述人物考（自宋至清代）	蒋元卿	学风	3卷6期
合肥庐江著述人物考	李孝琼	学风	3卷9期
黟县著述人物考	蒋元卿	学风	3卷9期
宣城著述人物考略	蒋元卿	学风	4卷1期
桐城文录入选诸家著述考	姚子素	学风	4卷4期

标题	作者	刊物	卷期
桐城文录入选诸家著述考补	姚子素	学风	4卷9期
南陵县著述人物考略	蒋元卿	学风	4卷4期
芜湖县著述人物述略（自宋至清代）	蒋元卿	学风	5卷2期
整理地方文献问题	傅振伦	史学杂志	1期
安徽省立图书馆文物展览之旨趣	吴天植	学风	6卷1期
安徽省立图书馆文物展览内容述要	编者	学风	6卷1期
四库著录安徽先哲书目	吴保障	学风	1卷6—8期
安徽通志稿艺文考质疑	王立中	学风	5卷8期
安徽丛书第三期书目提要（附著者小传）	编审会	学风	4卷9期
安徽文献述略	吴景贤	学风	4卷8期 5卷1期
潜山县著述人物考（自晋代以至明代）	蒋元卿	学风	3卷1、2期
宿松县著述人物考（自宋至清代）	蒋元卿	学风	3卷3期
合肥县著述人物考（自宋至近代）	蒋元卿	学风	3卷4期
安徽通志稿艺文考质疑	王叔平	学风	5卷8期
为安徽通志稿艺文考复王叔平先生书		学风	6卷1期
大中华安徽省地理志序	刘道章	地学杂志	10卷3期
记道光福建通志稿被毁事	萨士武	禹贡	7卷10期
拟续修福建通志体例	胡韫玉	国学丛选	10卷
大中华福建省地志序	林翰	地学杂志	10卷7、8期 4卷6期
闽南地方志经眼录	薛澄清	中大图书馆周刊	5卷1、2、5、6期
泉州方志考	庄为玑	厦门大学学报	7卷
金门志及湄州屿志略概述	薛澄清	禹贡	4卷2期
关于《云霄厅志》	简又文	逸经	22卷
清代以来福建文献整理研究述评	萨士武	社会科学（福建）	3卷3、4期

上海徐家汇天主堂藏书楼所见福建方志	金云铭	福建文化	3卷17期
广东三省图书馆所藏全省方志录	郑慧英	广州大学图书馆季刊	1卷2期
广东方志要录	瞿兑之	新民月刊	2卷3期
广东通志略例及总目	朱希祖	文史学研究所月刊	1卷3期
广东通志总目说明书	朱希祖拟	文史学研究所月刊	1卷3期
广东通志馆征访条例	朱希祖	文史学研究所月刊	1卷4期
广东方志要录	瞿兑之	新民月刊	2卷3期
番禺县古坝乡志	韩锋	南华月刊	1卷1期
高要县志序例	邬庆时	文史学研究所月刊	2卷5期
民国新修大埔县志凡例	温丹铭	文史学研究所月刊	2卷3、4期
广东潮州旧志考	饶宗颐	禹贡	2卷5期
肇州县志略跋	赵宗复	燕京大学图书馆报	76卷
广东文献事业	简又文	广东建设研究	2卷2期
宝安县志例言	邬庆时	文史学研究所月刊	2卷1期
广西县志调查表		北平世界日报图书馆周刊	19卷
广西方志今昔观	叶鸣平	广西通志馆馆刊	3期
广西民国以来各县志书之研究	韦燕章	广西通志馆馆刊	3期
明修云南方志书目	方国瑜	教育与科学	1卷4期
东北方志提要未定稿	郝瑶甫	国立沈阳博物院汇刊	1期
东北方志略初稿	郝瑶甫	国立沈阳博物院汇刊	1期
辽海丛书总目提要	金毓黻	禹贡	6卷3、4期
辽海书录	金毓黻	黑白半月刊	3卷1—7期
馆藏东北地志录	卞鸿儒	辽宁图书馆刊	1期
重印吉林通志序	金毓黻	东北丛镌	1卷

锦县志序	金毓黻	东北丛镌	5卷
桑梓之遗与海岱人文	牟祥农	山东省立图书馆季刊	1卷2期
齐鲁遗书提要	稼民	北平华北日报图书周刊	18、19期
上海学艺概要	胡怀琛	上海市通志馆期刊	1卷1、2、4期
三个收藏记述上海的西文书籍的目录	胡道静	禹贡	6卷6期
东南方志经眼录	职方氏	东南	1卷1期
绥远方志鳞爪	顾廷龙	禹贡	2卷7期
归绥县志略评	刘熹亭	西北论衡	5卷2期
卫藏通志著者考	吴丰培	史学集刊	1期
浙西村舍丛书本卫藏通志跋尾	吴其昌	历史学报	1期
四库著录河北先哲遗书辑目	冷衷	中华图书馆协会会报	9卷2期
山左先哲遗书提要	调甫 伯弢 献唐	北平华北日报图书周刊	12—14期
山西藏书考	聂光甫	中华图书馆协会会报	3卷6期
湖北通志义例商榷	甘鹏云	安雅	1卷5、1期
重修湖北通志条议	王葆心	安雅	1卷5、6期
桂林文献漫录	莫伯强	说文月刊	5卷3、4期
西北书目提要	石村	新西北月刊	5卷4、5、6期
新疆书目提要	丁实有	文化先锋	1卷19、24期 3卷2、9、10、23期
四川研究资料资料简目	袁著	西南边疆	3卷6、9、114期 4卷
甘宁青方志考	张鸿汀	新西北月刊	3卷3、4期
方志商	甘鹏云	图书季刊	新2卷3期

三、解放后论文索引

题　目	作译者	期刊名称	年　期
保护地方志	陆士武	光明日报	1956年11月15日

标题	作者	出处	时间
中国地方志	周文庵	旅行家	1956年11期
普修新地方志的拟议	金毓黻	新建设	1956年第5期
整理旧方志与编辑新方志	傅振伦	新建设	1956年第6期
地方志史话	卢中岳	人民日报	1961年11月19日
中国地方志	王重民	光明日报	1962年3月14日
方志的种类	陈光贻	光明日报	1962年8月16日
地方志书	蜕园	解放日报	1962年10月11日
方志——史料宝库	傅振伦	历史研究	1978年第5期
中国地方志浅说	朱士嘉	文献	1979年第1期
修志刍言	刘永之	学术研究辑刊	1980年第1期
地方志的起源及其演变	梁全水	江西日报	1980年3月13日
略论地方志的研究状况及趋势	来新夏	天津社会科学	1981年第1期
方志类别小议	陈光贻	史学史研究	1981年第1期
方志源流试探	陆振岳	群众论丛	1981年第1期
漫谈编纂地方志问题	傅振伦	史学月刊	1980年第3期
中国地方史志研究会筹备工作文件汇篇（上）		中国地方史志通讯	1981年第1期
中国地方史志研究会筹备工作文件汇篇（下）		中国地方史志通讯	1981年第2期
中国方志学（连载一）	傅振伦	河北师大学报	
中国方志学（连载二）	傅振伦	河北师大学报	
中国方志学（连载三）	傅振伦	河北师大学报	
中国方志学（连载四）	傅振伦	河北师大学报	
中国方志学（连载五）	傅振伦	河北师大学报	
中国方志学（连载六）	傅振伦	河北师大学报	
地方志与经济史	黄苇	复旦大学学报	1979年第5期
试论地方志的源流及在史学中的地位与作用	辛培林	学习与探索	1980年第3期
地方志种类略谈	李德运	档案工作	1981年第5期
重视地方志的研究与编纂工作	辛玮等	大众日报	1981年11月5日
编好地方志为四化建设服务	王众	大众日报	1981年11月27日
修志续议	刘永之	中州学刊	1981年第3期
关于编修地方史志的意见	谭其骧	贵州文史丛刊	1981年第3期

推陈出新，编好社会主义新方志	朱士嘉	贵州文史丛刊	1981年第3期
地方志的起源及其价值	邬烈勋	文汇报	1982年1月4日
略谈地方史志与地方志	谭其骧	江海学刊	1982年第1期
方志学讲座（连载一）	刘光禄等	中国地方史志	1981年第7—8合期
中国地方史志协会工作汇报提纲	周雷	中国地方史志	1982年第1期
漫话地方志与文史资料	来新夏	中国地方史志	1982年第1期
方志新议	瞿凤起	中国地方志史志	1982年第1期
方志略说	熙和	河北学刊	1982年第1期
关于加强方志工作的几点建议	刘光禄	文献	1981年第8期
整理研究地方志的意见书	朱士嘉	中国地方史志	1982年第2期
一封关于地方历史的研究书信	吕振羽遗作	中国地方史志	1982年第2期
论地方志	吕志毅	中国地方史志	1982年第2期
地方志与档案工作	王建宗	中国地方史志	1982年第2期
地方志是我国历史地理文献的巨大宝库	鲍觉民	中国地方史志	1982年第2期
我国方志中的地理资料价值	唐锡仁	南开大学学报	1982年第3期
方志学论丛	朱士嘉	武汉春秋	1982年试刊号
方志浅谈	史继忠	贵州文史丛刊	1982年第1期
历代编纂地方志的史学传统	吴奈夫	江海学刊	1982年第3期
关于加强地方志研究刍议	金恩晖	资料工作通讯	1982年第2期
全面整理与利用旧地方志	陈明猷	宁夏大学学报	1982年第2期
地理方志学概述	谢国桢	历史教学	1982年第6期
方志学与家谱学	邹身城	中国地方史志	1982年第3期
方志浅说	王云度	徐州师院学报	1982年第2期
方志中地震史料讹误举例	毕于洁	中国地方史志	1982年第3期
方志学在农业科学史上意义	游修龄	图书馆研究与工作	1980年第3期
历史上方志的派别、类型与修志主张	刘光禄	档案工作	1981年第1期
中国地方志史初探	刘伟毅	文献	1980年第4期

标题	作者	刊物	期号
地方志	邹烈勋	百科知识	1981 年第 8 期
章学诚与方志学	仓修良	江海学刊	1962 年第 5 期
章学诚方志理论	黄苇	历史学	1979 年第 4 期
章学诚的方志学	仓修良	文史哲	1980 年第 4 期
章学诚与《和州志》	吴怀祺	安徽师大学报	1981 年第 4 期
再论章学诚的方志学	仓修良	中国地方史志	1982 年第 1 期
章学诚"方志为外史所领"说质疑	崔富章	晋阳学刊	1982 年第 2 期
章学诚与方志学	柳维本	辽宁师院学报	1982 年第 4 期
《华阳国志》简介	任乃强	历史知识	1980 年第 2 期
钱大昕的方志学	陈光贻	史学史研究	1981 年第 4 期
叶隆礼的《契丹国志》	李锡厚	史学史研究	1981 年第 4 期
秦汉杂述与方志学发端	黄苇	江西社会科学	1982 年第 1 期
徐继畬《瀛环志略》	泮振平	华东师大学报	1981 年第 6 期
浅谈地方志的编写（上）——读《史通》后的管见	童斌	档案工作	1982 年第 1 期
浅谈地方志的编写（下）——读《史通》后的管见	童斌	档案工作	1982 年第 2 期
方志学家余绍宋	魏桥	中国地方史志	1982 年第 3 期
肇域志与顾炎武		贵州文史丛刊	1981 年第 4 期
一部珍贵的地方志——《襄阳郡志》	张武智	考古与文物	1982 年第 2 期
中国地方志（上）	崔建英	赣图通讯	1981 年第 1 期
中国地方志（下）	崔建英	赣图通讯	1981 年第 2 期
北京地方文献述略		文献	1981 年第 8 期
应当重视北京地方志的研究与修纂	阎崇年	北京日报	1981 年 10 月 23 日
关于《上海史》与地方志问题	黄苇	中国地方史志	1982 年第 2 期
辽宁省台安镇编纂出新县志		光明日报	1980 年 7 月 24 日
辽宁地方志概述	郭君	理论与实践	1980 年第 8 期
辽宁方志述略	邸富生	辽宁师院学报	1980 年第 1 期
谈谈辽宁省的地方志	邸富生	辽宁日报	1979 年 11 月 27 日
大连方志纵横谈	张本义	大连师院学报	1981 年第 2 期
吉林省方志考略	金恩晖	文献	1979 年第 1 期

标题	作者	刊物	期号
《吉林省地方志考论、校释与汇辑》序言	金恩晖	中国地方史志	1982年第1期
《奉天通志》述略	陈宛	沈阳师院学报	1982年第1期
漫谈黑龙江省的地方志	南冠	黑龙江日报	1963年6月4日
樊绰《云南志》考说	方国瑜	思想战线	1981年第1期
流传较少的道光《姚州志》	肇予	云南图书馆刊	1981年第3—4期合刊
李京《云南志略》概况	方国瑜	思想战线	1981年第4期
明修九种云南省志概况	方国瑜	思想战线	1981年第3期
明代的几部云南省志	龙中	云南日报	1963年8月8日
清代的几部云南省志	龙中	云南日报	1963年8月26日
漫话云南地方志	吴静	昆明师院学报	1982年第1期
《嘉靖宁夏新志》的西夏佚文	牛达生	宁夏大学学报	1980年第4期
宁夏方志考	高树榆	宁夏图书馆通讯	1980年第1期
介绍宁夏明代地方志五种（上）	朱洁	宁夏大学学报	1980年第2期
介绍宁夏明代地方志五种（下）	朱洁	宁夏大学学报	1980年第3期
《嘉靖宁夏新志》史料价值	陈明猷	宁夏社会科学	1981年第1期
《宁夏吴忠县志》选刊	石作玺等	宁夏大学学报	1982年第2期
甘肃地方志述略	牟实库	图书与情报	1982年第1期
《黔志》小笺	宁志安	贵州文史丛刊	1980年第1期
续修《贵州通志》与征集文献经过	李独清	贵州文史丛刊	1981年第3期
《遵义新志》选载	张其昀主篇	贵州文史丛刊	1981年第4期
谈明万历《贵州通志》	孙伟	文献	1981年第7期
《西宁府新志》评价	魏明章	青海社会科学	1980年第3期
《西宁府新志》摘误	君亮	青海民族学院学报	1981年第2期
从我国地方志谈我省的地方志书	宋挺生	青海民族学院学报	1980年第1期
青海地方志考录	陈超	社会科学参考	1981年第19期
广西方志简述	莫凤欣	学术论坛	1982年第2期
林希元与《钦州志》	高原	广西日报	1981年10月11日

广西编修地方志概况	广西档案局	中国地方史志	1981 年第 7—8 合期
谈谈广东的地方志	黄炯旋	学术研究	1979 年第 3 期
广东地方志简介	方振球	广东图书馆	1981 年第 1 期
一部新型县志的诞生——东莞县志		中山大学学报	1959 年第 1—2 合期
谈《四川省志》的编辑问题	张秀熟	四川日报	1960 年 6 月 9 日
编写《大新县志》的几点体会	童健飞	学术论坛	1982 年第 1 期
新疆、西藏等地志叙录	吴来培	中国地方史志	1982 年第 3 期
《绥远通志稿》修纂始末	张万仁	内蒙古日报	1981 年 4 月 27 日
内蒙古的旧方志	王志毅	内蒙古日报	1981 年 10 月 21 日
内蒙古自治区正在开展编写地方史志工作	马瀚三等	中国地方史志	1982 年第 3 期
重视山西地方史的研究	王中青	山西日报	1980 年 6 月 2 日
崇祯版《山西通志》应怎样著录	王志华等	山西师院学报	1980 年第 1 期
编纂山东地方志的初步办法	王祝晨	大众日报	1957 年 3 月 5 日
山东省地方史志工作会议概况	靳星五	中国地方史志	1981 年第 7—8 合期
认真做山东地方史志的工作	苏毅然	大众日报	1982 年 5 月 8 日
略谈万历廿四年《兖州府志》	肖秋	山东图书馆馆刊	1982 年第 1 期
明正统本《彭城志》考略	赵明奇	徐州师院学报	1982 年第 1 期
六安县新志提纲		安徽史学通讯	1958 年第 6 期
关于六安新志提纲的说明	张海鹏	安徽史学通讯	1959 年第 1 期
建议修编安徽地方志	欧阳发	安徽日报	1981 年 1 月 29 日
罗愿与他的《新安志》	刘尚恒	图书馆工作	1981 年第 4 期
安徽方志介绍	汪焕文	图书馆工作	1981 年第 1—2 期
河南地方志浅论	张万钧	史学月刊	1980 年第 3 期
河南省地方志纂修的情况	杨静琦	史学月刊	1980 年第 5 期
编写河南省志的初步方案	省志办	中国地方史志	1981 年第 7—8 期合刊
民国重修的《滑县志》	刘永之	中国地方史志	1982 年第 2 期

谈谈编写《泉州志》的三个问题	陈盛明	泉州文史	1979年第1期
略读《台湾府志》	李致忠	文献	1980年第3期
第一篇记载台湾的文献——介绍沈莹《临海水土志》	高山	厦门日报	1982年1月4日
台湾沿革与方志管见	李秉乾	福建省图书馆学会通讯	1982年第1期
湖南方志考略	李龙如	湖南师院学报	1980年第3期
攸县开展近百年史料编纂工作		湖南日报	1980年10月14日
前修陕西方志试探	李登第等	理论研究	1981年第5期
湖北地方志资料目录（一）	湖北省图书馆	档案资料	1982年第5期

图书在版编目(CIP)数据

方志学概论 / 来新夏主编. —上海：上海书店出版社,2024.6
(方志学名著丛刊)
ISBN 978-7-5458-2377-6

Ⅰ.①方… Ⅱ.①来… Ⅲ.①方志学 Ⅳ.①K290

中国国家版本馆CIP数据核字(2024)第092823号

责任编辑 吕高升
封面设计 汪　昊

方志学名著丛刊

方志学概论
来新夏　主编

出　　版	上海书店出版社
	(201101　上海市闵行区号景路159弄C座)
发　　行	上海人民出版社发行中心
印　　刷	上海新华印刷有限公司
开　　本	889×1194　1/32
印　　张	11.25
字　　数	230,000
版　　次	2024年6月第1版
印　　次	2024年6月第1次印刷
ISBN 978-7-5458-2377-6/K.499	
定　　价	78.00元